Das Kosmos-Buch

vom Landleben

PAUL HEINEY

DAS KOSMOS-BUCH VOM LANDLEBEN

TIERE HALTEN, OBST, GEMÜSE UND KRÄUTER ANBAUEN

KOSMOS

Ein Dorling Kindersley Buch

Originaltitel: Home Farm

ISBN der Originalausgabe: 07513 0461 1
Illustrationen: Maltings Partnership, Peter Morter, Murray Zannoni, John Woodchock, Chris Orr
Außenfotografie: Peter Anderson
Studiofotografie: Clive Streeter

Mit 777 Farbfotos, 130 Farbzeichnungen und 7 Vignetten

Aus dem Englischen übersetzt von Dr. Wolfgang Hensel

Umschlaggestaltung von Atelier Reichert, Stuttgart, unter Verwendung von Aufnahmen des Umschlags der Originalausgabe mit Ausnahme des Hauptmotivs (Juniors Bildarchiv/H. Tolksdorf) und der Pferdeköpfe (Lothar Lenz).

Die Deutsche Bibliothek – CIP-Einheitsaufnahme

Das Kosmos-Buch vom Landleben : Tiere halten, Obst, Gemüse und Kräuter anbauen / Paul Heiney. [Aus dem Engl. übers. von Wolfgang Hensel]. - Stuttgart : Kosmos, 1998
Einheitssacht.: Home farm <dt.>
ISBN 3-440-07498-6

Für die deutsche Ausgabe:

ISBN 3-440-07498-6
Lektorat: Angela Beck
Produktion: Siegfried Fischer, Stuttgart
Printed in Great Britain / Imprimé en Grand Bretagne
Satz: Typomedia Satztechnik GmbH, Ostfildern
Repro: GRB Editrice, Verona
Druck: Butler & Tanner, Großbritannien

INHALT

Leben auf dem Land

Ein eigener Bauernhof ist ein Traum, der sich leider nur für wenige erfüllt. Dieses Buch wendet sich aber auch an jene, die diesen Traum auf einem kleinem Grundstück, in einem Garten oder Schrebergarten leben möchten, um sich mit gesunder, selbst angebauter Nahrung zu versorgen. Wer schon einen Hof besitzt, findet hier eine Fülle an neuen Informationen und in der Praxis

erprobten Ratschlägen. Für die anderen zeigt es die Schritte auf, die für ein rundherum befriedigendes Leben vom Land und wie auf dem Land notwendig sind.

HEUHAUFEN
Die eigenen Nutzpflanzen zu beobachten – vom Säen bis zum Einbringen der Ernte – erfüllt wohl jeden mit Befriedigung.

Der eigene Hof

Leben auf einem selbstbewirtschafteten Hof ist vor allen Dingen ein Abenteuer für Körper und Seele. Jeder Arbeitsschritt stärkt Ihre Bindung zu dem Land, dem Sie sich wirklich verbunden fühlen. Wenn wir unzufrieden im Büro sitzen, denken wir an weites Land, offenen Himmel und die Früchte aus eigener Ernte. Wäre es nicht weitaus befriedigender, ein einfaches Leben zu führen, den Boden mit eigener Kraft zu bearbeiten, anstatt mehr mit leichterer Arbeit zu verdienen – in einem unausgefüllten Leben? Könnte eine weniger gut bezahlte Arbeit an der frischen Luft nicht auch ein besseres Leben bedeuten?

Andere Dinge kommen hinzu: Kinder wachsen auf dem Land freier und besser auf, das ruhigere Leben läßt mehr Zeit für gründliche Reflexion, die eigene Lebensplanung wird von natürlichen und nicht von künstlichen Faktoren bestimmt und schließlich kann man von den gesunden Früchten der eigenen Arbeit leben. All dies treibt uns an, eigenes Land zu bewirtschaften.

Die Mistgabel – ein Symbol landwirtschaftlicher Handarbeit

Ein besseres Leben vom Land

Die heutige Landwirtschaft ist eine gewaltige, hochtechnisierte Industrie. Das war nicht immer so und muß auch nicht sein. Seit den ersten Siedlungen haben Menschen überall auf der Erde auf großen und kleinen Flächen um ihre Häuser Nutzpflanzen angebaut und Tiere für die Selbstversorgung gehalten. Über Jahrhunderte waren Wohnhäuser immer auch Werkstätten für Milchverarbeitung und Konservierung, dort wurde eingelegt und gebraut, gemahlen und gebacken – nur für den Eigenbedarf.

Genau das ist immer noch möglich. Das Wissen vergangener Jahrhunderte ist uns noch zugänglich. Nach meiner Vorstellung bedeutet ein selbstbewirtschafteter Hof, dieses Wissen zu aktivieren; es ist interessant und gesund, macht Spaß und schont die Ressourcen der Erde.

Ich will nicht die komplizierten Sachzwänge moderner Landwirtschaft umstürzen; und sicher werden auch nur wenige Menschen gänzlich auf Selbstversorgung umsteigen, aber jeder kann in vernünftigen Grenzen Landwirtschaft betreiben, besser leben und essen. Wenn Sie an einer natürlichen Methode interessiert sind, Nutzpflanzen anzubauen und Tiere zu halten, dann kennen Sie sicher den Begriff „organische Landwirtschaft“. Sie ist nicht nur Praxis, sondern auch Philosophie. Praktisch bedeutet es, daß Sie den Boden nicht mit Pestiziden, Herbiziden, Wachstumsförderern oder chemischem Dünger belasten. Sie werden ihre Tiere natürlich füttern und artgerecht halten. Philosophisch betrachtet, arbeiten Sie mit der Natur und nicht gegen sie. Schon mit einem oder zwei Morgen Land können Sie ernten und Tiere halten; ein Garten, selbst eine Fensterbank reicht aus für Gemüse; und in der Küche kann jeder Früchte einlegen und konservieren. Nichts macht ein Haus so wohnlich wie Landwirtschaft.

Leben auf dem Lande

Obwohl der Lohn eigenen Anbaus überwältigend sein kann, denken Sie an den enormen Aufwand. Berücksichtigen Sie, welche Mühe und Hingabe nötig sind, ehe Sie sich für eine eigene Landwirtschaft entscheiden. Wenn die Ernte ausfällt oder ein Tier stirbt, ist die Enttäuschung niederschmetternd. Es gibt Phasen der völligen Erschöpfung, z. B. nach der Ernte. Manchmal fragen Sie sich, ob das alles der Mühe wert ist, doch schon der nächste Tag kann neue Befriedigung oder Herausforderung bringen.

DIE EIGENE ERNTE
Zu den wundervollen Erlebnissen der Selbstversorgung gehört die Vorfreude auf die eigene Ernte und ein gutes Gewissen.

DAS HAUS

Sehen Sie sich auch das Haus an, wenn Sie einen Hof kaufen. Nicht nur die Qualität des Landes ist wichtig – immerhin wollen Sie sich in Ihrem neuen Heim wohl fühlen.

DIE BESTE LAGE

Irgendwo gibt es ein Grundstück, das genau richtig für Sie ist. Vielleicht am Rande einer Stadt oder eines Dorfes, hinter einem Haus, mitten in üppigen Wiesen oder auf einem Hügel. Erfindungsgabe und Vorstellungsvermögen vorausgesetzt, gibt es kaum einen Ort, der sich nicht in eine Art Bauernhof verwandeln ließe. Verzweifeln Sie also nicht, wenn sie erkennen müssen, daß sie niemals über eigene, weite Felder blicken werden. Für Selbstversorger gelten andere Voraussetzungen als für einen modernen Bauern. Sie können sich über ein Grundstück freuen, das andere ablehnen würden – nur finden müssen Sie es. Das bedeutet natürlich nicht, daß Sie gänzlich frei sind in Ihrer Entscheidung, was Sie anbauen können. Bauern wissen dank der Erfahrung aus Hunderten von Jahren, was möglich ist. Als Selbstversorger brauchen Sie aber nicht wirtschaftlich zu denken, so daß Sie freier in der Entscheidung sind als die meisten. Nutzen Sie jeden Vorteil aus, den Ihr Grundstück bietet.

GEWINNEN SIE EINEN ÜBERBLICK

Halten Sie sich zunächst mit konkreten Plänen zurück. Wagen Sie erst einen Blick in die Gärten oder auf die Felder Ihrer Nachbarn. Als erstes müssen Sie lernen, die Lage der Dinge zu bewerten. Ein erfahrener Bauer wird einen Blick auf ein Feld oder Beet werfen und Ihnen sagen: Hier kann man nur Schafe halten; ideal für Kartoffeln; zu windig für

VON DER KÜSTE BIS ZUM TIEFLAND

Auf diesem Bild sind vier Landschaften zu sehen: die Küstenebene; der Randbereich einer Stadt, die meist in der Ebene liegt; eine Flußlandschaft; und ein hügeliges Tiefland.

FEUCHTGEBIETE AN DER KÜSTE

Diese typische Landschaft erscheint in zwei Formen: mit Salzwasser oder (wie hier) mit Süßwasser.

STADTGARTEN

Wenn Sie in oder bei einer Stadt leben und Selbstversorger werden möchten, dann pachten oder kaufen Sie eine Gartenparzelle oder ein anderes Grundstück in der Nähe ihres Hauses.

Feuchtgebiete an der Küste sind gutes, sattes Weideland

Wo sich Stadt und Land treffen, gibt es oft geeignete Grundstücke für Selbstversorger

empfindliche Früchte; zu steinig für die Bearbeitung mit Pferden. Was er in Wirklichkeit meint, ist, daß sein Vorschlag das wirtschaftlich Beste aus dem Land heraushholen würde. Sie können Schafe oder Kühe halten, wo Sie wollen – außer natürlich auf einem Felsenkamm –, aber es besteht immer die Gefahr, daß Ihre Erträge geringer sein werden, als wenn Sie sich für ein besser geeignetes Produkt entschieden hätten. Das Geheimnis des Erfolges hängt also davon ab, womit Sie Erfolg haben wollen.

Vier Grundfaktoren bestimmen den Wert eines Grundstücks: Klima, Wasser, Boden und Exposition. Das Zusammenspiel dieser vier Faktoren entscheidet darüber, was Sie aus einem Landstrich machen können. Gegen diese Faktoren können Sie nicht arbeiten, arbeiten Sie mit ihnen. Selbstversorgung darf nicht in einen Kampf ausarten.

„Als erstes muß ein Selbstversorger lernen, die Lage der Dinge zu bewerten."

Das lokale Klima

Die vorherrschende Windrichtung, Schnee-, Frost- und Nebelhäufigkeit, die jährliche Niederschlagsmenge sowie die Höchst- und Tiefsttemperaturen bestimmen entscheidend die Qualität des Landes. Kommt der Frühling spät oder können Sie an eine frühe Lammzeit denken? Ist der Herbst trocken genug, damit Sie den Boden bearbeiten können, bevor er zu feucht ist oder zu tief gefriert?

Reicht der Niederschlag aus für üppiges Gras oder kräftiges Gemüse? Inzwischen besteht kaum ein Zweifel, daß sich das Weltklima verändert, fragen Sie also nicht nur bei den Verbänden nach, sondern erkundigen Sie sich bei den Nachbarn nach den Erfahrungen der letzten Jahre. Ihre Nachbarn sind in der Tat die beste Informationsquelle für

FLUSSEBENEN
Weite, flache Flußebenen wurden häufig überschwemmt. Ihr nährstoffreicher Schlickboden schreit geradezu nach Gemüseanbau.

GEMISCHTBETRIEB
Höfe im Tiefland bieten die richtige Kombination aus milden Wetter und gutem Boden für einen gemischten Betrieb – Anbau von Nutzpflanzen und Viehhaltung.

Auf von der Sonne beschienenen Hängen ist eine lange Weideperiode möglich

Die Nähe zu einer Stadt garantiert Absatzmärkte

Die Böden haben einen guten Wasserabzug

alles, was mit dem Land zusammenhängt. Vielleicht betreiben sie ihren Hof schon seit Generationen in dieser Gegend; was sie an Wissen angesammelt haben, kann für Sie unschätzbar sein. Wenn Sie Glück haben, lassen sie Sie daran teilhaben. Daher ist es wichtig, sich als Lernender zu fühlen und sich entsprechend zu verhalten. Zeigen Sie Ihren Nachbarn, daß Sie von ihnen lernen möchten. Bescheidenheit öffnet viele Türen.

„Für die meisten Höfe gilt, je besser der Boden, desto wertvoller die Ernte“

Woher bekommen Sie Wasser?

Wasser ist immer gerade in der falschen Menge am falschen Ort, denn auf jedem Hof gibt es widerstreitende Interessen. Natürlich regnet es nie dann, wenn das Gras Wasser braucht. Sobald aber das Heu zum Trocknen ausliegt, wird es schütten wie aus Eimern. Zwar sind gerade dann die Kartoffeln auf Regen angewiesen, aber das ist nur ein schwacher Trost.

Schlimmer als ein Regenschauer zur falschen Zeit ist jedoch, wenn gar kein Wasser zur Verfügung steht. Wenn Ihr Land zu Trockenheit neigt, ist es an Ihnen, rechtzeitig für genügend Wasser zu sorgen, aus Brunnen, Bohrlöchern oder Fließgewässern. Ehe Sie jedoch große Pläne schmieden, bedenken Sie, daß Sie nicht beliebig viel Wasser aus solchen Quellen nur für sich entnehmen dürfen.

Im Sommer mag ein Fluß eine Landschaft schmücken, aber welche Bedrohung geht von ihm aus, wenn der Wasserstand nach heftigem Regen stark ansteigt? Selbstversorger an der Küste sollten beachten, daß eine einzige Überflutung mit Salzwasser ihr Land für eine Generationen ruinieren könnte.

HOF IN DEN VORBERGEN
Die Höfe der Vorberge zeichnen sich durch gute Böden aus. Sie haben zwar einen guten Wasserabzug, sind aber zu steil für den Traktorpflug. Hier bietet sich eine Kombination aus Rinder- und Schafhaltung an.

OBSTHOF
In Gegenden mit Weinbauklima können auf Höfen der Vorberge Apfelbäume (wie hier), Aprikosen und Pfirsiche gepflanzt werden.

VORBERGE UND GEBIRGE
Diese Ansicht zeigt die Vorberge bis zum Gebirge. Dort erreicht man die Grenze des kultivierbaren Landes – noch höher könnten nur Einsiedler wohnen.

Welchen Boden haben Sie?

Für die meisten Höfe gilt, je besser der Boden, desto wertvoller die Ernte. Wenn Sie also nährstoffreichen, torfigen Lehm haben, wäre es pure Verschwendung, darauf Schafe weiden zu lassen. Solch ein Boden ist optimal für Gemüse. Andererseits wäre ein Grundstück in den Bergen, mit dünner, steiniger Erdkruste über Fels, wohl kaum zu bestellen – hier gehört Weidevieh hin. Bedenken Sie, wie sich der Boden während der Jahreszeiten bearbeiten läßt. Im Frühling, wenn die winterlichen Regenfälle ihn schön locker gemacht haben, läßt sich leichter, sandiger Boden hervorragend bearbeiten. Aber warten Sie bis zum Sommer, wenn die Sonne den Boden zu einer steinharten Schicht verbacken hat – dann kann sogar der Pflug kaputtgehen.

SCHAFZUCHT AUF DEN HÄNGEN
Über Fels liegt eine dünne Bodenschicht, und der Frühling kommt spät. Hier kann man Schafe züchten. Denken Sie jedoch daran, ihre Tiere mit Winterfutter zu versorgen.

Die Ausrichtung des Landes

Nutzpflanzen brauchen die richtigen Temperaturen, eine ausreichende Lichtintensität und genügend Wasser. Grundstücke, die sich steil von der Sonne abwenden (Nordhänge), eignen sich fast ausschließlich als Schafweide. Der Sonne zugewandte Hänge sind wärmer, obwohl sie in der Sommersonne zu heiß für Vieh und zu trocken für Gras und Nutzpflanzen sein können. Als Faustregel für einen Selbstversorger gilt jedoch: Je mehr Sonne, desto besser.

ALPINE WIESEN
Höher in den Bergen gibt es sonnenzugewandte Hänge mit tiefen, nährstoffreichen Böden, eine gute Sommerweide für Kühe.

Der Garten

Kann ein Garten zur Selbstversorgung ein „Bauernhof" sein? Natürlich. Schauen Sie mal über ein paar Hecken, und Sie werden sehen, daß selbst winzige Grundstücke ein verlockendes Angebot an frischem Obst, Gemüse und Kräutern liefern können. Genauso habe ich selbst angefangen – mit einer winzigen Blumenwiese mitten in London! Alles ist möglich, je kleiner jedoch das Grundstück, desto geschickter müssen Sie vorgehen. Auf einem großen Hof spielt eine ungenutzte Ecke keine Rolle. Als Selbstversorger im Garten müssen sie jedoch jedes Fleckchen nutzen und alles aus dem Boden herausholen.

WALDWEIDE

Schweine können in sonst ungenutzten Wäldern nach Nahrung suchen.

DIE PLANUNG

Um das Beste aus einer kleinen Fläche herauszuholen, brauchen Sie eine gute Planung, damit Sie ganzjährig für Ihre Mühe belohnt werden. Selbst eine Brachfläche, die mit Gründüngung eingesät wird (siehe S. 137), gehört zum Plan, sonst zahlt das Land den Preis für Ihre intensive Bewirtschaftung. Allzuleicht übernutzt man einen Garten, der Boden erschöpft sich und schließlich haben Sie gar keinen „Bauernhof" mehr. Beginnen Sie mit der Planung, was Sie anbauen möchten und berücksichtigen Sie, welche Fruchtfolge günstig wäre, um Krankheiten oder Schädlinge auszuschließen (siehe S. 97).

Gleich wo und in welchem Klima Ihr Garten liegt, einige Dinge sind stets erforderlich. Sie brauchen einen guten Kompostplatz und (in kühleren Regionen) Frühbeete, ein Gewächshaus oder Folientunnel. Ein stabiler Zaun hält Kaninchen und Füchse sowie die freundlichen, aber oft zerstörerischen Katzen und Hunde ab. Mit einem guten Zaun weisen Sie auch Hühner und Enten in ihre Schranken.

Schauen Sie sich die Nachbargrundstücke an. Vielleicht dürfen Sie auf einem Stück verlassenen Landes mit Erlaubnis des Eigentümers und der Nachbarn ein Schwein nach Wurzeln suchen lassen. Bäume und Hecken liefern Früchte und Beeren als Zubrot zu ihrer Ernte, ohne daß Sie dafür viel arbeiten müssen.

WAS ANPFLANZEN?

Wollen Sie nur für sich selbst oder auch für andere anbauen? Hier unterscheidet sich ein Garten vom Bauernhof. Sobald Sie ihre Produkte verkaufen möchten, brauchen Sie eine Anbaupalette, die möglichst genau berücksichtigt, was in den örtlichen Läden fehlt. Das geht einfacher als Sie glauben. Wenn Sie biologisch-organisch wirtschaften, stellen sich bestimmte Kunden meist von selbst ein. Andere freuen sich über frisch geerntete Nahrungsmittel. Selbst eingefleischte Supermarkt-Käufer werden erstaunt sein, wie gut frische Gartenkost schmeckt. Sind Sie aber nur an Selbstversorgung interessiert, entscheiden Sie sich bei der Wahl der Anbauprodukte nach Ihrem Geschmack und ihrer Findigkeit, wenn Sie eine Fruchtfolge zusammenstellen (siehe S. 97)

TIERE IM GARTEN

Zwar kommen Tiere bei einem „Bauernhof" dieser Größenordnung kaum in Frage, aber z. B. Bienenstöcke beanspruchen nur einen winzigen Platz. Sollten einige Nachbarn zunächst skeptisch sein, überzeugen Sie sie mit einem Glas Honig.

Auch ein paar Hühner passen in einen Garten, wenn Sie ihnen etwas Auslauf zum Picken verschaffen können. Allerdings sollten Sie im Hinblick auf die Nachbarn auf einen laut krähenden Hahn verzichten. Alternativ kämen noch Enten oder Gänse in Frage, selbst wenn Ihr Wasser nur aus der Leitung stammt.

WINZIGE NUTZTIERE

Ein gut geführter Bienenstock versorgt Sie das ganze Jahr über mit köstlichem Honig.

GESUNDE ERNTE

Mit eigenhändig erzeugter, sorgfältig gepflegter Nahrung finden Sie Ihre Marktlücke.

HOLZSTAPEL

Wenn Sie mit Holz heizen, brauchen Sie einen Stapel- und Trockenplatz im Garten.

KOSTENLOSE NAHRUNG

In Hecken oder auf Wiesen wachsen Wildfrüchte, die das Angebot erweitern.

30-Meter-Hof

Trotz der geringen Größe (30 x 15 m) ist dies ein Bauernhof. Jeder Zentimeter wird genutzt. Denken Sie an ein Schild, auf dem steht, was Sie anzubieten haben.

Der kleine Hof

Bei einem Hof dieser Größe (0,5 Morgen) bieten sich bereits einige Möglichkeiten. Sie können an Tierhaltung und Futteranbau für den Winter denken. Ihre Gemüsebeete liefern mehr, als Sie und Ihre Familie selbst essen können. Verkaufen Sie die Überschüsse und erweitern Sie Ihre Produktpalette durch einen oder zwei Folientunnel.

Solch einen Hof zu bearbeiten, ist fast ein Full-Time-Job, bei guter Planung bleibt Ihnen aber noch Zeit für andere Dinge. Daher eignet sich solch ein Hof gut für eine Kombination von Selbstversorgung und Teilzeitjob. Denken Sie aber daran, daß sich der Arbeitsaufwand je nach Jahreszeit ändert – Sie brauchen zu bestimmten Jahreszeiten also Hilfe oder einen sehr toleranten

FREILAUFENDE ZIEGE
Ziegen sind gut geeignet, eine Fläche von Unkraut zu befreien, denn manche Kräuter mögen sie lieber als Gras. Diese Fläche reicht gerade eben für eine Ziege.

Gemüse

Auf diesem Grundstück sollte Gemüse das wichtigste Anbauprodukt sein. Entscheiden Sie sich entweder für hochwertige Produkte, die Sie außerhalb der Saison unter Glas (Folie) ziehen, oder für weniger wertvolle, jahreszeitliche Produkte wie Kartoffeln, Kohl und Salat, oder kombinieren Sie beides. Vermeiden Sie unbedingt, von allem etwas anzupflanzen, sonst können Sie sich um keines Ihrer Produkte richtig kümmern.

Prüfen Sie vor der Entscheidung, was Sie anbauen, den Boden (siehe S. 132), das Klima und Ihre eigenen Fähigkeiten. Versuchen Sie herauszubekommen, was sich in Ihrer Gegend am besten verkauft.

Tiere helfen Ihnen dabei, überschüssiges Gemüse zu verwerten. Wenn Raupen Ihren Kohl zerfressen haben, läßt er sich zwar nicht mehr verkaufen, eine Ziege oder ein Schwein wird ihn jedoch noch mit Genuß verzehren. Solch ein Recycling ist eine gute Alternative zum Kompost.

Tiere

Ein halber Morgen (0,125 ha) Land reicht aus für Tiere. Wenn diese aber nicht in Ihre Lebensplanung passen, werden sie rasch zur Belastung. Tiere verlangen täglich nach unangenehmer Arbeit. Schweine wollen regelmäßig gefüttert werden und Sie müssen täglich ausmisten. Ziegen müssen jeden Tag gemolken werden. Sie können diese Arbeiten nicht einfach unterlassen, nur weil sie krank sind oder keine Lust haben.

Denken Sie also sorgfältig nach, ehe Sie sich für bestimmte Tiere entscheiden – manche brauchen mehr Pflege als andere. So haben Schweine beispielsweise ganz bestimmte Angewohnheiten und erwarten ihr Futter zu festen Zeiten. Sie hätten kein Verständnis dafür, daß Sie wegen einer Sitzung später von der Arbeit nach Hause kommen. Enten scheint Warten aber nicht viel auszumachen.

Obwohl es verlockend erscheint, viele Tiere zu halten, sind Bauernhöfe keine Zoos. Betrachten Sie ihre Tiere nicht als Schmusetiere, und wenn, dann beklagen Sie sich nicht über Mehrarbeit.

Futterpflanzen

Sie können einen Teil ihres Bodens für Futterpflanzen reservieren. Die Fläche ist zwar zu klein für eine Heuwiese, reicht aber für Mais und Luzerne – vor allem Luzerne ist gut geeignet, da sie dreimal jährlich geerntet wird. Wahrscheinlich schaffen Sie es gerade noch, dies alles ohne Maschinen zu bewirtschaften – aber nur gerade eben.

GEFLÜGELALLTAG
Hier muß regelmäßig gesäubert werden, sonst breiten sich Parasiten und Krankheiten aus.

ZWIEBELERNTE
Wenn Sie einen Markt für eines Ihrer Lieblingsprodukte finden, sind Sie auf dem Weg des Erfolgs.

ÄPFELPFLÜCKEN
Baumfrüchte werden am Ende der Vegetationsperiode geerntet, wenn anderswo weniger Arbeit anfällt.

MISTHAUFEN
Misthaufen müssen gut gepflegt werden, damit sie genügend Dünger liefern.

Halber-Morgen-Hof

Sei er auch noch so klein – 0,125 ha (0,5 Morgen) – dieser Hof bietet Raum für weit mehr Produkte als ein Garten (siehe S. 14). Zäunen Sie alles gut ein: Ein Schwein schafft es ohne weiteres, Ihre Beete in einer einzigen Nacht zu verwüsten.

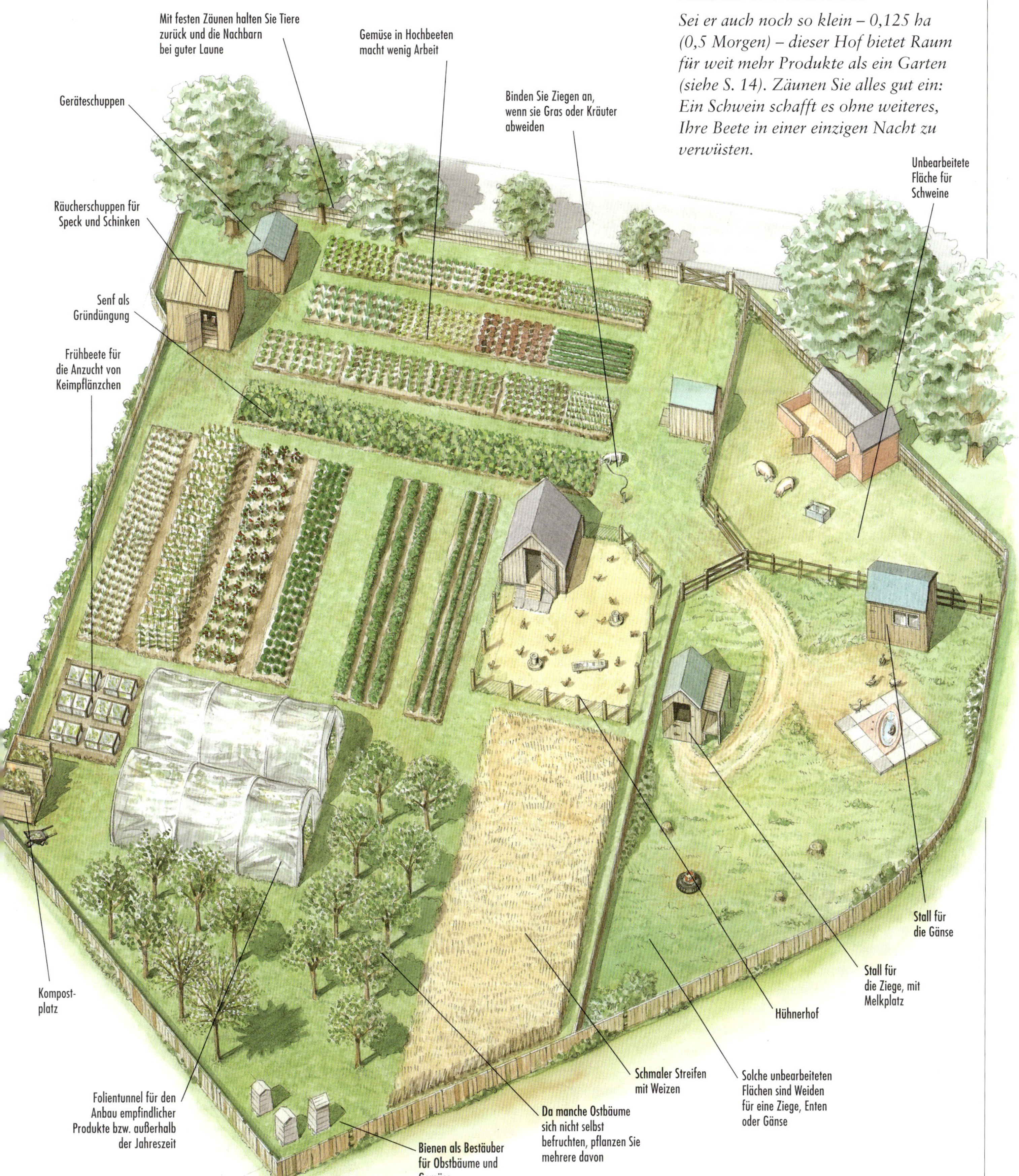

Der mittelgroße Hof

Mit einem Besitz dieser Größe (3 Morgen) machen Sie die Landwirtschaft zur Hauptbeschäftigung in Ihrem Leben. Dieser Hof versorgt Sie nicht nur mit allem, was Sie zum Leben brauchen, es bleibt sogar ein Überschuß für den Verkauf übrig.

Aber dieser Hof ist anspruchsvoller; hier können Sie größere Nutztiere halten – eine Kuh, eine kleine Schafherde und ein paar Schweine. Mit den Tieren kommt auch mehr Arbeit auf Sie zu, die jedoch von einer hart arbeitenden Person durchaus noch zu bewältigen ist.

Mit einem mittelgroßen Hof wachsen Ihre Aufgaben: Hecken und Zäune müssen stabil sein und gepflegt werden, um die Tiere zurückzuhalten. Hecken sind außerdem ein wichtiger Rückzugsraum für Wildtiere. Behandeln Sie als verantwortungsbewußter Landwirt alle Tiere auf Ihrem Land – die gewollten wie die ungewollten – mit Respekt.

DIE PLANUNG

Planen Sie den Hof so, wie es Ihrem Lebensstil entspricht. Daß Sie eine Kuh halten könnten, ist kein Grund, dies auch wirklich zu tun. Zufriedene Selbstversorger betrachten ihren Hof als Ausdruck ihrer selbst; für sie wird die Mühe und Arbeit durch die innere Befriedigung mehr als ausgewogen.

Jede Art Hof ist nur dann nachhaltig zu bewirtschaften, wenn Sie auf eine vielfältige Nutzung achten, und ein Hof dieser Größe ist geradezu darauf angewiesen. So ist Viehhaltung schon deshalb unbedingt erforderlich, weil Tiere organischen Dünger produzieren.

Vielfalt bedeutet aber keineswegs von allem etwas. Ihre Träume und Wünsche mit den Bedürfnissen eines Hofes in Einklang zu bringen, erfordert Planung!

Was immer Sie jedoch planen: mehr Land bedeutet mehr Arbeit, daher müssen Sie nun von Handwerkzeugen und Schubkarren auf einige Maschinen umsteigen.

Zwar läßt sich die meiste Arbeit dadurch erledigen, daß sie auf mehr Hände verteilt wird, aber Handarbeit allein reicht nun nicht mehr aus. Daher müssen Sie sich nun für Pferd oder Traktor entscheiden; und danach, ob Sie Maschinen für die mechanische Arbeit mieten wollen (und die Leute, die sie bedienen). Wenn Sie sich für letzteres entscheiden, brauchen Sie weder Maschinen zu kaufen noch zu reparieren. Gehen Sie ans Telefon und zahlen Sie die Rechnung. Dennoch bleibt ein unbefriedigendes Gefühl. Vielleicht spüren Sie, daß nun etwas Unwillkommenes zwischen Ihnen und Ihrem Land steht.

DREI-MORGEN-HOF

Wenn Sie Besitzer eines drei Morgen (0,75 ha) großen Hofes sind, müssen Sie Pläne für Fruchtfolgen und Viehhaltung ausarbeiten. Ab dieser Größe darf man bereits von Feldern sprechen. Denken Sie daran, auch Hecken und Bäume zu pflegen, denn Sie bewirtschaften alles, was auf Ihrem Land wächst, nicht nur die Nutzpflanzen.

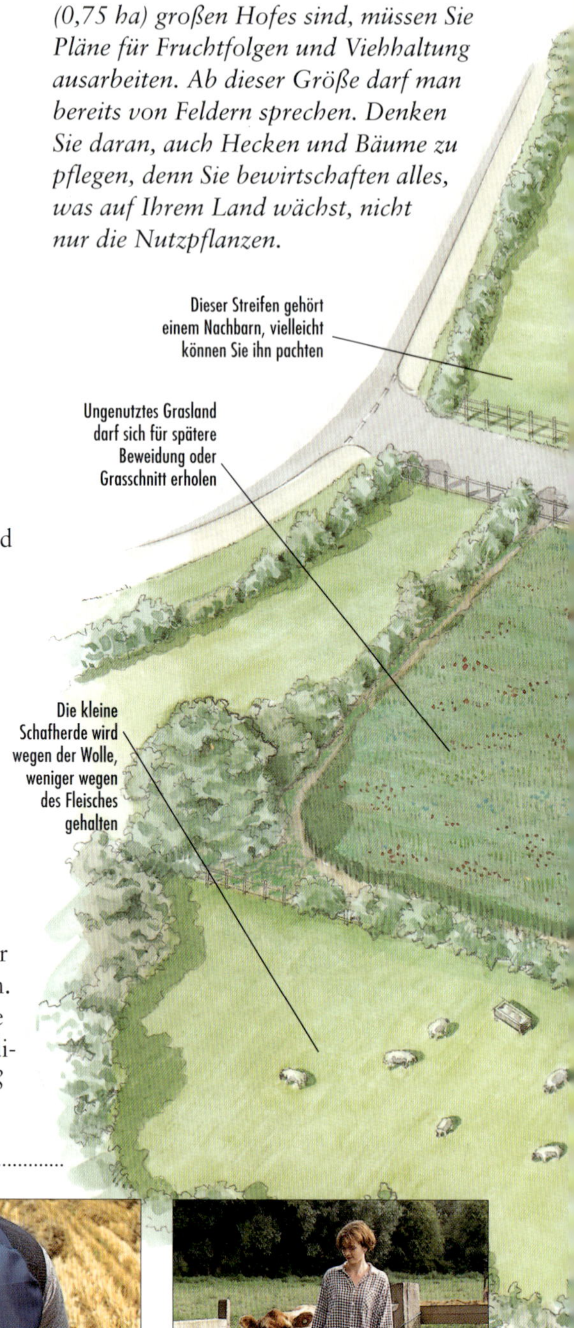

SÄEN PER HAND

Die Felder sind noch immer klein genug, so daß Sie Aussaat und Pflege mit der Hand bewältigen.

FEUCHTWIESE

Solche Wiesen werden im Winter überflutet, bieten aber üppiges Weideland.

WEIZENERNTE

Wenn Sie nur Weizen für Ihr eigenes Brot anbauen, ist Handarbeit die billigste Lösung.

MELKZEIT

Das Geheimnis einer guten Tierhaltung besteht darin, feste Abläufe zu schaffen und daran festzuhalten.

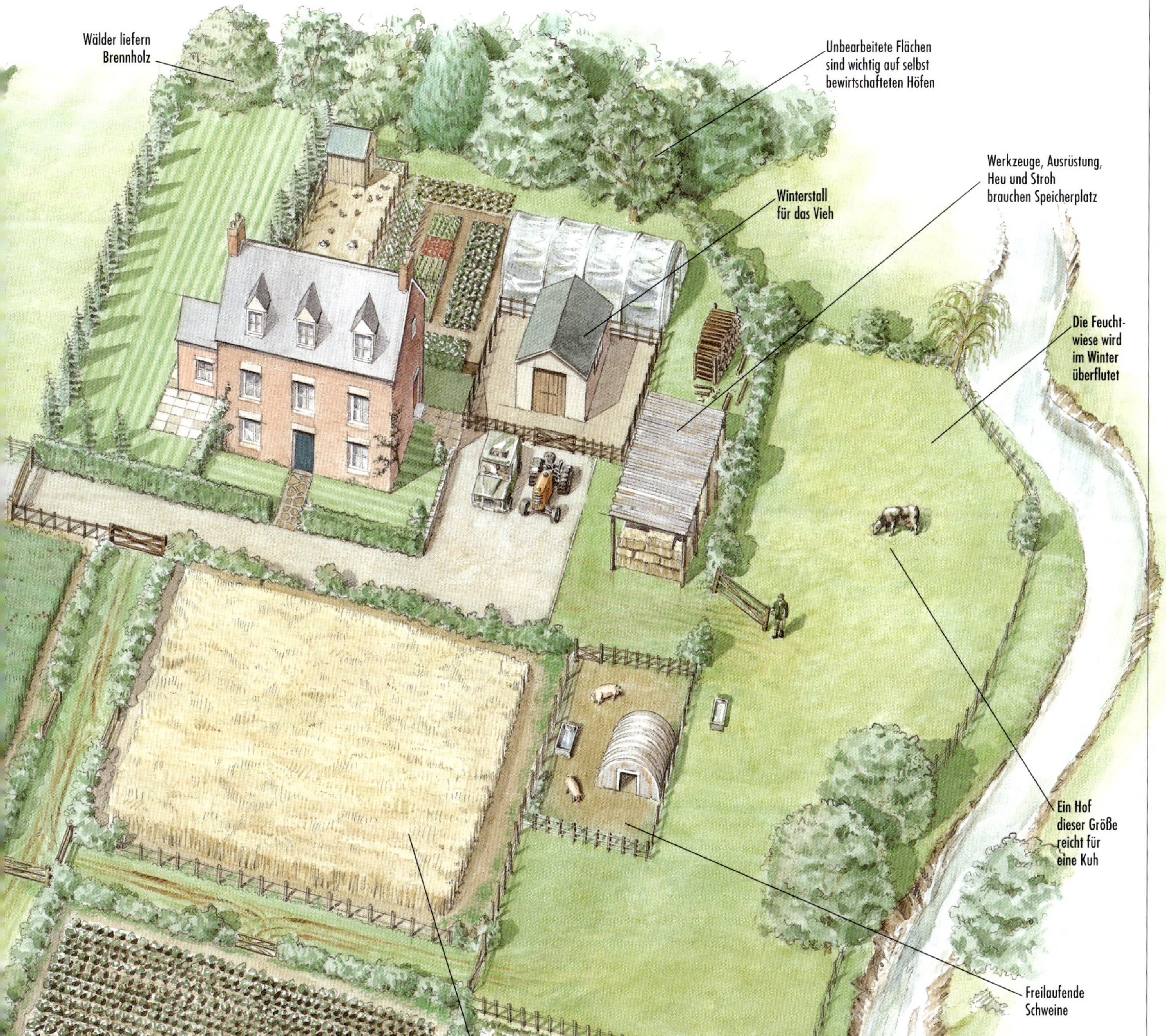

WINTERFÜTTERUNG

Denken Sie daran, wie Ihr Hof im Winter aussieht, und unterschätzen Sie nicht die erforderliche Arbeit. Füllen Sie täglich Heu nach und mischen Sie, wenn möglich, Futterrüben bei.

Der große Bauernhof

Berücksichtigen Sie alles, was über kleinere Höfe gesagt wurde, fügen Sie ein ausgefeiltes Management und noch größere Hingabe zu, dann haben Sie das Rezept für die erfolgreiche Bewirtschaftung eines größeren Hofes (8 Morgen). Nun sind Sie auch nicht mehr frei in der Wahl der Anbauprodukte, diese werden stärker von Klima und Boden abhängig. In der Größenordnung eines Feldes lassen sich Einzelpflanzen nicht mehr vor extremer Witterung schützen, daher dürfen Sie nur das anpflanzen, was auf Ihrem Land optimal gedeiht. Wenn Sie marktgerechte Pflanzen wählen, können Sie von einem Hof dieser Größe leben.

Die Planung

Ein Hof dieser Größe ist eine Verpflichtung und kann nicht mehr von Ihnen allein bewirtschaftet werden. Versuchen Sie, ehe Sie loslegen, einen erfahrenen Helfer zu finden und nutzen Sie Ihr oder sein Wissen ebenso wie die Arbeitskraft.

Ohne mechanische Hilfen kommen Sie nun nicht mehr aus. Sie brauchen verschiedenste Geräte, vom Pflug bis zur Mähmaschine. Gut geeignet wären ein Paar Pferde oder ein kleiner Traktor.

Vieh

Nun haben Sie genügend Platz für eine ordentliche Menge Schafe und Ziegen, selbst für eine bescheidene Kuhherde. Bei Höfen in rauhem Klima müssen Sie die Kühe im Winter im Stall unterbringen.

Zwölf Kühe scheinen nicht viel – auf der Weide im Sommer. Warten Sie aber bis zum Winter, wenn Sie damit beschäftigt sind, täglich genügend Futter herbeizukarren, damit alle satt werden. Sollten Sie jedoch in einem wärmeren Klima leben, können Sie sich diese Mühe, bis auf äußerst kalte Winter, vielleicht sparen.

Denken Sie sorgfältig darüber nach, welche Tiere Sie halten möchten. Natürlich sollten sie sich in der Region und dem Klima wohl fühlen. Da Sie jedoch die meisten tierischen Produkte verkaufen müssen, kommt es sehr auf den Bedarf der örtlichen Märkte an. Vielleicht verlangt man gerade in Ihrer Gegend nach ungewöhnlichen Produkten, z. B. Straußeneiern und -fleisch. Ehe Sie sich jedoch zu sehr spezialisieren, denken Sie daran: Sie wollten einen Selbstversorgerhof.

Unternehmen Bauernhof

Wenn Sie nicht ständig mit Ihrem Hof beschäftigt sind, ziehen Sie doch ein kleines, profitables Unternehmen in Betracht. Erzeugen Sie in einer kleinen Molkerei Butter, Käse und Joghurt für den Verkauf. Halten Sie Angoraziegen oder -kaninchen und spinnen Sie Wolle. Vielleicht möchten Sie auch lieber Wein aus Ihren Trauben oder Cidre aus Ihren Äpfeln herstellen.

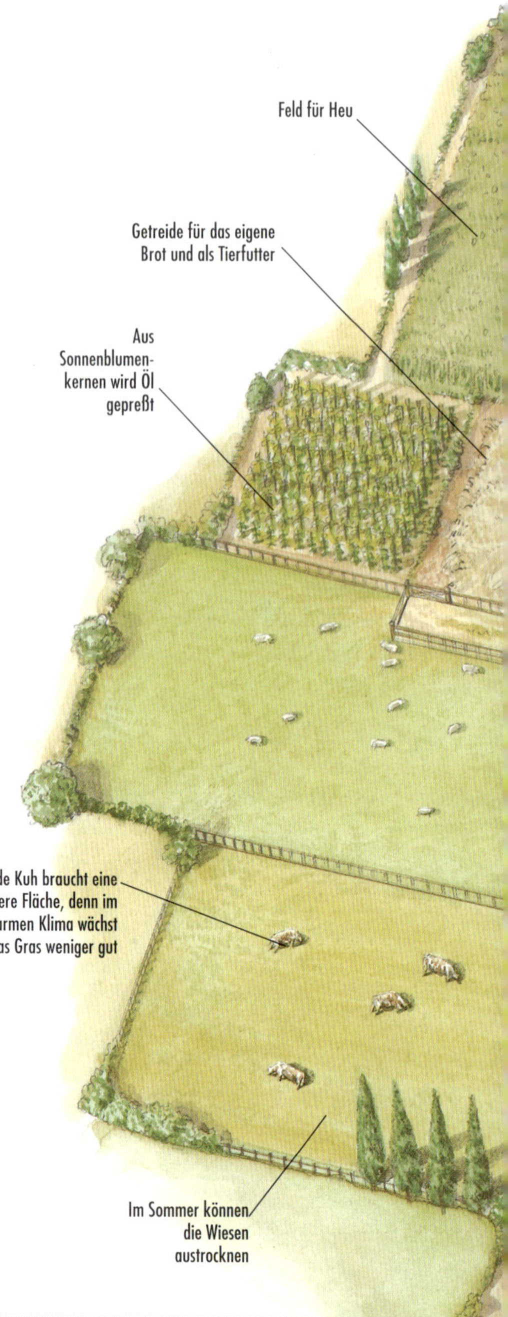

OLIVENERNTE

Oliven gedeihen nur in warmen Klimaten. Sie werden gepflückt und das Öl wird ausgepreßt.

WOLLE

Angoraziegen fühlen sich in warmem Klima wohl. Aus ihrem Fell stellt man Wolle her (Mohair).

WEINLESE

Um guten Wein zu machen, brauchen Sie geeignetes Klima und Boden, dazu viel Erfahrung.

REISFELD

In warmem Klima können Sie auf einem Feld, das sich fluten läßt, sogar Reis anbauen.

ACHT-MORGEN-HOF

Dieser Hof (8 Morgen, 2 ha) steht in mediterranem Klima (siehe Kasten S. 22). Hier wachsen Produkte, die anderswo aufgrund des Wetters keine Chancen hätten – Sonnenblumen, Oliven, Reis, Wein und Aprikosen. Die Sommerweiden sind mager, liefern aber reichlich Heu.

FRÜHHERBST

Streuen Sie vor dem Pflügen Mist auf den Feldern aus. Sie müssen bis zum Winter alle Feldarbeit erledigt haben, sonst macht das Wetter den Boden zu schwer.

Das Arbeitsjahr

Man kann nicht sagen, wann das Arbeitsjahr beginnt, denn die Arbeit hört nie auf und zieht sich durch alle Jahreszeiten. Das Geheimnis, die jährliche Arbeit erfolgreich zu bewältigen, besteht darin, sich nicht überraschen zu lassen. Machen Sie sich genau klar, was Ihr Hof im nächsten Monat von Ihnen verlangen wird. Nur so werden Sie nicht in die Situation kommen, daß sie die Arbeit des letzten Monats noch nicht geschafft, mit der laufenden überfordert und geschockt sind, daß der nächste Monat schon vor der Tür steht. Das hört sich zwar theoretisch gut an, geschafft habe ich das aber nie. Ich hatte eine Schafherde, die sehr früh im Frühling ihre Lämmer warf. Kaum waren drei schlaflose Wochen vorüber, mußte ich schon mit dem Pflügen und Säen beginnen.

Man ist immer versucht zu glauben, daß bald Ruhe eintritt oder man noch viel Zeit hat. Die Ruhe kommt aber nicht – statt dessen kündigt sich schon die nächste Arbeit an. Einen Hof zu bewirtschaften, ist wie eine schwindelerregende Karusselfahrt.

Das kühl-gemäßigte Klima, in dem Nordeuropäer, Amerikaner der Nordstaaten und viele Kanadier leben, beschert uns eine ganze Reihe einschneidender Wetterwechsel: empfindlichen Frost, grausame Sommerhitze, Dürre und sintflutartige Regenfälle. Daher soll es hier als Beispiel dienen.

Herbst und Winter

Für die meisten Bauern beginnt das Jahr im Spätsommer, der in den Herbst übergeht. Das Getreide ist eingebracht und die Stoppelfelder warten auf den Pflug. Das Küchengärtchen hat seine sommerliche Pracht verloren, von nun an wird es schwieriger, etwas zu ernten. Auch die Tiere scheinen den Winter zu erahnen, denn das Gras wird magerer und die Tage werden kürzer. Sofern Sie zu viele Tiere haben, die sie nicht über den Winter füttern möchten, ist nun die richtige Zeit für den Verkauf.

Bis auf das Wurzelgemüse, das immer noch wächst, sollten Sie nun wissen, wieviel selbsterzeugtes Winterfutter Sie haben und gut nachrechnen. Einen Hof zu führen, läuft wie die Produktion von Glückwunschkarten: Man denkt stets monatelang voraus. Fast

FRÜHWINTER

Der Bock (siehe S. 56) wird zu den Schafen gelassen, damit im Frühling Lämmer geboren werden.

Höfe in sonnigerem Klima

Im mediterranen Klima (weltweit zum Beispiel Mittelmeerraum, südliche USA, sowie auf der Südhalbkugel um das australische Perth und Adelaide oder Kapstadt in Südafrika) sieht das Arbeitsjahr gänzlich anders aus. Dort friert es im Winter nur selten und die Sommer sind lang und heiß.

Normalerweise fällt weniger Regen als im gemäßigten Klima, vorwiegend im Winter. Daher müssen Bauern mit den Problemen unzureichender Wasserversorgung fertig werden. Andererseits gehören Orangenbäume und Trauben zu den Früchten, die man anbauen kann, und ein Bauer kann seinen eigenen Wein herstellen. Melonen wachsen ohne den Schutz von Glashäusern und Feigen reifen aus.

PFERDEFÜTTERUNG IM WINTER

Alle Tiere brauchen nun Zusatzfutter. In kühlen, feuchten Regionen holt man Pferde und Rinder von der Weide. Sie verbringen die härtesten Monate im geschützten Offenstall mit einer Strohauflage.

SPÄTWINTER
Das Vieh wird noch gefüttert. Zerkleinern Sie die im Herbst geernteten Rüben mit einem Spezialschneider als saftiges Futter für die Schafe.

immer ist der erste Herbstfrost ein Wendepunkt. Wenn Ihnen dann siedendheiß einfällt, daß die Kartoffeln oder die empfindlicheren Rüben noch geerntet werden müssen, dann haben Sie zu lange gewartet. Wenn Sie noch spätes Gartengemüse oder Wintergetreide aussäen möchten, werden Wetter und Boden den Zeitpunkt bestimmen. Zu viel Regen, und Sie verderben den vollgesogenen Boden, wenn Sie darauf arbeiten; zu viel Frost, und der Boden ist zu hart.

Mit dem beginnenden Winter kommt irgendwann der Tag, da die Wiesen nicht mehr reichen und Sie Ihre Tiere füttern müssen. Vielleicht haben Sie ihnen schon vorher etwas frisch geschnittenen Mais zum Futter gemischt, aber jetzt wollen die Tiere eine volle Ration. Wenn Ihr Land im Winter unter den Huftritten des Viehs leidet, dann müssen insbesondere Kühe den Winter in einem mit Stroh ausgestreuten Offenstall verbringen.

Die Arbeit beginnt sich aufzutürmen, und die Tage werden immer kürzer und kälter. Wassertröge frieren zu und Sie müssen frisches Wasser herbeikarren. Wenn Sie noch nicht mit dem Pflügen fertig sind, müssen Sie auf Tauwetter warten. Wenn Ihr Bock bei den Schafen war, braucht die Herde sorgfältig ausgewähltes Futter, damit alle gesunde Lämmer werfen. Jetzt müssen Sie Brennholz hacken, Tore reparieren, denn nun sind Ihre Wiesen leer, Entwässerungsgräben säubern und Hecken schneiden. Sie werden mit wachen Augen auf Ihren Heuvorrat schauen, hoffen, daß er ausreicht und mit Spannung auf die ersten Frühlingsboten warten.

Frühling

Der willkommene Übergang vom Winter zum Frühling bringt Wärme, neugeborene Lämmer und Küken. Nun wird sich jeder, der einen Hof bewirtschaftet, mit Feuereifer auf die Aussaat stürzen, sobald die Bedingungen stimmen. Aber die Zeit des Lammens steht vor der Tür, das Weideland muß geeggt werden, um totes, verfilztes Gras zu entfernen, und vielleicht wollen Sie auch düngen. Jetzt ist die beste Zeit, die Bodenoberfläche auf dem Feld und im Garten fein zu glätten, denn der Frost hat seine Arbeit getan und die Schollen zu Krümeln zerlegt. Jetzt werden Frühgemüse und Sommergetreide ausgesät; denken Sie auch an die Runkelrüben für den nächsten Winter.

Mit zunehmender Taglänge und steigenden Temperaturen wächst nun das Gras wieder. Lassen Sie Ihr Vieh vom Offenstall wieder auf die Weide. Hohes Gras heißt aber auch, daß bald wieder Heuen ansteht. Sie hören die Uhr ticken: Wenn Sie nicht gleich damit beginnen, den winterlichen Viehstall auszumisten, wird der Mist zu kurz auf dem Haufen liegen und der Dünger von schlechterer Qualität sein. Und das Lammen ist auch noch nicht zu Ende!

VORFRÜHLING
Das Leben auf dem Hof erwacht – und mit ihm die Menschen. Viel Arbeit fällt an, zum Beispiel pflügen, Kartoffeln setzen und Sommergetreide säen.

Sommer

Machen Sie Heu, wenn die Sonne scheint, sobald die übrige Arbeit Ihnen Zeit läßt. Manche Hülsenfrüchte lassen sich dreimal pro Sommer als Heu mähen, aber in schlechten Sommern vergeht viel Zeit, bis das Gras trocken genug ist für Heuwagen oder Ballen.

Achten Sie bei heißem Wetter auf Ihre Tiere, denn sonst könnten Parasiten zum Problem werden. Wenn Sie nicht jede freie Minute mit der Hacke durch die Reihen von Feld oder Garten gehen, um auskeimende Unkräuter zu vernichten, werden diese die Oberhand gewinnen. Die Getreideernte muß geplant und die entsprechenden Maschinen überholt werden.

Genau jetzt geraten Landwirte in Aufregung, die Pferde werden von Fliegen belästigt und man kommt nach langen Tagen müde nach Hause. Wenn dann die Ernte eingebracht ist und man glaubt, die Füße hochlegen zu können, stellt man fest, daß die Tage kürzer werden, noch gepflügt werden muß und die Wiesen kahl aussehen…

SPÄTFRÜHLING
Jetzt verlangen die Setzlinge Ihre Aufmerksamkeit. Hier werden junge Bohnen, die im Frühbeet ausgekeimt sind, ins Freie gesetzt. Wenn Sie das Unkraut nicht bekämpfen, wird es die Oberhand gewinnen.

HOCHSOMMER
Sommer heißt Ernte, Höhepunkt im Arbeitsjahr eines Bauern. Jetzt liefern auch Küchen- und Obstgarten die meisten Früchte.

GEDULDIGE ARBEIT
Getreide mit der Hand auszusäen ist eine langsame, ruhige Arbeit. Natürlich sparen Sie mit Traktor und Sämaschine Zeit – so sparen Sie Geld und schonen die Umwelt.

Der Arbeitsaufwand

Sie selbst sind das Wertvollste auf dem ganzen Hof. Alles andere kann kaputtgehen, zerbrechen oder einen Tag frei nehmen, nur Sie nicht. Urlaub haben nur Angestellte, auf einem selbstbewirtschafteten Hof sind Sie aber allein. Schonen Sie sich daher genauso wie Ihr Land. Erkennen Sie, wann ein Tag zu Ende geht und verschieben Sie die Arbeit auf den nächsten. Auch wir sind schon in den Fehler verfallen, alle hellen Stunden des Tages auszunutzen. Schließlich waren wir zu erschöpft, um von den angenehmen Seiten des Landlebens zu profitieren.

Selbstverständlich könnten Sie Leute dafür bezahlen, daß sie die Verantwortung von Ihren Schultern nehmen, aber genau das war doch Ihr Ansporn: einen Hof selbst zu bewirtschaften. Sie wollten die körperliche Erfahrung, Ihr eigenes Land zu bearbeiten, und nicht andere Leute anleiten. Es stimmt, Sie werden erschöpft, ausgepumpt und frustriert sein, wenn selbst einfache Arbeiten Ausmaße annehmen, die Sie nicht erwartet haben: das gehört zum Leben. Glücklicherweise bleiben beim Landleben nur die guten Tage im Gedächtnis, während die schlechten einfach verblassen.

Menschen auf dem Land

Den größten Teil Ihrer Mühen werden Sie darauf verwenden, das Land zu bearbeiten. Dabei lernen Sie, wie sich der Holzstiel einer Mistgabel, Hacke oder eines Spatens anfühlt. Sie werden sich wundern, wie stark die Verbindung zu Ihren Handwerkzeugen wird. Ich habe schon Heu zusammen mit Farmarbeitern gemacht, die seit 30 Jahren dieselbe Gabel benutzten und behaupteten, mit keiner anderen arbeiten zu können; sie kämen sich sonst genauso vor wie ein Violinist, der nach dem falschen Bogen greift. Zuerst habe ich mich darüber lustig gemacht, inzwischen habe auch ich meine Lieblingswerkzeuge, und Ihnen wird es ähnlich ergehen.

Manche Fertigkeiten perfektioniert man erst nach jahrelanger Praxis. Sie werden feststellen, daß ich Techniken beschreibe, die man erst nach langem Landleben beherrscht. Dennoch werden Sie rasch ein gewisses Maß an Kompetenz erwerben. Heu mit der Gabel

Mensch gegen Maschine

	Bodenbearbeitung	*Getreideaussaat*	*Getreideernte*	*Dreschen*	*Heu machen*
Menschliche Arbeitskraft	Eine Person braucht zwischen 14 und 21 Tage, um 1 Morgen (0,25 ha) Land 25 cm tief umzugraben.	Eine Person schafft durch breiten Auswurf 1,5 Morgen (0,4 ha) pro Stunde.	Eine erfahrene Person mäht mit einer Sense 1 Morgen (0,25 ha) am Tag.	Zwei Personen mit Dreschflegeln dreschen pro Tag 25 kg Weizenkörner aus.	Eine geschickte Person kann mit einer Sense 1 Morgen (0,25 ha) Gras am Tag mähen.
Einfache Maschinen	Ein einschariger Pflug, gezogen von zwei Pferden, pflügt pro Tag 1 Morgen (0,25 ha).	Mit einer Sämaschine, zwei Pferden und zwei Personen schafft man 1,25 Morgen (0,3 ha) pro Stunde.	Ein Garbenbinder schneidet 1,5 Morgen (0,4 ha) pro Stunde; ein kleiner Mähdrescher 6 Morgen (1,5 ha) pro Stunde.	Mit einer Dreschmaschine schafft man 15 t am Tag, braucht dafür aber 14 Leute. Mit einem Mähdrescher entfällt diese Arbeit.	Eine kleine, pferdegezogene Mähmaschine schneidet 1 Morgen (0,25 ha) pro Stunde.

ARBEIT IM HEU
Eine Heugabel ist langsamer als ein mechanischer Heuwender – aber die Zusammenarbeit stellt einen Wert an sich dar.

UNKRAUTJÄTEN MIT DER HACKE
Kein mechanisches Gerät entfernt Unkraut so gründlich wie eine erfahrene Person mit einer Hacke.

WEIZENERNTE MIT DER HAND
Das ist eine harte Arbeit, und die Halme müssen noch gebündelt und zusammengebunden werden. Aber es ist billiger als ein Mähdrescher.

SCHMIEDEARBEIT
Manche Teile gehen kaputt und müssen repariert werden. Grundkenntnisse, wie Schmieden, sind für einen Bauern fast so wichtig wie die Arbeit auf dem Feld.

zu wenden oder Unkraut auszuhacken, scheint einfach nur eine mechanische Tätigkeit zu sein. Ein erfahrener Bauer wird daraus jedoch eine schwingende, drehende und schneidende Ballettvorstellung machen. Auch wenn es am Anfang nicht so gut klappt, widerstehen Sie der Versuchung, eine Maschine zu kaufen. Verpflichten Sie zunächst mehr Hilfskräfte und stärken Sie die Bindung zu Ihrem Land.

Auf dem Hof

Sachkenntnis erwerben Sie aber nicht nur in der Landwirtschaft. Je nach Bedarf müssen Sie Schmied, Klempner, Maurer, Zimmermann und Mechaniker sein. Sie brauchen kein ausgesprochener Fachmann zu werden, aber Sie sollten in der Lage sein, Hammer, Rohrzange oder Meißel anzupacken und sich an die Arbeit zu machen. Es wird einfach zu teuer, wegen jeder Reparatur ans Telefon zu gehen. Außerdem ist es sehr befriedigend, einen Koben zu reparieren, den ein Schwein eben demoliert hat, oder eine verbogene Pflugschar wieder in Form zu hämmern. Wieder einmal bleibt alles an Ihnen und Ihren – oft zerschundenen – Händen hängen.

Die Versorgung des Viehs

Mit Tieren umzugehen ist ebensosehr eine geistige wie körperliche Anstrengung. Gute Viehbauern haben eine Ebene gefunden, auf der sie mit den Tieren kommunizieren. Wie das funktioniert, werden Sie nur durch eigene Erfahrung begreifen. Und die wird kommen, nach und nach. Ich brauchte mehrere Jahre, bis ich das Geheimnis ergründet hatte. Nehmen Sie als Beispiel Schafe, die getrieben werden: Erst als ich begann, selbst wie ein Schaf zu denken, erkannte ich alle möglichen Schwierigkeiten im voraus und konnte sie sicher treiben.

Andere Arbeit verlangt handwerkliche Geschicklichkeit: Schafschur (S. 60), Tränken (S. 57), Klauen beschneiden (S. 64), Kühe melken (S. 76), Schweine füttern (S. 69) und Geburtshilfe (S. 78). Sie müssen all dies lernen, mit jeder neuen Erfahrung werden Sie jedoch Ihre Tiere besser verstehen und damit das Leben auf dem Hof mehr genießen.

Das Heim

Man vergißt es allzu leicht, aber ohne ein Heim gibt es keinen Bauernhof. Als ich meinen Hof kaufte, rief ich aus: „Das ist der richtige Ort für uns." Dabei hatte ich nur die Felder und Scheunen gesehen, ohne einen Fuß in das Haus zu setzen. Wenn es aber am Ende eines langen, erschöpfenden Arbeitstages regnet oder schneit, wenn die Dunkelheit hereinbricht, dann wird das Haus zum wichtigsten Ort des Hofes. Betrachten Sie es als Ihren Stall oder Schweinekoben, in den Sie sich zum Suhlen zurückziehen, wenn die Arbeit getan ist.

Sie werden feststellen, daß Heim und Hof unteilbar werden. Dieser Gedanke sollte Sie aber keinesfalls erschrecken. Erst in der Küche werden die Früchte des Hofes wirklich geerntet, hier werden Sie für Ihre Mühe belohnt. Ich habe Bauern kennengelernt, die riesige Kartoffelfelder beackerten, ohne jemals eine davon zu probieren; statt dessen kauften sie Kartoffeln aus dem Supermarkt. So sollte ein Selbstversorger nicht wirtschaften. Früchte einwecken, Schinken räuchern, Korn für das eigene Brot mahlen, Eier sammeln und sie einfallsreich verwerten; damit sind Sie beschäftigt, wenn Sie nicht draußen arbeiten. Auf dem Teller eines Selbstversorgers herrscht Überfluß, und das nicht nur im Wortsinn. Genau jetzt sollten Sie nochmals daran denken, daß Sie das Wichtigste auf dem Hof sind. Wenn Sie zusammenbrechen, bricht alles zusammen. Bürden Sie sich nicht mehr auf, als Sie bewältigen können.

SCHAFSCHUR
Es dauert, bis man mit den Tieren umgehen kann. Die erste Schafschur wird langsam gehen und dem Schaf nicht viel Spaß machen.

DACHDECKEN MIT STROH
Ein Strohdach (siehe S. 45) ist preiswert und schützt Ihr Vieh. Mit etwas Übung werden Sie bald einfache Stroharbeiten ausführen können.

SPINNEN
Die eigenen Produkte weiterzuverarbeiten, macht große Freude. Hier wird die Wolle kardätscht, als Vorbereitung zum Spinnen.

FLECHTZÄUNE HERSTELLEN
Wenn es Ihnen gelingt, Gatter aus Flechtwerk herzustellen, können Sie Ihre Schafe und Ziegen sehr preiswert und flexibel einzäunen.

Hecken

Es gibt keine bessere Methode, um Weidevieh einzuschließen, als mit einer guten, niedergelegten Hecke. Sie ist für die Tiere nicht nur undurchdringlich, sondern bietet darüber hinaus Schatten und schützt vor kaltem Wind und Regen. Eine Hecke bricht den Wind, schützt die Feldfrüchte und stellt vielleicht – in Form von Nüssen oder Brombeeren – auch eine willkommene Bereicherung für die Speisekammer dar. Hecken haben aber auch noch einen weiteren Nutzen. Sie sind auf jedem guten Hof Rückzugsgebiete für wilde Tiere. Vielleicht bemerken Sie Ihre Mitbewohner gar nicht, aber sie sind da: Sie bauen Nester in der Hecke, trippeln durch das hohe Gras und knabbern an den Früchten einer gemischten Hecke. Hecken leben und bleiben nur dann gesund, wenn Sie sich darum kümmern. Wenn Sie erst feststellen, daß manche Hecken schon Jahrhunderte alt sind, werden Sie sie mit Respekt behandeln.

Rückschnitt

Ein totaler Rückschnitt bis zum Boden mag brutal aussehen, ist aber oft der einzige Weg, eine schlechte Hecke neu aufzubauen. Zuerst wird sie mickrig, nach drei Jahren aber so wie hier aussehen.

Heckenstruktur

Eine gute Hecke ist dicht, ohne Lücken, vor allem nicht an der Basis, die so breit sein muß, daß die Hecke im Querschnitt A-förmig aussieht. Eine Hecke niederzulegen macht zunächst viel Arbeit. Hat sie sich aber gut entwickelt, wird sie bei minimalem Pflegeaufwand eine optimale Barriere bilden.

SCHNELLE FLUCHTWEGE

Um diese Hecke hat sich niemand gekümmert, unten hat sie zahllose Lücken. Bis sie viehsicher wird, ist einige Arbeit nötig.

SOLIDE HECKE

Diese Hecke wurde gepflegt. Sie ist dick, bildet eine wirksame Barriere und bietet zahllosen Wildtieren Lebensraum.

Natürliche Barriere

Tiere finden jede Lücke, daher schließt nur eine gut gepflegte Hecke sie sicher ein. Bücken Sie sich und betrachten Sie die Hecke aus dem Blickwinkel der Tiere. Wahrscheinlich ist sie viel löchriger, als Sie dachten.

HECKEN NIEDERLEGEN

Um diese Technik gut zu beherrschen, braucht man Geschick und viel praktische Erfahrung. Verstehen Sie zunächst, wie eine Hecke wächst und wie stark sie sich umbiegen läßt. Dieser Mann arbeitet so, wie er es gewohnt ist. Vielleicht machen es die Leute in Ihrer Gegend anders, aber das Grundprinzip ist dasselbe.

Sie brauchen eine Heppe, ein Beil, eine Bügelsäge, einen Schlegel und Geräte zum Schärfen. Halten Sie ihre Heppe rasiermesserscharf (siehe S. 36). Tragen Sie derbe Lederhandschuhe und alte, eng anliegende Kleidung (Sicherheit!), wenn Sie mit scharfen Werkzeugen arbeiten. Erwarten Sie zu Beginn keine schnellen Fortschritte.

VERNACHLÄSSIGTE HECKE *So sah die Hecke vorher aus: Sie war seit mindestens fünf Jahren nicht mehr geschnitten und wohl niemals niedergelegt worden.*

SIE BRAUCHEN *Pfähle aus Hasel oder Esche, 5 cm dick; außerdem 3 Meter lange Ruten aus Hasel oder Weide.*

1 **SCHNITT** *Dünnen Sie bis auf junge Stämme aus. Schneiden Sie aus jedem Stamm ein Stück heraus, so daß er umkippen kann.*

2 **NIEDERLEGEN** *Drücken Sie den Stamm vorsichtig in Richtung der Hecke zur Seite. Drehen Sie wegen des Saftstroms nicht zu stark!*

3 **STÜTZEN** *Treiben Sie Pfähle entlang der Hecke in den Boden. Verflechten Sie die niedergelegten Stämme mit den Pfählen zur Grundstruktur der Hecke. Bei sehr kleinen, jungen Hecken können Sie die Pfähle auch vor dem Niederlegen einschlagen.*

Ruten verhindern, daß die Heckensträucher die Pfähle auseinanderdrücken

4 **RUTEN** *Flechten Sie die Ruten zwischen die Pfähle. Schlagen Sie die Ruten auf Endhöhe; beschneiden Sie Hecke und Pfähle.*

5 **SECHS MONATE SPÄTER** *Aus den niedergelegten Sträuchern sind neue Triebe gewachsen. Nach 10–15 Jahren sollten Sie die Hecke aufs Neue niederlegen. Bis dahin regelmäßig beschneiden und auf Lücken achten.*

Tore und Zäune

Ein optimales Tor ist wie ein bequemer Schuh – es paßt und läßt sich mit Vergnügen bewegen. Auch straffe, aufrechte und sichere Zäune sorgen für zufriedene Bauern. Jedes Tor jedoch, das nicht mit einem satten Ton zufällt, macht depressiv, ein müde herabhängender Zaun hat kaum Überlebenschancen und sieht unschön aus. Tiere merken sehr genau, wann ein Zaun nicht mehr sicher ist und werden nicht zögern auszubrechen.

Tor- und Zaunpfähle müssen sehr fest stehen, graben Sie daher die Pfostenlöcher tief aus. Wenn das in Handarbeit geschieht, planen Sie genügend Zeit ein. Zum Glück gibt es die herrliche Erfindung des traktorbetriebenen Bohrers.

Ein perfekter Weidezaun

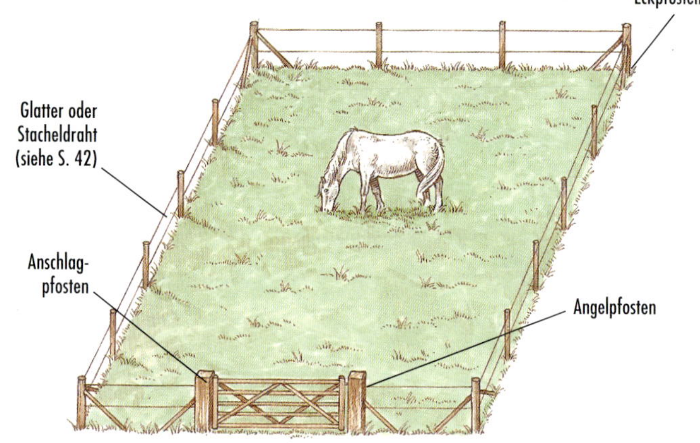

DER SCHLÜSSEL ZUR SICHERHEIT *Nur durch Stärke wird ein Weidezaun sicher. Kräftige Eck- und Torpfosten, tief und fest eingegraben, machen ihn unüberwindlich für fast alle Tiere.*

Tore

Selbst ein kleines Tor ist schwer, daher kommt es wesentlich auf den Angelpfosten an. Nehmen Sie imprägniertes Holz. Ein 90 cm tiefes Loch scheint tief, ist es aber keineswegs; in leichten Böden werden Sie noch tiefer graben müssen. Entscheiden Sie, in welche Richtung sich das Tor öffnen soll: Meist zur Weide hin, da es Tieren leichter fällt, ein Tor aufzudrücken, als es nach innen zu ziehen.

1 **ANGELPFOSTEN** *Setzen Sie den Pfosten ins Loch. Drücken Sie lockere Erde fest. Mit der Wasserwaage prüfen, ob er senkrecht steht.*

2 **OBERE ANGEL** *Bohren Sie ein Loch und und schlagen Sie die Angel ein. Hier ggf. eine Vorrichtung für selbstschließende Türen.*

3 **UNTERE ANGEL** *Achten Sie auf den genauen Abstand zur oberen Angel. Nur so tragen beide Angeln gemeinsam das Gewicht des Tores.*

4 **TOR EINSETZEN** *Setzen Sie das Tor genau auf die Dorne der Angeln. Sollte es nicht gerade stehen, korrigieren Sie die Position an der oberen Angel. Ggf. wird nun der Anschlagpfosten gesetzt. Auch er sollte stabil sein, denn er muß starken Druck aushalten.*

ECKPFOSTEN

Eckpfosten müssen tief in die Erde getrieben und nach den Seiten gestützt werden, von denen Druck ausgeübt wird. Als Stütze dienen Streben, die ihrerseits durch einen kleinen Pfosten gesichert werden. Ohne solche Streben wird sich der Eckpfosten lockern und der Zaun durchhängen. Dann hilft nur eine komplette Neuanlage. Versteifen Sie den Pfosten durch ins Loch gestampfte Steine.

1 **LOCH** *Graben Sie mit Spaten oder mechanischem Bohrer. Holen Sie mit einem schmalen Spaten alle lockere Erde aus dem Loch.*

2 **PFOSTEN** *Sie treiben den Pfosten hinein und stabilisieren ihn mit Steinen. Schaufeln Sie Erde ins Loch und stampfen Sie sie fest.*

3 **STREBEN** *Kerben Sie den Pfosten für die Strebe ein; graben Sie ein kleines Loch für das untere Ende; fixieren Sie mit einem Pfosten.*

4 **ECKE** *Mit gut gesetzten Streben hält ein Eckpfosten normale Belastungen aus. Rütteln Sie zur Sicherheit daran.*

ZAUNDRÄHTE SPANNEN

Da nur die Festigkeit des Drahtes die Weidetiere zurückhält, kommt es auf korrekte Befestigung und Verspannung an. Verwenden Sie eine Spannschelle oder -vorrichtung. Rollen Sie ihn von einer Drahtspinne ab: Wickeln Sie die benötigte Menge auf und ziehen Sie sie nach Bedarf ab. Lose Drahtrollen bilden leicht Schleifen und knicken. Ohne den Draht zu schwächen, läßt er sich dann nicht mehr straff spannen.

1 **BEFESTIGEN** *Sie das lose Ende des Drahtes mit Krampen am Pfosten und drehen Sie es fest. Rollen Sie den Draht von der Spinne ab.*

2 **SPANNEN** *Schneiden Sie den Draht ab, ziehen Sie ihn um den Pfosten und spannen Sie ihn mit der Vorrichtung; Krampen einschlagen.*

3 **DER ZAUN** *Die Drähte sollten straff und parallel sein. Drei sind genug für Rinder, bei Schafen brauchen Sie fünf. Spannen Sie alle paar Jahre nach.*

SIE BRAUCHEN

Halten Sie die Werkzeuge beisammen und griffbereit. Neben den hier gezeigten brauchen Sie Hammer, Krampen und eine Zange (Drahtschere) zum Drahtschneiden und Krampenziehen.

Schmiedearbeiten

Sie werden sich wundern, was auf einem Hof alles kaputtgehen kann. Selbst kräftigste Metallgeräte leiden unter der dauernden Belastung, und früher oder später ist eine Gabelzinke verdreht, eine Pflugschar verbogen oder die Spitze einer Egge zerbrochen. Versuchen Sie sich in Schmiedearbeiten. Vielleicht werden Sie kein Meister, aber sie lernen genug, um akute Schwierigkeiten zu beseitigen, wenn Sie dringend mit einer Arbeit fertig werden müssen und das benötigte Werkzeug kaputt ist.

Am einfachsten läßt sich Schmiedeeisen bearbeiten. Besorgen Sie sich etwas und legen Sie los. Die meisten heutigen Geräte bestehen jedoch aus dem schwerer zu bearbeitenden Flußstahl. Hier kommen Sie nur mit Geduld zu befriedigenden Ergebnissen. Sie brauchen eine Esse (heute oft auf Rädern), gute Schmiedekohle, einen Amboß, einen oder zwei Hämmer mit runder Pinne, Zangen, Schrotmeißel und einen Schraubstock. Vor dem Schmieden muß das Metall auf die richtige Temperatur erhitzt werden: Sie werden lernen, die Temperatur nach der Farbe des Metalls einzuschätzen.

DER AMBOSS
Bewerten Sie einen Amboß nach dem Klang eines Hammerschlages. Er sollte wie eine Glocke klingen. Flache oder gedämpfte Töne weisen auf einen Riß oder zu weiches Metall hin.

Die Arbeit am Rundhorn

Auf dem Rundhorn formt man Bögen, Knicke oder Ringe in ein Metallstück. Die hier gezeigten Arbeiten werden von einem erfahrenen Schmied ausgeführt. Bei ihm sieht alles viel einfacher aus, als es in der Tat ist. Lassen Sie sich davon aber nicht abschrecken: Sie werden es lernen. Ein nützlicher Tip: Wenn Sie sich eine Schmiedeausrüstung kaufen, lassen Sie den Amboß von einem Fachmann in der richtigen Höhe und Abstand von der Esse fest im Boden verankern.

EINEN GROSSEN BOGEN SCHMIEDEN
Treffen Sie das Metall nicht direkt auf dem Horn, sonst dellen sie es nur ein. Zielen Sie mit dem Hammer auf eine Stelle kurz vor dem Horn, dann biegt sich das Metall um. Erhitzen Sie das Metall bis zur kräftigen Rotglut. Kühlt es ab, wird es erneut erhitzt.

EINEN ENGEN BOGEN SCHMIEDEN
Solche Ringe in der richtigen Größe zu schmieden, erfordert sehr lange Übung. Erhitzen Sie das Metall wieder mehrmals bis zur Rotglut. Schmieden Sie zunächst einen großen Bogen am Rundhorn, dann verengen und schließen Sie den Ring an der Spitze des Horns.

FLÄCHEN UND KANTEN DES AMBOSSES

Die hier gezeigten Arbeiten sind einfacher als die Arbeit am Horn oder das Hammerschweißen. Bedarf besteht ständig: Vierkanteisen müssen in ihre Gegenstücke passen, die Spitzen einer Egge geschärft und Stangen getrennt werden, weil Sie daraus Ersatzteile schmieden wollen, und schließlich brauchen Sie Bolzenlöcher. Jeder Schmied wird Ihnen sagen, daß der Hammer die Hälfte ihrer Arbeit tut. Beobachten Sie seine Arbeitsweise!

VIERKANTEISEN
Erhitzen Sie das Metall orangerot und legen Sie es auf den Amboß. Schlagen Sie darauf, um 90° drehen, wieder daraufschlagen und wieder 90° drehen usw. Wenn die Farbe verblaßt, wieder ins Feuer.

SCHÄRFEN
Zur Weißglut erhitzen, dann wird das Metall plastisch. Setzen Sie das Ende schräg auf den Amboß und hämmern Sie es spitz zu. Versuchen Sie am Anfang nicht, wie hier eine rhombische Spitze zu schmieden.

SCHNEIDEN
Metall läßt sich kalt oder heiß schneiden. Schlagen Sie für die kalte Trennung mit dem Schrotmeißel eine Kerbe hinein und brechen sie es über der Amboßkante ab. Bei der heißen Trennung wird das Metall zur Orangeglut erhitzt, über einen Keil gelegt und durchgeschlagen

LOCH STANZEN
Dafür brauchen Sie kräftig gelb glühendes Metall. Im Unterschied zu einem Bohrloch geht kein Material verloren, das Eisen fließt um das Loch und verstärkt es.

HAMMER-SCHWEISSEN

Hammerschweißen ist nicht einfach und verlangt viel Praxis. Häufiger wird elektrisch oder mit einem Acetylen-Sauerstoff-Gemisch geschweißt, doch die Ausrüstung ist teuer. Wenn Ihre Schweißarbeit heikel ist, holen Sie besser einen Fachmann. Wenn Sie sich jedoch Fehler erlauben können, dann greifen Sie selbst zum Hammer. Es kommt darauf an, die beiden Teilstücke so gut zu verbinden, daß keine Naht erkennbar ist. Dafür sind hohe Temperaturen erforderlich.

1 **POSITIONIEREN** *Erhitzen Sie die beiden Enden zur Gelbglut. Spannen Sie ein Stück ein. Legen Sie das andere darüber (5 cm überlappend); zusammenhämmern; erneut erhitzen.*

2 **VERBINDEN** *Hämmern Sie auf die Verbindungsstelle, die verdickte Stelle muß verschwinden. Geben Sie Flußmittel darauf, gegen Schuppen; wieder erhitzen und hämmern.*

3 **SCHLUSSBEHANDLUNG** *Evtl. noch einmal wiederholen, dann wird die Verbindungsstelle mit dem Hammer geglättet. So sollte es aussehen: Keine Naht ist zu erkennen.*

Schneiden und Schärfen

Kein Handwerker wird ein Klingenwerkzeug in die Hand nehmen und loslegen, ohne zu prüfen, ob es scharf ist. Wenn ja, geht die Arbeit viel schneller und sauberer von der Hand. Wenn nicht, wird er die Klinge schärfen: Stumpfe Werkzeuge lassen sich nur schwer kontrollieren und sind gefährlich; man braucht mehr Zeit und Mühe als mit einem gut gepflegten Werkzeug.

Lernen Sie, ein Werkzeug richtig zu schärfen, und nehmen Sie die passenden Hilfsmittel. Schauen Sie sich genau an, wie die Klingen unterschiedlicher Werkzeuge geformt sind. Sicher bemerken Sie als erstes, daß manche Klingen einseitig (wie beim Schermesser für Schafe) oder beidseitig (wie beim Beil) abgeschrägt sind. Danach richtet sich die Funktion des Werkzeugs und die Art des Schliffs.

Hilfsmittel zum Schleifen

Neben diesen allgemeinen gibt es spezielle Hilfsmittel für bestimmte Klingen (Wetzstein, -stahl oder Abziehstahl); fragen Sie im Fachgeschäft. Steine bestehen aus hartem, kohlenstoffreichem Material, Wetzstähle aus speziell gehärtetem Stahl.

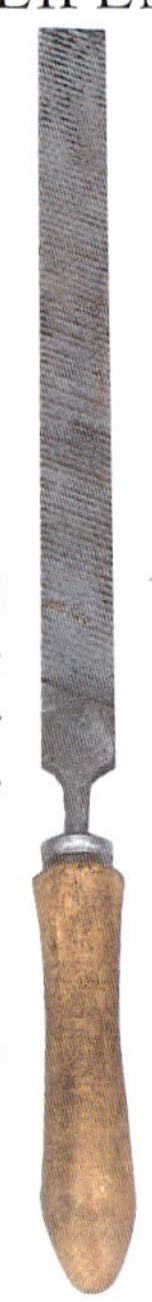

GROBE FEILE
Glätten Sie stark eingekerbte Klingen zunächst mit einer groben Feile und ziehen Sie sie erst dann scharf ab.

WETZSTEINE
Wenn Sie Arbeiten erledigen, bei denen es auf scharfe Klingen ankommt, sollten Sie stets einen Wetzstein in der Tasche haben.

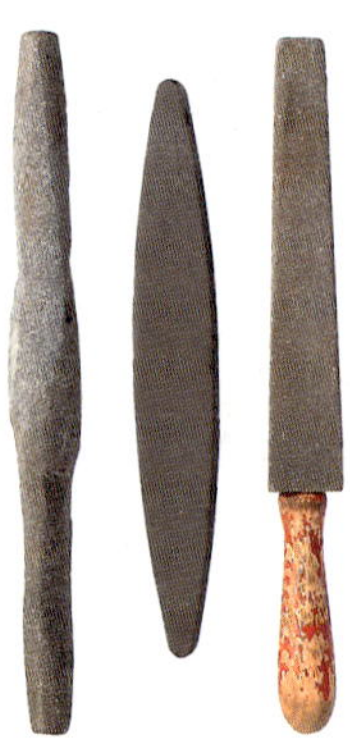

ÖL UND ÖLSTEIN
Damit schärft man vor allem Hobel und Meißel.

ELEKTROSCHLEIFER
Sehr wirkungsvoll; wenn Sie jedoch zu sorglos damit umgehen, kann die Härte der Klinge leiden.

Verschiedene Schnittkanten

Klingen sind entweder ein- oder beidseitig abgeschrägt. Einseitig abgeschrägte Werkzeugklingen haben eine gerade (Spiegel) und eine schräg geschliffene (Fase) Seite. Bei beidseitig abgeschrägten Klingen werden beide Seiten geschliffen.

In jedem Fall hängt der Winkel sowohl vom Werkzeug wie von der geplanten Arbeit ab. Äxte brauchen stumpfe Winkel, um Holz zu spalten, während eine Sichel den schärfsten Schliff erhält, um Getreide und Gras zu schneiden.

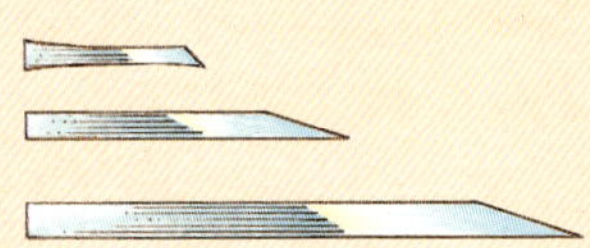

Einseitig abgeschrägt: Schere, Haumesser, Heppe

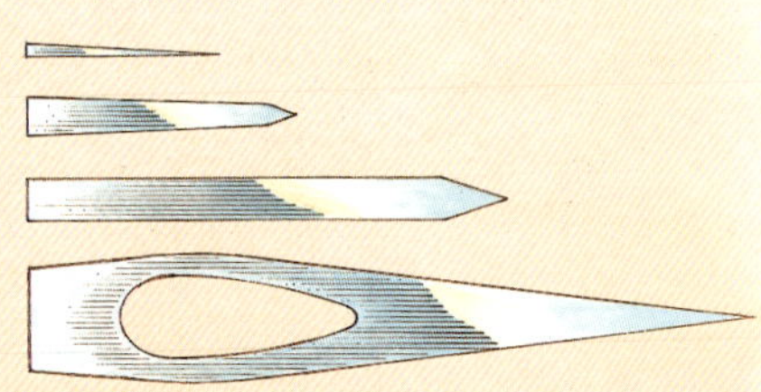

Beidseitig abgeschrägt: Sense, Haumesser, Heppe, Axt

Einseitig abgeschrägte Klingen

Dazu gehören Werkzeuge, die wie eine Schere funktionieren: Schermesser, das Messer einer Mähmaschine; dazu Schnittwerkzeuge wie Heppen und Haumesser. Die Klingen einiger Heppen und Haumesser sind beidseitig abgeschrägt; bei manchen Heppen kommt beides vor.

HEPPE
Wird zum Stutzen von Hecken verwendet. Mit dem Haken können Sie Äste heranziehen.

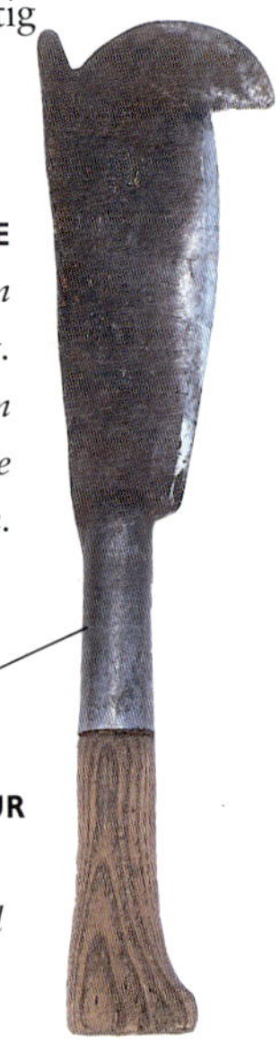

SCHERMESSER ZUR SCHAFSCHUR
Es gibt links- und rechtshändige Scheren.

Schärfen einer Heppe

Bei einseitig abgeschrägten Klingen, wie der Heppe (unten), darf der Spiegel nicht abgerundet werden. Ziehen Sie die Fase so lange ab, bis die Schneide wieder scharf ist. Da Heppen aus sehr hartem Stahl bestehen, bleibt ihre Schneide lange scharf.

WETZEN
Hier wird die Schneide mit einem Wetzstein abgezogen. Schärfen Sie regelmäßig; so bleibt die Klinge scharf und Sie werden immer geschickter. Bewegen Sie stets den Stein gegen die Klinge und nicht umgekehrt.

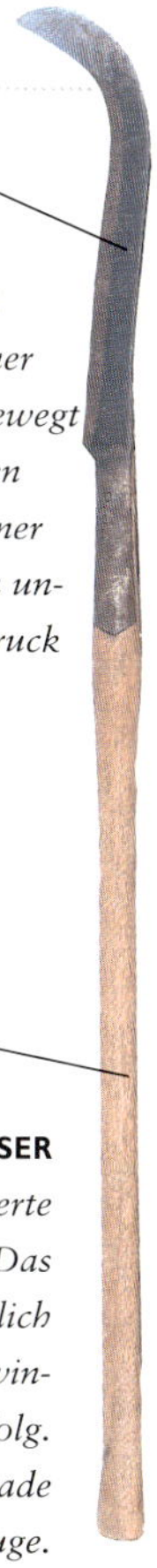

Das Haumesser hat einen ähnlichen Querschnitt wie die Heppe

MESSER EINER MÄHMASCHINE
Dieses zahnförmige Messer einer Mähmaschine (siehe S. 158) bewegt sich horizontal an feststehenden Zähnen vorbei. Es wird mit einer harten Feile geschärft, die man unter konstantem Winkel und Druck an den Zähnen vorbei bewegt.

Schärfen Sie die beiden Seiten der Zähne, aber nur von oben

Holzstiel (1,50 m lang)

HAUMESSER
Damit befreit man überwucherte Flächen von Gestrüpp. Das Werkzeug arbeitet ziemlich grob; je stärker Sie ausschwingen, desto besser ist der Erfolg. Haumesser sind nicht gerade zarte Werkzeuge.

BEIDSEITIG ABGESCHRÄGTE KLINGEN

Geräte mit beidseitig abgeschrägten Klingen sind beispielsweise Äxte, Sensen und Sicheln, auch manche Formen von Heppen und Haumessern. Beide Fasen müssen beim Schärfen gleichmäßig abgezogen werden, sonst wird die Klinge unsymmetrisch.

TASCHENMESSER
Betrachten Sie es als letzte Rettung, wenn z. B. das Pferdegeschirr Schwierigkeiten macht oder sich ein Schaf im Zaun verfängt.

SICHEL
Dank des weiten Bogens wird Gras während des Schnittes gebündelt. Sicheln werden sehr schnell stumpf.

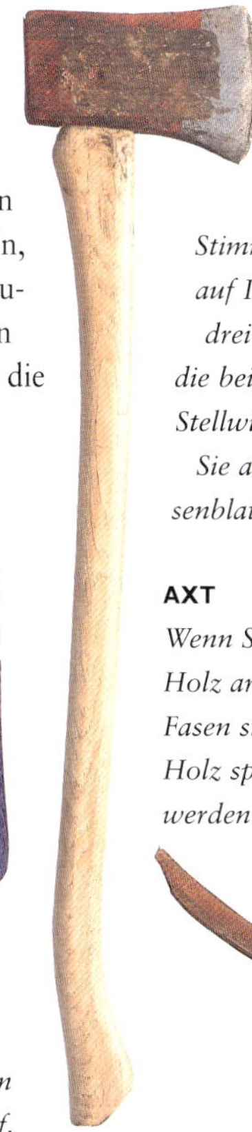

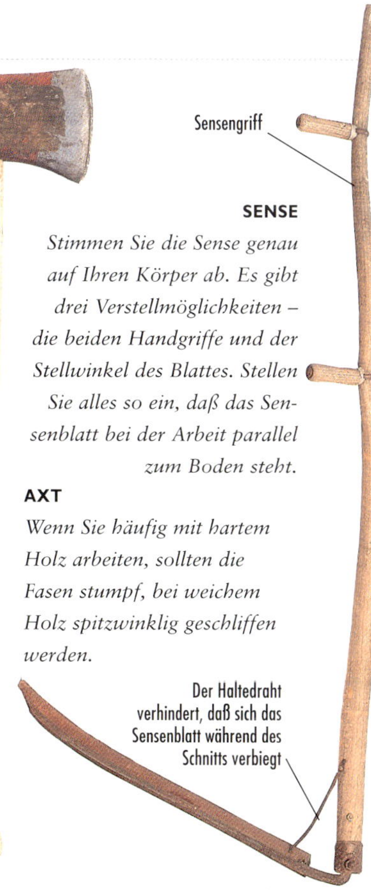

Sensengriff

SENSE
Stimmen Sie die Sense genau auf Ihren Körper ab. Es gibt drei Verstellmöglichkeiten – die beiden Handgriffe und der Stellwinkel des Blattes. Stellen Sie alles so ein, daß das Sensenblatt bei der Arbeit parallel zum Boden steht.

AXT
Wenn Sie häufig mit hartem Holz arbeiten, sollten die Fasen stumpf, bei weichem Holz spitzwinklig geschliffen werden.

Der Haltedraht verhindert, daß sich das Sensenblatt während des Schnitts verbiegt

EINE AXT SCHÄRFEN

Bei jedem Schlag entfernt die Axt einen Span aus dem Holz. Wurde die Schneide zu rund geschliffen (im Profil), trifft bei einem schrägen Schlag auf das Holz zuerst eine Kante auf und die Axt federt zurück. Wurde andererseits die Schneide zu spitzwinklig geschliffen, schneidet sie gut, bleibt aber fest im Holz stecken.

1 **GROBE FEILE** *Stellen Sie die Axt mit dem Griff auf den Boden und drücken Sie die Schneide gegen den Oberschenkel. Glätten Sie Kerben mit einer groben Feile.*

2 **SCHÄRFEN** *Schärfen Sie die Schneide mit einer feineren Feile. Achten Sie darauf, beide Fasen gleichmäßig zu glätten. Prüfen Sie die Schärfe der Axt mit einem Probeschlag. Springt sie zurück oder bleibt stecken, schleifen Sie erneut.*

EINE SENSE SCHÄRFEN

Ziehen Sie beim ersten Versuch, eine Sense zu schärfen, unbedingt Handschuhe an – ich trage die Narben meiner ersten Erfahrungen heute noch.

Sobald sie merken, daß die Sense nicht mehr durchzieht, muß sie mit dem Wetzstein abgezogen werden. Das Blatt sollte stets messerscharf sein, sonst drückt es die Grashalme beiseite, statt sie glatt durchzuschneiden.

1 **OBERSEITE** *Beginnen Sie mit der Oberseite. Halten Sie den Wetzstein im Winkel von 15° gegen die Schneide und ziehen Sie ihn zur Spitze hin. Halten Sie den Winkel über die ganze Schneidenlänge bei.*

2 **UNTERSEITE** *Legen Sie den Wetzstein unter der Schneide an, wieder im Winkel von 15° und zur Spitze hin. Schließlich wechseln Sie zwischen Ober- und Unterseite hin und her – Sie werden sehr schnell dabei werden.*

TIERE HALTEN

Die erste und sicher auch wichtigste Regel der Tierhaltung lautet: Schaffe nie ein Tier an, das du nicht leiden kannst. Mit Tieren zu arbeiten, erfordert ein tiefes Verständnis für ihre

Bedürfnisse. Nur wer in seinen Tieren mehr als einen reinen Wirtschaftsfaktor und eine Einkommensquelle sieht, wird dieses Verständnis aufbringen. Jeder, der einen eigenen Hof zur Selbstversorgung bewirtschaftet, sollte die Natur achten – dann werden Tiere oft zu „Familienmitgliedern“ auf dem selbst bewirtschafteten eigenen Hof.

DER HOFTRUTHAHN

Es gibt zahlreiche Geflügelsorten. Truthähne bieten ein sicheres Einkommen.

DIE RICHTIGEN TIERE

Wer bin ich, daß ich Ihnen vorschreibe, welches Tier Sie halten sollen? Ebensogut könnte ich Ihren Lebenspartner auswählen. Stets entscheiden Sie sich für ein Lebewesen, mit dem Sie weite Bereiche Ihres Lebens teilen werden, es geht um eine Partnerschaft. Rein wirtschaftlich betrachtet, wäre alles einfacher: Sie schätzen die Marktlage ein, wägen Kosten gegen Profit ab und kommen zu einer rentablen Lösung. Wenn Ihnen das nicht genügt, ergibt sich eine Reihe von Fragen. Finden Sie erst die Antworten, ehe Sie sich für bestimmte Tiere entscheiden. Zwar sollte das Herz nicht über den Kopf bestimmen, berücksichtigen Sie aber Ihr „Gefühl" für ein Tier. Fragen Sie sich zunächst, welche Tiere Ihnen liegen, ziehen Sie Arbeitsaufwand und Kosten in Betracht, und kommen Sie dann zu einer befriedigenden Entscheidung. Können Sie

WELCHES TIER KOMMT IN FRAGE?

	 *Hühner*	 *Enten/Gänse*	 *Kaninchen*
Vorteile	Hübscher Anblick; Eier und Fleisch bei wenig Aufwand	Widerstandsfähiger und weniger anfällig gegen Infektion; Enten legen länger als Hühner; Gänse sind gute Weidetiere, die Unkraut aus Weiden picken	Billig, leicht zu halten; ruhige Tiere  Gesunder Löwenzahn
Nachteile	Kaum; Gestank, wenn sie zu lange an derselben Stelle gehalten werden	Enten sind Wasservögel; Teich oder ausreichende Wasserfläche; Gänse sind laut und recht stark	Bringen wenig ein
Besondere Ansprüche	Schutz vor Füchsen und Raubtieren; Hühnerstange an dunklem, hochgelegenen Platz für die Nacht; Schutz vor extremem Wetter	Beide brauchen Schutz für die Nacht, vor extremem Wetter (Hitze und Kälte) und vor Füchsen und Raubtieren	Schutz vor Wetter, Füchsen und Raubtieren; brauchen trockenen, zugfreien Stall
Arbeitsaufwand	Täglich füttern und Eier sammeln; Einsperren während der Nacht; Stall säubern  Hühnerei	Enten: Einsperren während der Nacht, Eier sammeln, Stall säubern; Gänse: Eier sammeln, Stall säubern  Entenhaus	Füttern; regelmäßig kontrollieren; Stall säubern  Kaninchenstall
Fertigkeiten, die Sie brauchen	Die eigenen Hühner töten; entlaufene Hühner einfangen; Flügel beschneiden; hohe Zäune bauen, wenn Sie die Flügel nicht beschneiden	Normale Fähigkeiten eines Geflügelhalters	Anzeichen von Krankheiten erkennen; Sie müssen ihre eigenen Kaninchen töten
Krankheiten	Würmer werden zum Problem, wenn die Hühner zu lange am selben Ort bleiben; Tiere auf Läuse und Milben kontrollieren	Enten: widerstandsfähiger als Hühner; Gänse: Jungtiere können sich auf stark genutztem Gras Magenwürmer zuziehen	Gewöhnlich frei von Krankheiten, erkälten sich aber leicht; Ohren regelmäßig auf Milben untersuchen; Klauen beschneiden
Profit	Eierverkauf ab Hof; eigene Hühner mag man mit niemandem teilen – essen Sie sie selbst	Enten: Fleisch und Eier; Gänse: begehrtes Fleisch, Eier sind groß, aber schwer zu verkaufen	Gutes, fettarmes Fleisch; gelegentlich auch Nachfrage nach Fellen

Ihren Tieren artgemäße Bedingungen bieten und können diese ihren Instinkten folgen? Kaufen Sie erst dann, wenn Sie sicher sind, daß die Tiere auf Ihrem Hof ein zufriedenes Leben führen werden.

EIN WÜRDIGES ENDE

Denken Sie rechtzeitig daran, was Sie mit den Tieren anfangen wollen. Fast alle sterben keines natürlichen Todes, sondern enden als Nahrung. Deswegen wurden sie aufgezogen, denn sie haben kaum einen Wert an sich, außer sie geben Wolle, Milch oder Eier. Wenn Sie es nicht übers Herz bringen, Tiere zum Schlachter zu bringen, oder ihnen kein würdiges, schmerz- und angstfreies Ende gewährleisten können, dann halten Sie besser keine Tiere. Nutztiere sind schlechte Schmusetiere. Wenn Sie keine Tiere töten können, dann halten Sie einen Hund oder eine Katze und bauen Sie Gemüse an – ein guter Landwirt sind sie trotzdem.

LAMAS AUF DEM HOF?
Lamas und Alpakas sind teuer in der Anschaffung, ihre Wolle läßt sich jedoch gut verkaufen.

 *Schafe*	 *Ziegen*	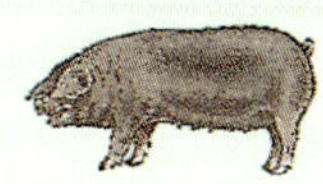 *Schweine*	 *Kühe*
Ausgezeichnete Weidetiere, halten Wiesen in gutem Zustand; liefern Lämmer, Wolle und Milch; manche Rassen werden schon bei geringen Futtermengen fett; widerstandsfähig	Geringer Aufwand; widerstandsfähig in den meisten Klimaten; Fleisch, Milch, einige Rassen mit wertvoller Wolle	Preiswert zu füttern; werden fett von dem, was andere Tiere liegen lassen; liefern Fleisch, Schinken, Würste, Speck; gute Gesellschaft, hören zu, wenn Sie Ihre Sorgen klagen	Sanfte Tiere; kümmern sich ein halbes Jahr lang selbst um das Futter; liefern Kälber und Milch für Butter, Käse, Milcheis und Joghurt
Mutterschafe und Lämmer verlangen Aufmerksamkeit; anfällig für Krankheiten; einfallsreiche Ausreißer	Ohne Zaun oder festen Bindestrick fressen sie in kürzester Zeit eine Schneise in den Gemüsegarten	Können mit dem Rüssel ordentliches Gras vollständig ruinieren	Große Tiere; sie zu fangen und zu bewegen erfordert eine gewisse Kraft
Ein guter Hirte, um Verdruß zu vermeiden	Brauchen kein gutes Gras, Gestrüpp genügt; ziehen oft Unkraut Gras vor; bei extremem Wetter Schutz erforderlich	Schutz beim Ferkeln; sonst widerstandsfähig  Schweinestall	Brauchen gutes Gras im Sommer für starke Kälber und viel Milch; Schutz vor kaltem Wind und Regen im Winter
Dauernd; im Sommer auf Schädlinge achten; sorgfältige Überwachung beim Lammen	Zweimal täglich melken; sonst wie bei Schafen  Eine Geiß melken	Täglich füttern; regelmäßig ausmisten bei Stallhaltung	Zweimal täglich melken, tägliche Kontrolle weidender Tiere; gute Planung, wenn Sie Bullen mit Kühen zusammenbringen
Schafe wollen verstanden werden; scheren, Klauen schneiden, Hilfe beim Lammen  Hufschneidemesser	Melken, Scheren, Klauen schneiden, Geburtshilfe	Schweine zu treiben, erfordert viel Erfahrung; Sie müssen sehr flink sein, wenn Sie ein widerstrebendes Schwein einfangen wollen	Melken, Viehtreiben, Hilfe beim Kalben  Melken
Schmeißfliegen, Fußfäule und zahllose andere Krankheiten (oft als Vorzeichen des Todes)	Ziegen brauchen viele Mineralien, sonst drohen Mangelkrankheiten; auf Endoparasiten kontrollieren	Nicht viele; achten Sie auf Euterentzündung nach dem Ferkeln; sonst gesund; gut gefütterte Schweine brauchen selten den Tierarzt	Euterentzündung beim Melken; Mineraldefizite beim Füttern von Kälbern; Klauenprobleme bei milchschweren Tieren
Sehr marktabhängig; Schafskäse kann profitabel sein	Milch, Käse und Joghurt verkaufen sich gut; prüfen Sie die Vorschriften für Molkereibetriebe (siehe S. 172)	Selbst geräucherter Schinken und Speck sind begehrt; ebenso das aromatische Fleisch mancher Rassen	Molkereiprodukte zahlen sich aus; Erträge aus Kälbern oder Mastvieh abhängig vom Markt

Zäune für die Tiere

Wenn man sie läßt, werden alle Tiere früher oder später ausbrechen! Vertrauen Sie nicht darauf, daß ein Schaf eine Lücke in der Hecke übersieht, oder ein Schwein nicht bemerkt, daß die Batterie des elektrischen Zaunes leer ist. Ein entlaufenes Tier wird Ihren Gemüsegarten leerfressen, bevor Sie sein Verschwinden überhaupt bemerken. Nur gute Zäune und gepflegte Hecken sichern ein ruhiges Leben und guten Schlaf. Außerdem sorgen gute Zäune für gute Nachbarschaft!

PLANUNG

Gute Zäune sind teuer; wenn Sie ganz von vorn anfangen, kosten Sie viel Geld und Arbeit. Zäune sind wichtig, sie schließen Tiere ein und aus: Wenn Sie in einer Gegend mit Kaninchen Gemüse anpflanzen, wäre der Verzicht auf einen Kaninchenzaun reine Zeitverschwendung. Alles kostet Geld.

Ausgerissene Tiere sind jedoch noch teurer. Das Geheimnis besteht darin, die Zäune den Tieren und dem Gelände anzupassen.

Dabei kommt es nicht nur auf die Stärke des Zauns an. Ein lockerer, elektrischer Zaun hält zwar einen Bullen, nicht aber ein Huhn zurück. Finden Sie heraus, wie ein Tier entkommen könnte und sorgen Sie vor. Kann Ihr Schwein den Zaun mit seinem Rüssel anheben, dann war es die falsche Konstruktion. Mit einem Stacheldraht nahe am Boden halten Sie es zurück. Planen Sie für alle Eventualitäten, sonst müssen Sie irgendwann eine Kuh in einem Maschendrahtgehege oder Hühner auf einer heckenumgebenen Wiese halten.

TROCKENSTEINMAUERN

Eine Trockensteinmauer hält jahrhundertelang und prägt, wie Felder und Bäume, den Anblick einer Landschaft. Bei guter Pflege hält ein Trockensteinmauer Schafe und Rinder zurück. Es erfordert jedoch viel Erfahrung, eine solche Mauer instandzuhalten (ein Neubau ist dagegen nur alle 100 Jahre nötig).

HOLZZÄUNE

Holzzäune bestehen entweder aus Pfosten mit Querlatten oder aus Flechtelementen. Zwar sieht ein teurer Lattenzaun schön aus, ich fand ihn jedoch stets unpraktisch. Pferde und Rinder reiben gerne die Köpfe an der obersten Latte, daher steht der Zaun schon bald schief und wird nicht mehr lange gut aussehen.

Neue, hübsche Flechtzäune sind ein Augenschmaus, sie bieten einen guten Schutz und Sicherheit für Lämmer und Geflügel. Sie herzustellen erfordert jedoch Geschick, und da sie aus unbehandeltem Holz bestehen, halten sie nicht lange.

Entscheiden Sie sich auf jeden Fall für dauerhaftes Holz. Da wirksame Holzschutzmittel giftige Substanzen enthalten, ist die Wahl eines von Natur aus widerstandfähigen Holzes vorzuziehen. Nehmen sie Eiche, wenn Sie es sich leisten können – das Holz wird Sie überleben. Preiswertere Alternativen wären Kastanie oder Lärche.

DRAHTZÄUNE

Drahtzäune sind am billigsten und lassen sich schnell errichten. Sie halten große Tiere, wie Pferde und Kühe zurück, nicht aber Schafe und Ziegen. Ziehen Sie Zaundraht zwischen stabilen Pfosten straff an (siehe S. 33). Nehmen Sie glatten oder Stacheldraht.

Nur Zäune mit straff gespannten Drähten sind sicher. Tiere lernen schnell, daß ihr Kopf durch einen hängenden Draht paßt, bald folgt dann der Rest des Körpers. Lockere Drähte werden daher schnell zur Belastung: Tiere können ausbrechen, sich darin verfangen oder sich verletzen. Nach meiner Erfahrung verzichten nur sehr träge Schafe auf den Versuch, einen Drahtzaun zu überwinden.

STACHELDRAHT ODER NICHT?

Verwenden Sie Stacheldraht sparsam und nur in Verbindung mit anderen Materialien. Er macht einen Zaun sicherer, hat aber seinen Preis. So können sich Pferde daran verletzen, und auch eine Kuh wird trotz ihrer dickeren Haut Wunden davontragen.

Ein durchhängender Stacheldrahtzaun ist eine wirkliche Gefahr und kann ernsthafte Verletzungen hervorrufen, vor allem, wenn sich Tiere mit den Beinen darin verfangen.

HECKEN

Wenn Sie Hecken mögen – was zu verstehen ist, denn Hecken schließen nicht nur das Vieh ein, sondern bilden natürliche Rückzugsgebiete für Wildtiere – dann legen Sie gleich nach Ihrem Einzug auf den Hof Hecken an. Junge Hecken müssen nach fünf Jahren niedergelegt werden (siehe S. 30). Dann haben Sie aber eine viehsichere Umzäunung und ein ökologisch intaktes Biotop. Natürlich können Sie auch alte Hecken verjüngen, der Arbeitsaufwand ist jedoch weit höher, als neue anzulegen und zu pflegen.

SICHERE STACHELDRAHTZÄUNE

Die Hecke (rechts) hält die Tiere vom Stacheldrahtzaun zurück und schützt sie so vor Verletzungen.

MASCHENDRAHTZÄUNE

Maschendraht eignet sich für kleinere Tiere wie Schweine, Schafe, Ziegen, Kaninchen und Geflügel. Schweinedraht ist besonders stark. Schafdraht ist leichter und beweglicher, wenn Sie eine Wiese streifenweise abweiden lassen wollen.

Für Pferde ist Maschendraht allerdings nicht geeignet. Sie stecken gerne ihre Beine durch, können sich verletzen oder ein Hufeisen verlieren.

Hühner- und Kaninchendraht besteht aus dünnem Draht mit engen Maschen, ist aber nicht besonders stabil. Bei starkem Druck reißt er auf, daher eignet er sich nicht für Schafe.

WEITE MASCHEN
Solch ein Zaun hält Schafe und Ziegen zurück. Für Schweine brauchen Sie aber stärkeren Maschendraht.

FEINE MASCHEN
Dieser Zaun hält Hühner zurück, Sie sollten ihn aber mindestens 30 cm tief eingraben, um Raubtiere auszusperren.

ELEKTROZÄUNE

Ein elektrischer Zaun ist flexibel und preiswert. Tiere lernen rasch, ihn zu respektieren. Mit mobilen Elektrozäunen können Sie Tiere sogar zum Grasen auf bestimmte Feldabschnitte lassen.

Schwierig wird es nur bei Stromausfall oder hohem Gras. Feuchtes Gras kann einen Zaunabschnitt erden und unwirksam machen. Tiere, die ab und zu einen Zaun testen, finden dies meist schneller heraus als Sie.

Bewegliche Zäune bestehen aus Nylonbändern mit eingewebten Drähten; feste aus solidem Draht.

BEWEGLICHER ELEKTROZAUN
Ein einzelner Elektrodraht hält Rinder und Pferde zurück. Mit einem solchen Zaun können Kühe eine Wiese streifenweise abweiden, wenn Sie ihn nach und nach umsetzen.

DAUERHAFTER ELEKTROZAUN
Da es nur auf den Elektroschock, nicht aber auf die Drahtstärke ankommt, ist ein solcher Zaun leicht zu errichten; gut geeignet für fast alle Vieharten.

KOMBINATIONEN

Am besten fahren Sie, wenn Sie beides kombinieren. Fast alle meine Weiden sind unten mit Maschendraht, oben mit einem elektrischen Draht gesichert. Der Maschendraht hält die Schafe zurück, während der Elektrodraht dafür sorgt, daß Rinder nicht ihre Köpfe darüber strecken und sich anlehnen. Pferde halten sich fern und stecken ihre Füße nicht in die Maschen. Bei Geflügel ziehe ich unten feinmaschigen Draht ein, während ein tiefer Elektrodraht Schweine vom Graben abhält.

Zwar ist es grundsätzlich möglich, einen absolut ausbruchssicheren Zaun zu bauen, ein begrenzender Faktor sind jedoch stets die Kosten.

SICHERER GRENZZAUN
Der feine Maschendraht für das Geflügel ist an kräftigen Pfosten und Querbalken befestigt. Der Elektrodraht oben verhindert, daß sich Rinder und Pferde am Zaun reiben.

TRENNGITTER IM GEFLÜGELHOF
Der Maschendraht wurde mit Wellblech und einer alten Tür verstärkt. Das gibt Schutz und Schatten, und da sich benachbarte Hähne nicht sehen, vermeiden Sie Rangordnungskämpfe.

Unterstände

Tieren einen Unterstand zu bauen, ist keine große Sache. Es ist ihnen egal, ob Sie das beste Holz verwenden, ein modisches Design kopieren, ob Sie nur ein paar Mark oder ein Vermögen ausgeben – Hauptsache, die Tiere sind sicher untergebracht.

Unterstände müssen die Tiere vor den Naturelementen schützen, sie am Ausreißen hindern und Ihnen die Arbeit mit den Tieren erleichtern. Wenn Sie all das mit wenig Geld erreichen, warum dann viel ausgeben? Sie brauchen nur ein paar einfache Fertigkeiten, wie Grundwissen in Planung, Schreinerarbeiten und Dachdecken. Damit können Sie leicht ein einfaches Geflügelhaus bauen (siehe S. 48–53) oder ein Gartenhaus in einen Ziegenstall verwandeln (S. 64).

BEWEGLICHER KANINCHENSTALL
Schieben Sie diesen Käfig jeden Tag auf frisches Gras. Bau und Reparatur machen wenig Mühe; heben Sie den mobilen Stall an, wenn Sie an die Kaninchen heran müssen.

PROVISORISCHER SCHWEINESTALL

Schweine sind von Natur aus Freilandtiere. In der Wildnis würden sie sich ihre Höhlen unter Bäumen selbst graben. Moderne Hausschweine brauchen nur wenig mehr. Alles, was sie sich wünschen, ist Trockenheit und Schutz vor Wind. Hier ein Vorschlag, wie Sie preiswert einen provisorischen Stall bauen können. Dieser bescheidene Bau besteht aus Strohballen und Holzpfählen, läßt sich leicht entfernen und wenn Ihr Rüsseltier ihn zerstört, bauen Sie ihn einfach neu.

1 **GRÖSSE FESTLEGEN** *Legen Sie fest gebundene Strohballen in der geplanten Stallgröße aus. Denken Sie bei Ferkeln daran, daß sich ihre Größe innerhalb der ersten zehn Wochen verdoppelt.*

2 **ZAUNPFÄHLE EINSCHLAGEN** *Pfähle halten die Ballen fest und verhindern, daß ein Schwein sie umwirft.*

3 **WÄNDE** *Machen Sie sie zwei Ballen hoch (Pfähle innen und außen). Da Schweine gern am Stroh ziehen, Schutz durch Maschendraht!*

4 **DACH** *Es eignet sich fast alles. Legen Sie Gewichte auf, damit es nicht fortweht und schrägen Sie es ab, so daß Regen ablaufen kann.*

LAMMSTALL

Außer bei sehr warmem Wetter brauchen Lämmer und Mutterschafe Schutz vor kaltem Wind und Regen – die häufigste Todesursache bei Lämmern. Lammställe müssen leicht auf- und abbaubar sein, damit sie beweglich bleiben. Außerdem sollten sie sich leicht reinigen lassen, denn wenn ein Mutterschaf den Stall nach einigen Tagen verläßt, wartet schon das nächste.

Hürden mit Flechtwänden sind gut geeignet, da sie Schutz vor Wind und Regen bieten und dennoch Frischluft durchlassen.

1 **ZAUNPFÄHLE EINSCHLAGEN** *Treiben Sie an den Stallecken Pfähle fest in den Boden. Berücksichtigen Sie bei der Ausrichtung die vorherrschende Windrichtung.*

2 **HÜRDEN FESTBINDEN** *Binden Sie an drei Seiten des Unterstands die Hürden mit Schnur an den Pfählen fest. Sie müssen jedem Wetter Widerstand bieten.*

3 **FERTIGSTELLEN** *Die dreiseitigen Hürden bilden die Grundstruktur. Schließen Sie die Schafe mit Metallgattern ein, so können Sie sie leichter überwachen. Legen Sie eine vierte Hürde obenauf, um den gröbsten Regen abzuhalten (rechts).*

EINFACHES DACH

Solche Dächer machen nur Sinn, wenn Sie Ihr Stroh ohne Mähdrescher geschnitten haben, da dieser die Halme zerstört.

Strohdächer sind wasserdicht und isolierend. Außerdem sorgen sie für Luftaustausch, was der Gesundheit Ihrer Tiere sehr zuträglich ist. Ich kannte einen alten Bauern, der darauf schwor, daß Tiere nur gutes Leder liefern, wenn sie unter Stroh, nicht unter Dachziegeln stehen.

1 **STROH AUFBRINGEN** *Bündeln Sie Stroh zu einer handlichen Garbe und binden Sie diese mit Schnur am Dach fest. Maschendraht gibt eine gute Unterlage für die Strohbündel ab.*

2 **GLATTRECHEN** *Rechen Sie das Dach gut ab, um loses Stroh zu entfernen. Auf diese Weise sieht das Dach viel besser aus, und Regenwasser läuft außerdem leichter vom Dach ab.*

3 **GLATTSCHNEIDEN** *Schneiden Sie die Kante glatt; es sieht besser aus und die Tiere könnten sonst den Kopf heben und ihr mühsam und kunstvoll gebautes Dach auffressen!*

HOFREINIGER
Perlhühner sind nützliche Vögel. Sie liefern Fleisch und Eier und picken Zecken ab, die Krankheiten übertragen können.

GEFLÜGEL AUF DEM HOF

Entscheiden Sie sich, ob Sie Geflügelhaltung im Kleinen oder im Großen anstreben. Natürlich können Sie nur kommerziell denken und mit Geflügelfleisch und Eiern aus ökologischer Haltung Geld verdienen. Wenn Sie jedoch schönes Geflügel und seine Gesellschaft mögen, ist auch das ein ausreichender Grund für Geflügelhaltung. Ob Sie sich viel oder wenig Arbeit machen, richtet sich danach, was Sie mit Ihren Vögeln anstellen wollen.

Die meisten Geflügelrassen geben sich mit Futter und Unterschlupf zufrieden; Sie dürfen sich aber nicht auf diese Grundbedürfnisse beschränken. Schützen Sie ihre Tiere vor Füchsen. Ein einziger Fuchs kann eine ganze Schar Ihrer Vögel töten, ehe Sie aus dem Bett sind, um nachzuschauen, wo der Lärm herkommt.

Ich habe meine Hühner jeden Abend in die Scheune eingeschlossen. Wohin sie sich zurückzogen und wohin die brütenden Hennen verschwanden, war mir nie klar. Aber es machte Spaß, Heu aus einer dunklen Ecke der Scheune zu holen und sich Aug' in Aug' mit einer Glucke zu sehen, die mich ansah, als wolle sie sich über die Störung beschweren.

GEFLÜGEL ZUM VERGNÜGEN

Seien Sie bei der Geflügelhaltung nicht selbstsüchtig. Stellen Sie sicher, daß auch die Tiere Spaß am Leben haben. Geben Sie ihnen so viel Auslauf wie möglich. Enten und Gänse sind Wasservögel, daher sollte ein verantwortungsvoller Halter ihren Drang nach Wasser nicht durchkreuzen. Sie brauchen gar keinen Fluß oder einen riesigen Teich. Es reicht, wenn Sie ihnen ein Becken zur Verfügung stellen, in dem Enten oder Gänse gründeln,

GÄNSE

Gänse warnen vor Einbrechern, aber Ganter können aggressiv werden. Eine laute, freundliche Gans wäre eine gute Wahl. Halten Sie aber immer gleich zwei. Gans und Ganter bilden ein lebenslanges Paar.

ENTEN

Entscheiden Sie sich für Fleisch oder Eier – einige Rassen sind gut für beides. Wenn Sie Eier wünschen, nehmen Sie Rassen wie die abgebildete Khaki Campbell, die selten brütet. Brütende Enten verstecken die Eier und Sie finden sie niemals wieder.

planschen und ihr Gefieder waschen können. Beide Arten brauchen das Wasser, doch Enten halten sich länger schwimmend darin auf.

Erlauben Sie ihren Gänsen und Hühnern, in den Feldern auf Nahrungssuche zu gehen. Sie werden herabgefallene Mais- und Getreidekörner aufpicken und Ihre Stoppelfelder wunderbar aufräumen.

FREILAUFENDE HÜHNER
Diese Hühner dürfen auf dem Boden scharren und ihr Futter selbst holen. Das Hühnerhaus ist sicher, Wasser steht zur Verfügung, der große Auslauf ist gut eingezäunt – wirkliche Freiheit.

KOMMERZIELLE GEFLÜGELHALTUNG

Moderne, intensive Geflügelhaltung hat einen so schlechten Ruf, daß Fleisch und Eier von freilaufenden Tieren stark nachgefragt werden. So zahlt sich Ihre Mühe auch finanziell aus. Allerdings gibt es nichts umsonst, daher ist eine profitable Geflügelhaltung mit viel Arbeit verbunden. Je größer Ihr Bestand wird, desto mehr Zeit brauchen Sie, um Futterrationen zusammenzustellen und regelmäßig nach Krankheiten und Parasiten zu suchen. Der Stall muß regelmäßig gesäubert werden, Sie müssen den Platzbedarf bedenken und sich an den Gedanken gewöhnen, Ihre Tiere zu schlachten.

Der Verkauf von Geflügelfleisch ist an gesetzliche Auflagen gebunden. Alles zu beachten, kann aufwendiger und ärgerlicher sein, als das Geflügel zu halten. Außerdem kommt es sehr auf die richtige Zeitplanung an: Statt Truthähne nach Weihnachten oder dem Erntedankfest zu schlachten, sollten Sie sie besser noch etwas auf dem Hof herumkratzen lassen.

TRUTHÄHNE
In meinen Augen unattraktive Gesellen, außerdem sind Hähne oft aggressiv. Wählen Sie eine Rasse, die schnell fett wird wie dieser Norfolk Black.

HÜHNER
Die Auswahl ist riesig, je nachdem, ob Sie Eier, Fleisch oder beides wollen. Das abgebildete Tier (Buff Orpington) stammt von einer ausgestorbenen Farmrassse ab, die wegen Fleisch und Eiern gehalten wurde.

Hühner halten

Ohne Hühner kein Bauernhof. Zu jedem Hof gehören scharrende Hühner oder ein Hahn, der krähend auf einem Zaunpfahl sitzt. Allerdings müssen sie zum Schutz vor Füchsen nachts eingeschlossen werden. Hühnerhaltung ist einfach und lohnend. Neben den Eiern gibt es regelmäßig ein Huhn für den Kochtopf. Hühner fressen das, was andere Tiere übriglassen, brauchen allerdings ihre tägliche Körnerration. Daher entstehen nur geringe Kosten, und die Eier von freilaufenden Hühnern sind sehr begehrt.

HÜHNERPFERCH

Lassen Sie Hühner in einem Drahtkäfig mit Unterschlupf auf die Wiese. An zwei Handgriffen läßt er sich umsetzen und beugt so Parasiten vor. Die Seiten kann man hochklappen.

HÜHNERGEHEGE

Sie brauchen ein stabiles, zuggeschütztes Haus (fuchssicher) und einen dichten Zaun. Legen Sie das Gehege so an, daß Sie die Eier finden und geben Sie den Hühnern viel Auslauf.

HÜHNERRASSEN

	 *Rhodeländer Huhn*	 *Helles Sussex-Huhn*	 *Bantam-Huhn*	 *Isa Brown*	 *Rhodeländer × Sussex*
Eigenschaften	Von dieser Rasse stammen die meisten Hühner mit braunen Eiern ab	Schwere Rasse; früher sehr beliebt wegen Eiern und Fleisch	Klein; Hähne krähen durchdringend	Sehr beliebte, eierlegende Rasse; häufig in Legebatterien	Huhn (orange) und Hahn (weiß) leicht auseinanderzuhalten
Ansprüche	Alte Rasse, kommt daher mit den meisten Bedingungen zurecht	Alte Rasse, kommt daher mit den meisten Bedingungen zurecht	Brauchen nur wenig Platz und Futter	Gezüchtet für kommerzielle Zwecke; brauchen viel Protein	Widerstandsfähig; leicht zu füttern und zu pflegen
Eier/Fleisch	Hervorragende, braune Eier; Hähne wachsen langsam (gelbes Fleisch)	Gute, getönte Eier; Hähne wachsen in 18–20 Wochen heran (weißes Fleisch)	Wenige, kleine Eier und wenig Fleisch	Sehr viele gute, braune Eier, aber geringe Fleischqualität	Legen reichlich braune Eier; Hahn mit vorwiegend weißem Fleisch
Gesundheit und Krankheiten	In lange genutzten Hühnerhöfen können sich innere und Hautparasiten ausbreiten. Probleme machen Coccidien (Darmparasiten), die Krankheiten auslösen; dazu Läuse und Milben; ansonsten sind Hühner widerstandsfähig				
Fertigkeiten	Hühner fangen und töten, Krankheiten erkennen, ausreichende und gute Futterrationen zusammenstellen, Füchse fernhalten				

VERSCHIEDENE EIER

Die braunen Eier rechts stammen von einer Rhodeländer-Henne (ähnlich Isa Brown und Rhodeländer x Sussex). Das braungelbe Ei (zweites von links, oben) stammt von einer Hellen Sussex, das rein weiße von einer seltenen Hühnerrasse (Spanierhuhn) und die vier winzigen Eier von einer kleinen Rasse (Seidenhuhn).

EIER SAMMELN
Durch eine Klappe kommen Sie von außen an die Eier.

ZÄUNE UND SCHUTZ
Dieser Zaun ist dicht, bietet Schutz und Schatten.

ZUBEHÖR

Hühner schätzen zwei Dinge an einem Stall: einen Platz, um Eier zu legen und eine hochgelegene Stange für die Nacht, da sie sich dort instinktiv vor Feinden in Sicherheit bringen. Sie müssen an die frischen Eier kommen, z. B. über eine Klappe von außen, ohne die Hühner zu stören. Nistkästen müssen warm, trocken, sauber und weich sein. Nehmen Sie Hobelspäne von unbehandeltem Holz als Streu.

SCHLUPFLOCH
Diese Tür läßt sich zum Öffnen nach oben schieben. Auch freilaufende Hühner müssen zur Sicherheit nachts eingeschlossen werden.

FUTTER UND WASSER

Hühnerfutter zieht Ratten und Mäuse an, lagern Sie es sicher. Legehennen brauchen täglich Futtermehl oder -pellets, um reichlich Eier zu legen.
Geben Sie pro Huhn nicht mehr als 25 g Körnerfutter am Nachmittag. Dann picken die Hühner tagsüber nach eigener Wahl Küchen- und Gartenabfälle, Käfer und Raupen, sowie frisches Grünfutter (Winterkohl, siehe S. 162) auf.

FUTTERAUTOMAT
Durch das Gewicht des Huhns wird der Trogverschluß angehoben. So bleibt das Futter trocken und geschützt.

HÄNGENDER FUTTERTROG
Man hängt diesen Trog mit der Unterseite etwa so hoch wie ein Hühnerrücken auf, so bleibt das Futter sauber.

WASSER NACH BEDARF
Mit einem automatischen Wassertrog steht ständig frisches, sauberes Wasser für die Hühner zur Verfügung.

Enten halten

Enten sind problemlose und vielseitige Tiere. Man hält sie wegen des Fleisches oder der Eier, aber auch wegen ihrer Komik. Es hat mir immer viel Spaß gemacht, ihre fröhliche und unterhaltende Art zu beobachten; außerdem machen sie wenig Arbeit. Es gibt Fleisch- und Eierrassen (siehe Tabelle unten), aber nicht, wie bei Hühnern, beides in einer Rasse. Seien Sie gewarnt, wenn Sie Fleischenten halten – sie werden leicht zu Schmusetieren.

ZIMMER MIT AUSSICHT

Dieses leichte praktische Entenhaus bietet bis zu vier Enten Schutz. Es kann jeden Tag auf frisches Gras gestellt werden; besser wäre jedoch ein Auslauf für die Enten.

ENTENGEHEGE

Es muß groß genug sein, damit der Boden nicht verdirbt und abwechslungsreich, so daß die Enten frei nach Nahrung suchen können. Gewähren Sie jedem Tier mindestens 12,5 m²; besser mehr, wenn es der Platz zuläßt.

Entenrassen für den kleinen Hof

	 *Khaki Campbell*	 *Indian Runner*	 *Aylesbury Ente*	 *Peking Ente*	 *Berberente*
Eigenschaften	Weltweit verbreitet; beste Eierrasse	Vorfahr der Khaki Campbell Ente; ungewöhnlich aufrechte Haltung	Rein weißes Gefieder, rosa-weißer Schnabel und gelbe Füße; beliebt als Entenbraten	Kräftig oranger Schnabel, rötlich-orange Füße; geschwätzig	In England als *Muscovy* bekannt
Ansprüche	Sorgfältige Pflege für große Eiermengen; widerstandsfähig	Widerstandsfähig; läuft statt zu watscheln; sucht ihre Nahrung selbst	Nicht widerstandsfähig; wird meist mit Pekingente gekreuzt (höhere Vitalität)	Widerstandsfähig; wächst sehr schnell	Gute Brutente, die auch Eier anderer Rassen ausbrütet
Eier/Fleisch	Ausgezeichnet für die Eierproduktion; mehr als 300 pro Jahr	Beste Legeente nach Khaki Campbell	Erstklassiger Braten; cremig-weißes Fleisch; weiße Eier	Häufigste Fleischente, obwohl das Fleisch fett ist	Sehr beliebt in Frankreich als Entensteak
Gesundheit und Krankheiten	Enten sind weniger anfällig als Hühner und gewöhnlich leichter zu halten; achten Sie auf Wurmbefall; unhygienische Haltung kann zu Beinschwäche und wunden Füßen führen; zum Glück nicht durch Coccidiose (siehe S. 48) bedroht				
Fertigkeiten	Entenhäuser bauen; Wasser bereitstellen; Geschlechtsbestimmung, Brut und Aufzucht bewältigen; Krankheiten erkennen				

VERSCHIEDENE ENTENEIER

Hier sind Eier von drei traditionellen Entenrassen abgebildet. Sie stammen (von links nach rechts) von einer Khaki Campbell-Ente (sie legt reichlich), einer Orpington-Ente (eine Lege- und Fleischente) und das große Ei rechts ist von einer Rouen-Ente (Fleischente).

FUTTER UND WASSER

Lege- oder Mastenten brauchen Zusatzfutter. Mischen Sie einen Brei aus zermahlenem Getreide (Mais, Gerste, Hafer), dazu Fischmehl oder andere Proteinquellen. Die Menge stimmt, wenn die Enten ungefähr 20 Minuten brauchen, um das Futter zu fressen.

WASSERGEFÄSS
Enten brauchen frisches Trinkwasser. Der Napf auf Maschendraht schont das Gras.

FUTTERTROG
Wenn Sie viele Enten halten, sollte der Napf so groß sein, daß alle in Ruhe fressen können, ohne sich zu stören.

ANLAGEN UND ZUBEHÖR

Enten sollten Bestandteil der Hoflandschaft und gleichzeitig sicher vor Füchsen und Raubtieren sein. Das Entenhaus muß Schutz vor Zugluft und Raubtieren bieten und einen geeigneten Nistkasten für die Eier enthalten.

Ein Teich ist nicht unbedingt nötig, steigert aber das Wohlbefinden der Enten und regt sie zu häufigeren Paarungen und damit zu mehr Nachwuchs an. Kleiden Sie den Teich aus, sonst wird das Wasser versickern – Lehm bildet eine natürliche Auskleidung.

ENTENTEICH
Enten suchen darin nach Wasserpflanzen, Schnecken, Insekten. Drainageröhren helfen, den Wasserspiegel zu halten.

IDEALES HAUS
Dieses Entenhaus läßt sich für eine gründliche Reinigung öffnen. Darin kann eine Ente Eier legen oder ausbrüten. Nachts werden die Eingänge durch Riegel gesichert.

Gänse halten

Es wird Zeit, wieder Gänse zu halten. Aus irgendwelchen Gründen kam es aus der Mode, Gänse aufzuziehen, daher wird man nur selten vom durchdringenden Geschrei einer Gänseherde empfangen. Gänse passen jedoch sehr gut auf einen Selbstversorgerhof: Es sind zufriedene Tiere, und wenn genügend Gras oder anderes Weideland zur Verfügung steht, brauchen sie für längere Zeit im Jahr kein Extrafutter.

Schicken Sie ihre Gänse auf ein abgeerntetes Stoppelfeld, und sie werden es mit Begeisterung von Körnern und Unkraut befreien. Wegen ihrer bescheidenen Ansprüche eignen sich Gänse sehr gut für kleine Höfe. Geben Sie sich beim Stallbau soviel Mühe, wie Sie mögen.

GÄNSEEIER

Mit 200 g sind die Eier einer Gans viel größer, als Sie sich vorstellen können. Die Legesaison beginnt mitten im Winter und dauert bis zum Hochsommer. Eine einzige Gans legt bis zu 80 Eier, manche Rassen sogar mehr. Es gibt nichts Besseres für ein Omelett – ein großes!

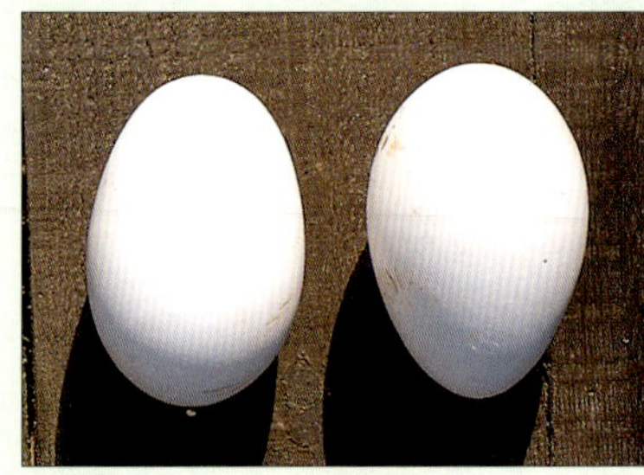

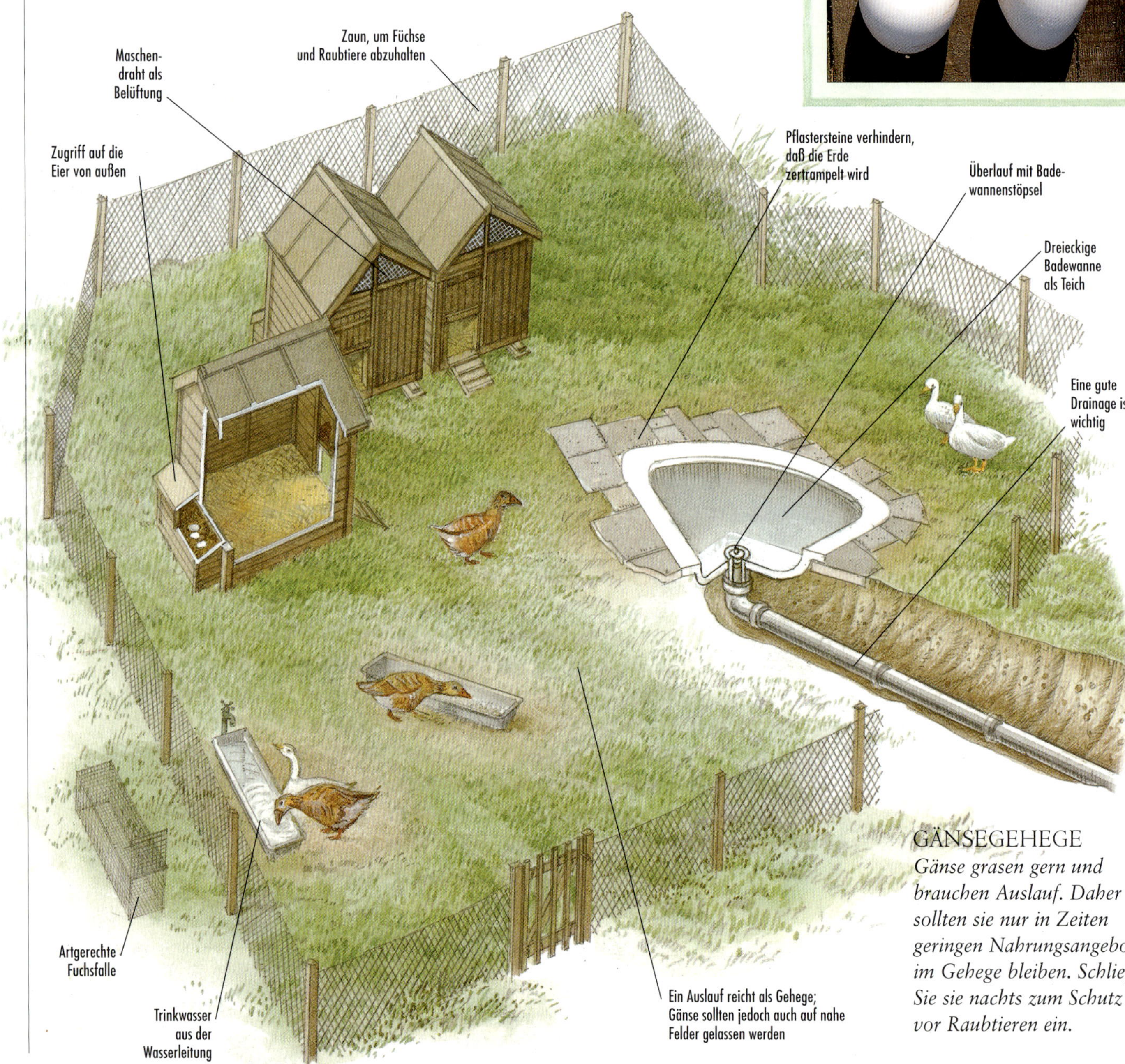

GÄNSEGEHEGE
Gänse grasen gern und brauchen Auslauf. Daher sollten sie nur in Zeiten geringen Nahrungsangebotes im Gehege bleiben. Schließen Sie sie nachts zum Schutz vor Raubtieren ein.

FUTTER UND WASSER

Lassen Sie Ihre Gänse Gras und Unkraut, auch Winterkohl oder Wurzeln zusammen mit Schafen fressen. Steht kein anderes Futter zur Verfügung, tut es auch Getreide (ganze Körner) und Grünfutter. Nehmen Sie Winterkohl, Kohlblätter oder Salat – Gänse sind nicht anspruchsvoll. Füttern Sie zum Mästen zweimal täglich Hafer und Weizen zu gleichen Teilen.

OFFENE WEIDE
So ernähren sich Gänse am liebsten. Auf zu kleiner Fläche leidet allerdings das Gras.

FUTTERTROG
Ohne Trog verteilen die Tiere das Futter. Stellen Sie den Trog ab und zu an eine andere Stelle.

WASSERTROG
Das Wasser muß so tief sein, daß die Gänse ihren Kopf versenken können. Ideal wäre ein Teich.

EINSTIEG UND SCHLUPFLOCH
Füchse sind unbarmherzig; sperren Sie ihre Gänse über Nacht in einen verschließbaren Stall.

NISTKASTEN
Drehen Sie ihn so, daß die sitzende Gans vor Wind, Regen und Sonne geschützt ist.

PROVISORISCHER NISTKASTEN
Die alte Kiste wurde mit Stroh gepolstert und steht in einer Ecke mit Wellblechschutz.

ANLAGEN UND ZUBEHÖR

Ein Gänsestall sollte vor allem vor Füchsen und Raubtieren schützen. Gänse sind mit einfachen Unterkünften zufrieden und fühlen sich zusammen mit anderem Geflügel auch im Hühnerstall wohl. Machen Sie sich nicht zu viel Mühe. Brütende Gänse brauchen einen trockenen Platz, an dem sie sich mit ihrem Ei sicher fühlen; sie wollen keinen Palast.

GÄNSERASSEN FÜR DEN KLEINEN HOF

	 *Emdener Gans*	 *Toulouser Gans*	 *Pilgrimgans*	 *American Buff*	 *Chinese Brown*
Eigenschaften	Große, weiße Vögel aus Deutschland; erstklassiges Fleisch	Die international gehaltene englische Toulouse ist größer als die französische Rasse	Hellgraue Gänse, weiße Ganter; von den Pilgrim Fathers nach USA gebracht	Mittelgroßer Vogel; ledergelb	Verwandt mit Wildgänsen; sieht aus wie ein Schwan
Ansprüche	Weltweit verbreitet; widerstandsfähig	Manchmal mit Emdener Gans gekreuzt	Pflegeleichte Gans; Geschlechtsbestimmung ab einem Tag möglich	Pflegeleichte Gans	Leidet unter Kälte, braucht daher guten Winterschutz
Eier/Fleisch	Größte Fleischmenge aller Gänse	Gänse so schwer wie Emdener, Ganter leichter	Mittelgroße Fleischmenge	Mittelgroße Fleischmenge	Beste Legerasse
Gesundheit und Krankheiten	In der Regel widerstandsfähige Vögel; weiden und suchen nach Nahrung; achten Sie auf Eingeweidewürmer; steht zu wenig Badewasser zur Verfügung, können Hautparasiten zum Problem werden				
Fertigkeiten	Einem wütenden Ganter entgegenzutreten, erfordert Mut; Stall bauen; Weidefläche bereitstellen; Grundkenntnisse in Geflügelkrankheiten				

DIE EIGENE SCHAFHERDE
Es zahlt sich aus, Schäfertricks zu beherrschen. Bringen Sie den Schafen bei, einen Eimer mit Futter zu assoziieren, und sie werden ihm überall hin folgen.

SCHAFE AUF DEM HOF

Schafe haben das seltene Talent, sich innerhalb einer Sekunde von einem reizenden Geschöpf in ein Biest zu verwandeln, das einen fast zum Wahnsinn treibt. Ich habe meine Herde seit einigen Jahren und bin immer wieder erstaunt, wie sie sich seelenruhig in eine friedliche Landschaft einfügen – ein paar Momente später könnte ich mir die Haare ausreißen. Irgendetwas scheint in sie zu fahren, sie sind nicht mehr bereit, sich von mir treiben zu lassen – wenn sie überhaupt noch irgendwo hingehen.

Dennoch verzeihe ich Schafen fast alle „Macken“, denn vom wirtschaftlichen Standpunkt sind sie sehr wichtig. Sie geben sich mit ärmerer Weide zufrieden als Rinder, liefern Wolle, Fleisch und jedes Jahr Lämmer; einige Rassen lassen sich sogar melken.

WIE MAN SCHÄFER WIRD

Es dauert seine Zeit. Sie müssen so lange mit Schafen arbeiten, bis Sie selbst denken wie ein Schaf. Mir hat mal ein alter Schäfer aus Schottland geraten: „Schafe sind nicht dumm, sie brauchen nur Zeit.“ Stellen Sie sich eine grasende Schafherde vor. Nun laufen Sie plötzlich durchs Tor auf sie zu – die Schafe werden auseinanderstürmen. Einige finden sich sicher wieder zusammen, aber manche sind fortgerannt. Dumm? Sie waren dumm. Nun stellen Sie sich einfach hin und warten ab. Die Schafe werden Sie anschauen, sich beruhigen und schließlich siegt ihre Neugier. Schon bald werden sie genau das machen, was Sie möchten. Sie brauchten nur Zeit. Schafe haben ein Gespür für Ungeduld und

PLUSPUNKTE
Lernen Sie, wie ein gesundes Schaf aussieht – klare Augen, glänzendes Fell, saubere Nase und gute Zähne zum Grasen – dann erkennen Sie die kranken leichter. Lahmende Schafe lassen sich häufig leicht kurieren. Mutterschafe brauchen ein Euter mit zwei guten Zitzen.

reagieren entsprechend. Ruhig bleiben und damit die Schafe gefügig machen ist das Geheimnis eines erfolgreichen Schäfers. Lernen Sie auch, mit Einzeltieren fertig zu werden. Manchmal müssen Sie ein Schaf hinlegen und ruhig halten, etwa beim Scheren, Klauen beschneiden und für eine medizinische Versorgung (siehe rechts).

EIN SCHAF FESTHALTEN
Mit der rechten Hand den Rumpf, mit der Linken die Halswolle festhalten. Rollen Sie das Schaf auf die Seite, Kopf zurückbiegen.

EIN SCHAF HINSETZEN
Gehen Sie genauso vor wie links. Während Sie jedoch das Tier auf die Seite rollen, setzen Sie es auf sein Hinterteil zwischen Ihre Beine.

Das richtige Schaf für Ihren Hof

Es hätte wenig Sinn, alle Schafrassen aufzuzählen, die weltweit für bestimmte Klimate, Landschaften oder Märkte gezüchtet wurden. Irgendeine Rasse wird genau richtig für Sie sein. Werden Sie sich über Ihre Vorstellungen klar. Brauchen Sie Schafe nur als Rasenmäher, dann entscheiden Sie sich für eine hübsche Rasse. Wollen Sie aber Fleisch und Wolle, dann müssen Sie gezielter auswählen.

Einige Rassen wurden speziell für kommerzielle Zwecke gezüchtet; sie gebären stets Zwillinge, werden rasch fett oder liefern begehrtes Fleisch. Gegen die Wahl einer solchen Rasse spricht zwar nichts, denken Sie aber immer auch an die Nachteile. Garantierte Zwillinge bei einer Rasse sind eine feine Sache, aber jedes Lamm braucht den vollen Einsatz des Schäfers. Einige Schafrassen sind an rauhe Landschaften angepaßt, sie wären auf einem warmen, üppigen Hof in der Ebene völlig fehl am Platz.

Schafrassen für den Kleinbauern

	 *Suffolkschaf*	 *Welsh Mountain*	 *Muleschaf*	 *Jacobschaf*	 *Milchschaf*
Eigenschaften	Weltweit verbreitet; schwarzes Gesicht; Fleischschaf mit schlankem Körper	Kleine Schafrasse für harte Winter im Bergland; nicht sehr produktiv	Weltweit beliebt; fortpflanzungsfreudig, lammt problemlos; schlanker Körper mit gut zu vermarktendem Fleisch	Ursprüngliche Rasse mit auffällig braunweiß geflecktem Fell	Schafsmilch ist nahrhafter als Kuh- oder Ziegenmilch; nicht besonders fortpflanzungsfreudig, geben aber viel Milch
Ansprüche	Tieflandschaf, nicht für Berge geeignet; braucht im Winter gutes Futter	Bekannt für Eskapaden; gezüchtet für Hügel, fühlt es sich auch in der Ebene auf mageren Weiden wohl	Am besten dort, wo die Lämmer mit fettem Gras und gutem Futter rasch und profitabel heranwachsen	Schlanke, kräftige Tiere für das Bergland; beide Geschlechter tragen Hörner	Sorgfältige Fütterung und regelmäßiges Melken erforderlich – eine schwere Verpflichtung
Wolle	Nicht die beste Qualität; geeignet für Strickwaren, Tweed und Flannell	Wolle von wechselnder Qualität; manchmal mit groben, roten Wollhaaren; sonst weiß	Fleischrasse, nicht besonders hochwertige Wolle (Teppichweben)	Begehrt bei Hobby-Spinnern	Unbedeutend.
Gesundheit und Krankheiten	Schafe leiden an mehr Krankheiten, als Sie sich vorstellen können; achten Sie regelmäßig auf Wurmbefall, Fußgesundheit und Parasiten im Sommer				
Fertgkeiten	Beistand beim Lammen; Klauen beschneiden; Wurmbehandlung; Herde zusammentreiben und mit Schafen umgehen. Ein guter Hirte wird man mit Praxis – und Geduld				

Das Schäferjahr

Hirtenstäbe zum Hüten der Herde

Planen Sie zunächst, wann die Lämmer geboren werden sollen, und stimmen Sie den Jahresplan darauf ab. Fällt das Lammen in die frühestmögliche Zeit, dann sind die Lämmer fett und marktfertig, wenn die Preise hoch sind. Oft lammen die Tiere dann aber im Spätwinter, und es ist nicht angenehm, mit einem hochträchtigen Schaf in Schnee, Nebel und Kälte umzugehen. Auch die neugeborenen Lämmer mögen kein schlechtes Wetter. Sofern sie die Schafe nur für den eigenen Bedarf an Fleisch und Wolle halten, legen Sie die Lammzeit in den Frühling, wenn das Wetter schon warm und das Gras bereits kräftig ist – Sie ersparen sich eine Menge Arbeit und Ängste. Kommerzielle Schafzüchter sperren ihre Schafe im Winter in den Stall. Sie scheren die Mutterschafe, damit möglichst viele hineinpassen, und geben ihnen Medikamente gegen drohende Krankheiten. So sollten Sie nicht vorgehen. Halten Sie sich an das traditionelle Schäferjahr, machen Sie sich und Ihren Tieren das Leben nicht zu schwer.

TRÄCHTIG

Dieses Mutterschaf wurde mit dem Rötelstift markiert, als sie der Schafbock deckte. Wenn Sie die Schafe regelmäßig kontrollieren, kennen Sie die ungefähre Deckzeit.

HERBST

Bereiten Sie Mutterschafe und Böcke auf den Deckakt vor, indem Sie zum Gras Getreide verfüttern. Schirren Sie dem Bock den Rötelstift an und lassen Sie ihn zu den Schafen. Füttern Sie weiter und überprüfen Sie an den markierten Schafen, ob der Bock gute Arbeit leistet. Rechnen Sie vom Zeitpunkt des Deckens nach 146 Tagen (durchschnittlich) mit den Lämmern.

SOMMER

Achten Sie auf Schmeißfliegenbefall, sie können Lämmer töten und die Mutterschafe belästigen. Die Wiesen sollten gutes Gras liefern, damit die Lämmer mit Muttermilch und frischem Gras rasch heranwachsen. Treiben Sie die Schafe regelmäßig auf neue Weiden, um Wurmbefall vorzubeugen. Untersuchen Sie die Euter auf Schäden und achten Sie auf Blähungen.

KLAUEN BESCHNEIDEN

Wuchernde Klauen müssen regelmäßig beschnitten werden, sonst entstehen Infektionen. Der Schafbock setzt seine Hinterfüße bei der Paarung ein – sind sie in schlechtem Zustand, wird er unwillig.

RÖTELGESCHIRR

Dieses Geschirr wird dem Bock angelegt. Der angebrachte Stift markiert die gedeckten Mutterschafe.

TAUCHBAD FÜR SCHAFE

Einmal im Jahr, am besten im Spätsommer nach der Schur, werden Schafe ins Tauchbad getrieben, um Hautparasiten abzutöten. In manchen Ländern ist dies gesetzlich vorgeschrieben. Es gibt unterschiedlich zusammengesetzte Präparate. Fragen Sie nach, ob Sie ein bestimmtes Produkt verwenden müssen. Wenn Sie viele Schafe besitzen, lohnt sich der Bau eines festen Tauchbades mit schrägen Ein- und Ausstiegsrampen. Bei weniger Schafen tut es auch eine Zinkwanne, doch dann müssen Sie die Schafe zu zweit eintauchen. Körper und Beine sollten eine Minute untertauchen, für den Kopf reicht eine kürzere Zeit.

LÄMMER AUF DER WEIDE

Lämmer werden mit vier Monaten entwöhnt und dürfen dann auf die Weide. Auf mageren Weiden läßt die Milchproduktion nach.

SCHAFSCHUR

Scheren Sie die Schafe vor dem Hochsommer. Dann trennt sich die Wolle natürlicherweise von der Haut (siehe S. 60). Warten Sie auf schönes, beständiges Wetter.

WINTERFUTTER
In einem durchschnittlichen Winter braucht ein Mutterschaf rund 225 kg Heu. Kraftfutter ist nur unter sehr rauhen Bedingungen nötig. Trächtige Mutterschafe sollten nur das Nötigste fressen, sonst werden sie zu fett und das Lammen fällt schwer. Vergessen Sie nicht, das Eis auf den Wassertrögen zu zerschlagen.

WINTER

Füttern Sie Heu, aber kein Getreide, sonst werden die Mutterschafe im Winter zu dick. Sorgen Sie im Tiefland für Winterschutz und treiben Sie im Bergland die Schafe ins Tal. Im Spätwinter, wenn das Lammen bevorsteht, brauchen die Mutterschafe Zusatzfutter (geben Sie ab 30 Tage vor dem Lammen Getreide).

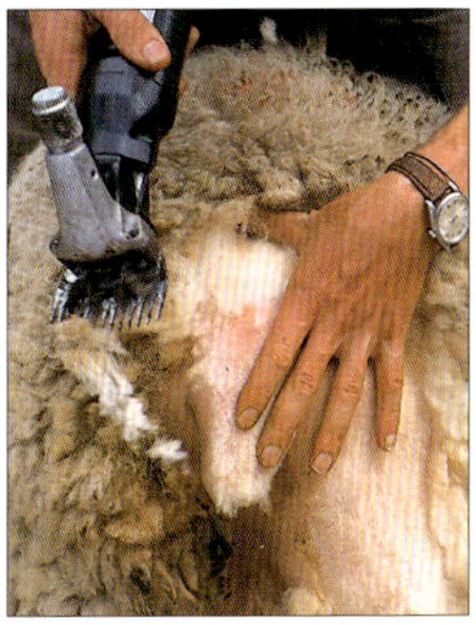

ZOTTELN ENTFERNEN
Schneiden Sie die Zotteln vom Hinterteil ab, hier setzen sich Schmeißfliegen fest.

FRÜHLING

Hochträchtige Tiere kommen nicht mehr auf die Beine, wenn sie umfallen – sehen Sie lieber öfters nach. Legen Sie alles für das Lammen bereit und bauen Sie einen Lammstall (siehe S. 45). Prüfen Sie Zäune und Tore. Machen Sie sich darauf gefaßt, viele Stunden mit den lammenden Schafen zu verbringen. Füttern Sie nach dem Lammen Rüben oder Kohl, um den Milchfluß anzuregen.

BLÄHUNGEN LINDERN
Wenn Schafe sich mit Futter vollstopfen, können Blähungen entstehen, die tödlich enden können. Geben Sie ihnen Speiseöl.

ARZNEI EINGEBEN
Unmittelbar nach dem Lammen bekommen Schafe Arznei gegen Würmer.

TRADITIONELLE HEILMITTEL

Schafe brauchen Salz. Verteilen Sie unbearbeitetes Salz auf den Weiden (125 kg/ha). Schafe mit Eingeweidewürmern magern ab und haben häufig einen tiefen, rauhen Husten. Halten Sie Würmer durch häufigen Weidewechsel unter Kontrolle. Hilft das nicht, geben Sie den Schafen eine Mischung aus fein gehacktem Knoblauch und Melasse zum Futter. Fußfäule ist sehr schmerzhaft. Der Fuß entzündet sich und riecht ekelhaft. Kniende Schafe sind ein sicheres Zeichen. Waschen und schälen Sie den Huf ab, bis Sie zum Infektionsherd kommen. Legen Sie einen Wickel mit einer Mischung aus Schwedenteer (230 g) und Salz (85 g) auf. Fußfäule entsteht durch feuchte, infizierte Weiden (3 Wochen ungenutzt lassen). Schmeißfliegenlarven entstehen aus Eiern im Fell. Sie graben sich in die Haut ein und fressen ein Schaf buchstäblich auf. Sichere Zeichen sind rasche Schwanzbewegungen, Bisse ins Fell und große, feuchte, stinkende Flecke. Schneiden Sie das feuchte Fell ab, kratzen Sie möglichst viele Larven heraus und behandeln Sie die Wunde mit Tauchbad oder pulverisierter Derriswurzel. Wunden werden mit Schwedenteer behandelt.

Knoblauch und Melasse zum Futter

Füße werden mit Schwedenteer eingestrichen

FRÜHLINGSLÄMMER
Lämmer sind äußerst lebendig, vor allem, wenn ihnen die Frühlingssonne auf den Pelz scheint. Mit Milch und etwas Zusatznahrung nehmen sie schnell zu. Wenn das Gras zu wachsen beginnt, wachsen die kleinen Lämmer mit.

Lämmer

Nur wenn Sie die Mutterschafe lange gepflegt und umsorgt haben – nicht nur während der letzten Tage der Trächtigkeit – werden Sie mit gesunden, starken Lämmern belohnt. Sie müssen fit, aber nicht fett sein, sonst gibt es Probleme bei der Geburt; daher ist das Futter während der Tragzeit besonders wichtig. Wenn Sie sicher sind, daß Ihr Mutterschaf trächtig ist (dann hinterläßt der Bock keine neuen Farbmarkierungen), kommt es zum Weiden aufs Stoppelfeld, damit es schlank bleibt. Geben Sie ab der achten Woche vor der Geburt Zusatzfutter und steigern Sie die Menge bis zum Lammen. Füttern Sie Getreide (vor allem Hafer), gutes Heu und Mineralien. Achten Sie auch auf Ihre eigene Gesundheit – Sie werden bald rund um die Uhr beschäftigt sein.

FRÜHLINGSLÄMMER

Natürlicherweise kommen Lämmer im Frühling zur Welt, wenn reichlich Futter vorhanden ist und es wärmer wird. Fast alle Rassen machen es so; arbeiten auch Sie mit der Natur.

DIE VORBEREITUNGEN

Es gibt immer Frühgeburten, seien Sie bereit. Fangen Sie ruhig drei Wochen vor dem geplanten ersten Lammtermin mit dem Bau der Unterstände an. Das Wetter zu dieser Zeit bestimmt die erforderlichen Maßnahmen: Wird Regen, Wind oder Frost vorhergesagt, brauchen Sie einen Stall. Der größte Feind eines neugeborenen Lammes ist kalter, nasser Wind.

Kreuzförmig gelegte Strohballen bieten Schutz gegen alle Windrichtungen

UNTERSTAND IM FREIEN

Kommen die Lämmer im Spätfrühling, reicht ein Unterstand aus Flechthürden (siehe S. 45) oder eine einfache Wand aus Strohballen.

Bewegliche Gatter

Frisches Trinkwasser

LAMMEN IM STALL

Unterteilen Sie den Stall in einzelne Bereiche: Für die tragenden Mutterschafe, für Schafe mit Neugeborenen bzw. mehrere Tage alten Lämmern und für die, die bald auf die Weide dürfen. Richten Sie auch eine Krankenstation ein, wo Sie Waisen pflegen oder mit der Flasche füttern. Der Stall sollte mit reichlich Heu ausgestattet, vor Schlagregen geschützt, aber nicht gänzlich abgeschlossen sein.

DIE GEBURT

Unmittelbar vor der Geburt legen sich Mutterschafe nieder; sie heben den Kopf und stöhnen während der Wehen. Zuerst erscheint die Fruchtblase, dann Nase und Vorderfüße des Lamms. Stellen Sie sich einen Taucher vor – das ist die richtige Position. Sind die Schultern erst draußen, wird das Lamm auf den Boden gleiten. Legen Sie es sofort vor den Kopf der Mutter, damit sie es beschnuppern und reinigen kann. Befreien Sie ggf. Mund und Nase des Lamms vom Schleim.

SIE BRAUCHEN:

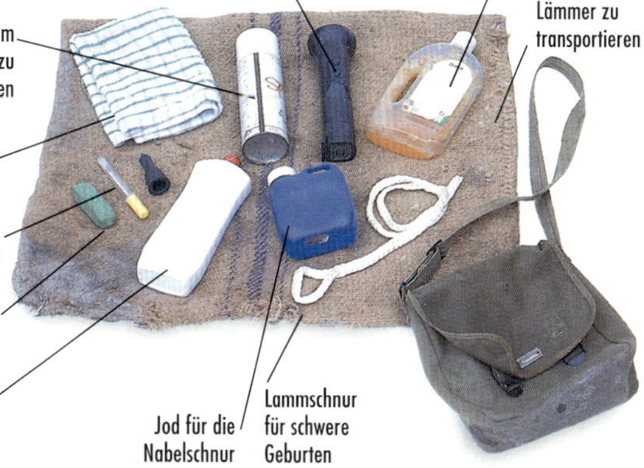

ALLZEIT BEREIT

Besorgen Sie sich einen Segeltuchbeutel für die Utensilien und tragen Sie ihn stets bei sich – nachts unter dem Bett. Sie brauchen unbedingt ein gutes Anleitungsbuch und warme, bequeme Kleidung.

MUTTER UND KIND

Lassen Sie ein neugeborenes Lamm für eine Stunde mit der Mutter allein. Regen Sie die beiden nicht auf. Danach hat die Mutter das Lamm gesäubert, es sollte auf den Beinen stehen und nach der Zitze suchen.

ERSTE MILCH

Sehen Sie nach einer Stunde nach. Die Lämmer müssen innerhalb der ersten Stunden trinken, denn diese Milch (Kolostrum) ist lebenswichtig. Sie enthält Antikörper, die das Lamm vor Infektionen schützen.

WENN ETWAS SCHIEFLÄUFT

Schätzen Sie sich glücklich, wenn alles glatt geht – in neun von zehn Fällen. Geht jedoch etwas schief, müssen Sie sofort und schnell handeln. Es gibt jedoch kein Zurück – greifen Sie nur ein, wenn Sie das Problem auch bewältigen können.

Als Anfänger sollten Sie einen Schäfer am Ort bitten, im Notfall zu kommen (sie werden von ihm lernen) oder einen Tierarzt rufen. Belegen Sie zunächst einen Kurs über Schafhaltung und Lammen, um die Grundkenntnisse zu lernen.

Schwangere Frauen dürfen nicht beim Lammen mithelfen. Die Infektionsgefahr für das Baby wäre zu groß.

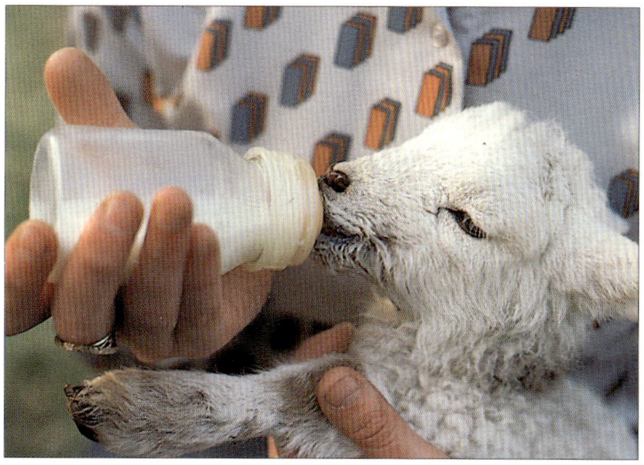

LAMMWAISE

Wenn das Mutterschaf stirbt, können Sie das Lamm einem anderen Schaf unterschieben oder es mit der Flasche füttern. Es gibt spezielle Milch. Da die Lämmer aber häufig gefüttert werden müssen, wäre eine Amme besser.

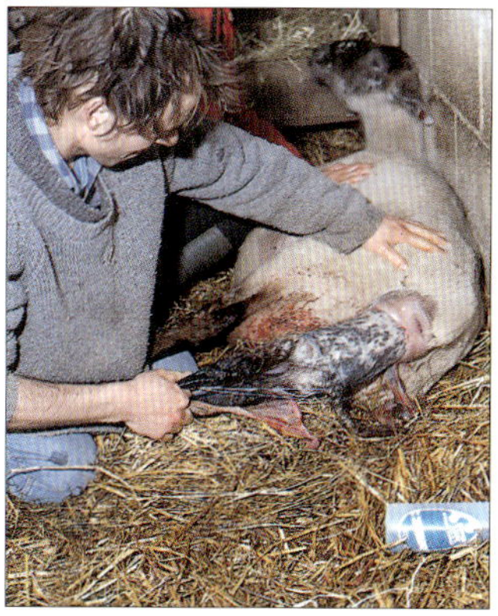

GEBURTSHILFE

Manche Mutterschafe brauchen Hilfe. Packen Sie dabei fest und entschlossen, gleichzeitig aber sanft zu.

Wolle

Bis heute hat niemand einen Kleiderstoff erfunden, der vielseitiger wäre als Schafwolle. Auch wenn Sie gerne zu modernen, wetterabweisenden Stoffen greifen: Sie werden immer wieder zur Wolle zurückkehren – sie ist unschlagbar. Wolle dehnt sich bei Nässe aus, schließt die Poren, hält den Wind ab und gibt beim Trocknen Wärme ab.

Vom Schaf bis zum Pullover ist es jedoch ein weiter Weg. Sie müssen das Schaf sorgfältig scheren, die Wolle reinigen und kardätschen und dann zu einem Knäuel spinnen – und dann haben Sie das Stricken noch vor sich. Jeder, der selbst spinnen und stricken möchte, hat eine große Auswahl; nicht nur Dutzende verschiedener Schafwollsorten, sondern auch Angora- (siehe S. 63), Kaninchen- (S. 84) und Lamawolle (S. 41, 86).

Zwar habe ich Spinnen und Stricken stets gerne delegiert, aber ich liebe es, das Endprodukt an eisigkalten Tagen anzuziehen. Nehmen Sie jedoch nie die Wolle eines Bocks, sonst sind alle Schafe der Gegend hinter Ihnen her.

SCHERMESSER

Mechanische oder elektrische Schermesser arbeiten wie Scheren und müssen messerscharf sein. Billige Scheren werden schnell stumpf. Es gibt Versionen für Rechts- und Linkshänder – wählen Sie richtig, sonst kommen Sie nicht zurecht.

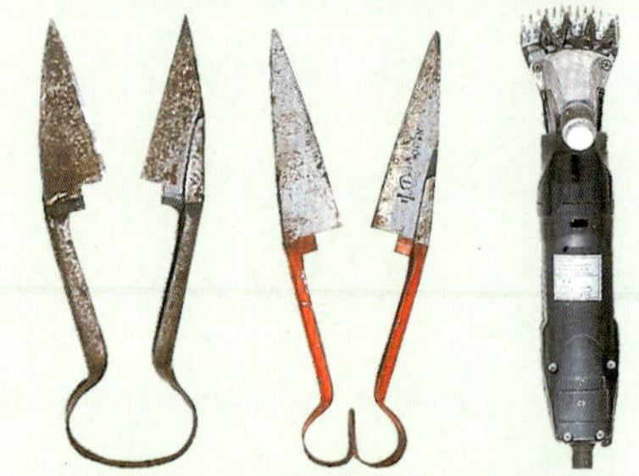

Einfache Handschere | Doppelt gefederte Schere | Elektrische Schere

DIE SCHUR

Lägen die Schafe ruhig, wäre alles ganz einfach, sie tun es aber nicht. Sie gut festzuhalten ist schon die halbe Miete. Die beste Zeit ist der Übergang vom Frühling zum Sommer. Warten Sie jedoch ab, bis sich das Fell „hebt“. Dann bildet sich zwischen Haut und Wolle eine fettige Schicht neuer Haare (ein natürlicher Vorgang, wenn das Winterfell abgeworfen wird). Schneiden Sie durch diese Schicht, aber schärfen Sie vorher Ihre Schere.

1 **FESTHALTEN** *Bringen Sie das Schaf an eine ebene Stelle, je wohler sich das Schaf fühlt, desto williger ist es. Packen Sie es an Hals oder Maul und am Fell des Rumpfes. Drehen Sie es in eine sitzende Position um (siehe S. 55).*

2 **ERSTE SEITE** *Knien Sie, mit dem Schaf auf dem Knie, nieder. Halten Sie den Kopf des Schafes unter Ihrem Arm fest. Schneiden Sie ggf. verfilzte Bauchwolle ab. Scheren Sie dann die Seite des Schafes, von der Halswolle bis zu den Beinen, hinauf bis zur Wirbelsäule.*

3 **UMDREHEN** *Wenn Sie mit einer Seite fertig sind, müssen Sie das Schaf herumdrehen. Zu Beginn werden Sie das Tier womöglich mit der Schere verletzen. Halten Sie Schwedenteer und ein kurzes Stäbchen bereit. Tupfen Sie Teer auf die Wunde, damit sich keine Infektion ausbreitet.*

SCHAFRASSEN UND IHRE WOLLE

	Suffolkschaf	*Lincolnschaf*	*Cheviotschaf*	*Merino*	*Jacobschaf*
Merkmale	Kurze Wolle; Tiefland	Lange, glänzende Wolle; Tiefland	Berge und Hügelland	Feine Wolle	Mittelfeine Wolle
Verbreitung	Britische Rasse, heute weltweit	Ursprünglich aus Nordengland, heute weltweit	Ursprünglich aus Südschottland; heute weltweit	Ursprünglich aus Spanien; heute weltweit, vor allem in Australien	Ursprünglich aus Mesopotamien; heute weltweit
Gewicht der Wolle	2,5–3 kg	7–10 kg	2–2,5 kg	Bis 16 kg	2–2,5 kg
Qualität	Hohe Qualität; Wolle mit dünnen Fasern	Schwere, glänzende Wolle mit langen Fasern	Mittlere bis feine Wolle; natürlich gekräuselt	Die beste erhältliche Wollqualität	Gut; mit braunen und weißen Flecken
Kommentare	Häufig für Kreuzungen verwendet; Wolle für Strümpfe, Strickwolle, Tweed, Flannell und Kleiderstoffe	In vielen Ländern zur Verbesserung der heimischen Rassen verwendet; Wolle beliebt bei Spinnern und Webern	Wolle für Decken, Teppiche und Kleidung im Freien	Wolle für hochwertigen Flannell und Kleidung; Merinowolle macht 40% der Wollerzeugung weltweit aus	Beliebt bei Spinnern und Webern als natürlich gefärbte Wolle; nicht kommerziell verwendet

4 **ZWEITE SEITE** *Scheren Sie nun die zweite Seite wieder vom Kopf aus, diesmal aber von der Wirbelsäule zu den Beinen. Wenn Sie fertig sind, sollte das Fell als Ganzes abfallen.*

Halten Sie das Schaf stets gut fest

5 **AUFROLLEN** *Lassen Sie das Schaf frei – ein großer Augenblick. Legen Sie das Fell flach hin und rollen Sie es zu einem Bündel zusammen. Drehen Sie das Nackenfell zu einem Strick zusammen, den Sie um das Bündel wickeln. Heben Sie die Wolle in Säcken auf, in denen Mäuse und Ratten keine Nester bauen können.*

Mit der zusammengedrehten Nackenwolle umwickeln Sie das Wollpaket

SELBER SPINNEN

Beim Spinnen zieht man Fasern aus dem Fell und dreht sie zu Fäden zusammen. Versuchen Sie es zunächst mit der Hand: Ziehen Sie ein Stück Fell so lange auseinander, bis die Fasern parallel sind (das Kardätschen). Drehen Sie es zusammen, und Sie haben Wolle gesponnen.

1 **KARDÄTSCHEN** *Das Auskämmen oder Kardätschen glättet die Wolle. Die parallelen Fasern lassen sich verspinnen.*

2 **SPINNEN** *Um Wolle herzustellen, brauchen Sie unbedingt ein Spinnrad. Diese Kunst lernt man am besten von einer erfahrenen Lehrerin.*

ANGLO-NUBISCHE ZIEGE
Diese Rasse entstand im 19. Jhd. aus indischen und ägyptischen Vorfahren. Die Fellfarben variieren zwischen Schwarz und Braun bis fast Weiß.

ZIEGEN AUF DEM HOF

Jedes siebte grasende Tier der Erde ist eine Ziege. Viele von ihnen leben auf kleinen Selbstversorgerhöfen, wo andere Tiere keinen Gewinn brächten. Da auf magerem Weideland fünf Ziegen statt einer Kuh gehalten werden können, ist klar, warum die Milch und Fleisch liefernden Ziegen so beliebt sind. Ziegen verlangen nicht sehr viel vom Leben, daher findet man sie vom Hochgebirge bis in Wüstenlandschaften. Gutes Gras haben sie gar nicht gerne; sie knabbern Sträucher an, mahlen Unkraut klein und sind hemmungslos, wenn es um ihre Lieblingsnahrung geht – das können auch Gartenpflanzen wie Rosen sein!

DER KAUF

Ziegen sind Überlebenskünstler. Daher sind sie zwar widerstandsfähiger als Schafe, haben sich aber auch ärgerliche, instinktive Verhaltensweisen bewahrt. Achten Sie beim Kauf vordringlich auf gesunde Tiere. Fragen Sie aber, wann sie die letzten Zicklein hatte, wieviele es waren – eins bis vier sind möglich – und ob es leichte Geburten waren.

Versuchen Sie außerdem herauszubekommen, was zwischen den Ohren Ihrer neuen Ziege abläuft. Manche springen rekordverdächtig über alle Zäune, die Sie bauen; andere kriechen und quetschen sich noch durch die engste Zaunlücke, bis sie sich befreit haben. Läßt sie sich melken? Wozu sonst dient eine Ziege, außer Wolle und Haut zu liefern?

GUT AUSGESTATTETE ZIEGE

Halten Sie sich nicht zu lange mit dem Aussehen Ihrer Ziege auf – außer Sie lieben schöne Tiere. Andere Dinge sind wichtiger. Eine gute Milchziege hat einen breiten, faßartigen Unterleib; das weist auf einen großen Pansen (der erste der vier Mägen) mit viel Platz für Grünfutter hin. Die Füße müssen gesund und hart, das Euter rund (nicht hängend), weich und geschmeidig sein.

Lassen Sie sich zeigen, wie sie gemolken wird, und legen Sie selbst Hand an – spüren Sie auch nur den leisesten Widerstand, kaufen Sie sich lieber eine andere Ziege. Denken Sie daran: Ziegen sind keine Einzeltiere, sie mögen die Gesellschaft anderer Ziegen. Allerdings sind sie nicht wählerisch; eine Kuh, ein Esel, ein Schaf oder ein Pony tut es auch.

WOLLE VON ZIEGEN
Angoraziegen liefern den Mohair. Er ist wertvoll und bietet dem Kleinbauern ein gewisses Einkommen; zweimal Scheren pro Jahr ist möglich.

MILCHZIEGEN

Fast alle Ziegen werden wegen ihrer Milch gehalten. Sie ist nahrhaft und ein guter Ersatz für Kuhmilch, auf die manche Menschen allergisch reagieren.

Eine Mutterziege gibt täglich 3,5 l Milch, ein Zicklein beansprucht etwa ein Drittel davon. Sehr junge Tiere geben etwa die Hälfte. Wenn Sie für Ihre Familie mit 1,5 l täglich auskommen, bleibt nichts übrig – wird es mehr, denken Sie an die Schweine.

Wenn Sie zum eigenen Gebrauch, für Molkereiprodukte oder zum Verkauf mehr Milch brauchen, entscheiden Sie sich für eine kleine Herde. Dann müssen Sie sich aber stärker auf Ziegenhaltung einstellen: Sie brauchen einen Melkplatz, Kühl- und Lagerräume für Milch, Käse (siehe S. 174) und Joghurt (siehe S. 173). Berücksichtigen Sie, daß eine Ziegenherde mehr Platz und Futter beansprucht. Beachten Sie die gesetzlichen Bestimmungen, wenn Sie Produkte verkaufen wollen.

ZIEGENRASSEN FÜR DEN KLEINBAUERN

	 *Toggenburger*	 *Anglo-Nubische*	 *Afrik. Zwergziege*	 *Saanenziege*	 *Angoraziege*
Eigenschaften	Stammt aus der Schweiz; kleines, kompaktes Tier; braun mit weißer Zeichnung	Britische Rasse mit römischer Nase und Schlappohren; aristokratischer Anblick	Außerhalb Afrikas meist als Schmusetier gehalten; bekannt für Eskapaden	Weißes Fell, spitze Ohren und gewöhnlich groß; kurzes, feines Fell; Schweiz	Stammt aus Kleinasien; berühmt wegen der feinen, weichen Wolle (Mohair)
Ansprüche	Alle Ziegen mögen Gesellschaft, Einzeltiere können Schwierigkeiten machen; vertragen tiefe Temperaturen; im Stall müssen sie vor Feuchtigkeit und Zugluft geschützt werden				
Milch	Milchproduktion wirtschaftlich bedeutsam	Manchmal höherer Milchertrag als bei Schweizer Rassen; hoher Fettgehalt der Milch, daher gut für Käse	Geben nach dem Werfen etwas Milch; schwerer zu melken als größere Rassen	Dank der langen Zucht mit hervorragendem Euter und großer Milchmenge; gut als Milchziege	Gute Milchziegen, aber meist wegen der Wolle gehalten
Gesundheit und Krankheiten	Ziegen sind anfällig für dieselben Krankheiten wie Schafe; Impfung kann von Vorteil sein; regelmäßige Wurmkuren, Entlausung und Klauen beschneiden				
Fertigkeiten	Geburtshilfe, Junge aufziehen; melken, mit erwachsenen Tiere incl. Böcken umgehen, Klauen beschneiden; Spritzen geben; Krankheiten erkennen				

Ziegen halten

Ziegen gehören seit jeher zum Viehbestand der Kleinbauern. In den wärmeren Regionen der Erde werden sie traditionell auf kleinen Höfen gehalten, denn sie liefern reichlich Milch und brauchen weniger Futter als eine Kuh. Da sie Unkraut dem Gras vorziehen, weiden sie auf größeren Höfen auch Flächen ab, die andere Tiere verschmähen würden. Nur Regen mögen sie nicht, daher brauchen sie auf der Weide einen Unterstand, in den sie sich bei wechselndem Wetter flüchten können.

IDEALER ZIEGENSTALL

Ein guter Ziegenstall ist ein Kompromiß zwischen dem Freiheitsdrang der Tiere und der Notwendigkeit, sie einzuschließen. Ziegen halten große Temperaturunterschiede aus, nur Zugluft vertragen sie nicht. Häufig stehen Milchziegen in einzelnen Boxen; dann braucht jede einen Trog mit frischem Wasser.

ZIEGENSTALL UND GEHEGE

Diese Anlage ist ideal, wenn keine Weidefläche zur Verfügung steht oder schlechtes Wetter die Ziegen in den Stall zwingt. Die Tiere haben etwas Platz zum Umherlaufen, frisches Grünfutter und Klettergelegenheiten gegen Langeweile. Feste Böden sind viel leichter zu reinigen, außerdem müssen die Hufe der Ziegen nicht so oft beschnitten werden.

Pflege der Ziegen

Normalerweise sind Ziegen gesunde Tiere, die mit etwas Glück kaum den Tierarzt brauchen. Allerdings müssen Sie regelmäßig die Klauen beschneiden, sonst lahmen sie leicht – außer sie bewegen sich auf felsigem oder steinigem Boden. Fragen Sie bei einem erfahrenen Ziegenzüchter nach, wie man es macht.

Vielleicht brauchen Sie nie einer Ziege eine Spritze zu geben, Sie sollten aber wissen, wie es geht und wo und wie Sie die Spritze ansetzen müssen. Fragen Sie beim ersten Mal einen Experten um Rat oder überlassen Sie das Spritzengeben im Zweifelsfall besser dem Tierarzt.

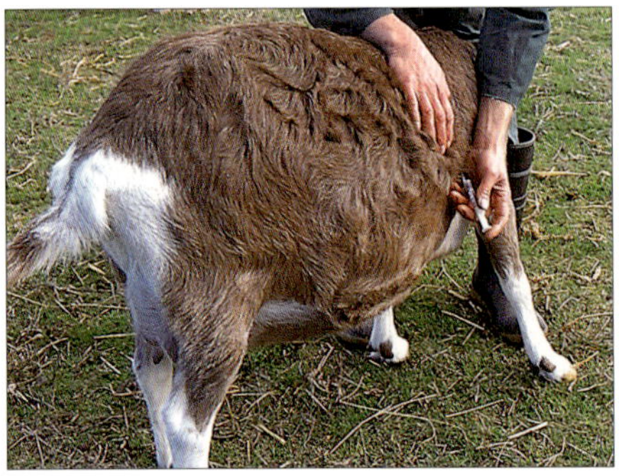

INJEKTION GEBEN

Antikörper und Wurmmittel werden über Spritzen verabreicht. Halten Sie die Ziege sicher fest – am besten zu zweit –, sonst kann die Nadel abbrechen – oder die zappelnde Ziege verpaßt Ihnen die Dosis.

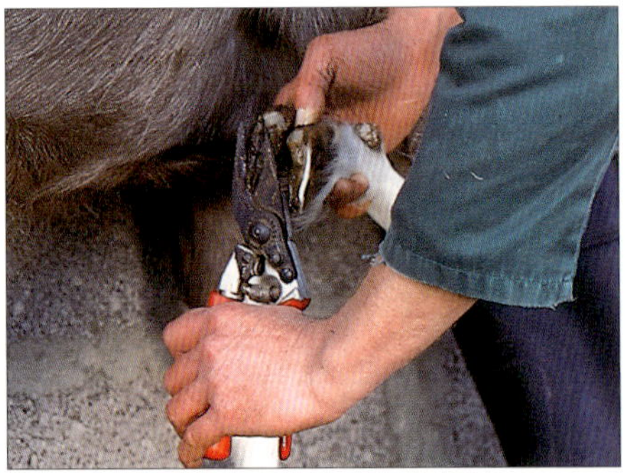

KLAUEN BESCHNEIDEN

Benutzen Sie das Werkzeug wie zum Schafsklauen-Schneiden: ein scharfes Messer oder einen speziellen Klauenschneider. Sie müssen die Klaue flach und glatt beschneiden, so daß die Ziege bequem darauf stehen kann.

ANLAGEN UND ZUBEHÖR

Ziegen werden ihr Futter zertrampeln und verstreuen. Bieten Sie das Heu in einer Raufe an, so können sie immer nur einige Halme herausziehen. Mit ihren kräftigen Köpfen werfen Ziegen jeden Trog um; befestigen Sie ihn an der Wand. Vergessen Sie nicht, den Wassereimer zu sichern!

ZIEGENSICHERER ZAUN
Ziegen suchen stets nach Möglichkeiten zur Flucht. Machen Sie die Zäune daher stark und hoch.

SALZLECKE
An solchen Lecksteinen bekommen Ziegen Mineralien

SICHERE TÜR
Der Bock kommt nicht an den Riegel, und die Stange verhindert, daß er herausspringt.

TRÄNKE AN DER TÜR
Die Ziege kann bequem trinken, ohne das Wasser zu verderben oder den Eimer umzuwerfen.

HEURAUFE
Heu liefert das notwendige Rauhfutter für Stallziegen; es muß stets zur Verfügung stehen.

AUSWÄRTS ESSEN
Wilde, verbuschte Flächen sind ideal für Ziegen, sie mögen aber auch Rosen und Zierbäume.

FUTTER UND WASSER

Ziegen streifen gerne umher und knabbern lieber an Hecken oder Büschen als an fettem Gras. Lassen Sie ihnen die Freiheit, geben Sie aber zusätzlich Getreide und Heu. Milchziegen brauchen eine konzentriertere Zusatznahrung aus Mais- oder Haferflocken, dazu geschrotete Bohnen.

Glauben Sie aber nicht, Ziegen seien anspruchslos – sie mögen zwar Unkraut, werden aber schlechtes Heu oder Zusatznahrung ablehnen.

DER BESTE FREUND DES BAUERN
Schweine sind intelligent und vielseitig. Dank des Fleisches und ihrer Freundlichkeit gebührt ihnen ein fester Platz auf dem Hof.

SCHWEINE AUF DEM HOF

Schweine sind seit Generationen treue Diener des Kleinbauern. Nicht ohne Grund gehören sie zum Kern vieler bäuerlicher Kulturen. Schweine sind nicht nur widerstandsfähig, sie werden auch fett von dem, was Haus und Hof übrig lassen bzw. was sie selbst suchen. Ihr Fleisch ist vielfältig nutzbar – als Schinken oder Speck, für Würste und Salami. Schweine werfen pro Jahr bis zu 20 Ferkel. Wenn Sie Schweine auf ein überwuchertes Stück Land lassen, machen sie sich ans Werk; sie arbeiten sich durch das dickste Unterholz und räumen mit ihren kräftigen Rüsseln Unkraut beiseite. Schweine sind eindrucksvolle Kreaturen und gute Freunde.

WAS SIE ÜBER SCHWEINE WISSEN SOLLTEN

Fallen Sie nicht darauf herein: Schweine sind weder schmutzig noch dumm. Zwei sehr gesunden Eigenschaften verdanken sie ihren schlechten Ruf: Sie wühlen mit ihren Rüsseln auf der Suche nach Larven und Würmern in der Erde herum, und sie wälzen sich instinktiv im Schlamm als Schutz vor Sonnenbrand. Was die persönlichen Dinge angeht, sind Schweine außerordentlich reinlich. Nach Möglichkeit setzen sie ihre Dunghaufen weitab vom Schlafplatz, und einige meiner Schweine hatten so saubere Koben, daß ich eine Nacht darin hätte verbringen können. Schweine sind nicht schmutzig.

Außerdem sind sie gescheit. Eine Muttersau baut mit dem Rüssel ein weiches Bett aus Stroh für ihre Ferkel. Sie bringt ihnen bei, wie man trinkt und schimpft mit ihnen. Schweine sind gute Zeitmesser; wenn Sie Ihre Schweine nach der Uhr füttern, dann wagen

DAS PERFEKTE SCHWEIN
Wenn Sie nicht gerade an Schweinen mit Stammbaum interessiert sind, braucht Sie das Aussehen nicht zu stören. Kaufen Sie ein Schwein mit gutem, behäbigen Temperament. Manche Rassen sind speziell für den kommerziellen Halter gezüchtet, für einen kleinen Hof eignen sich jedoch alte Rassen meist besser.

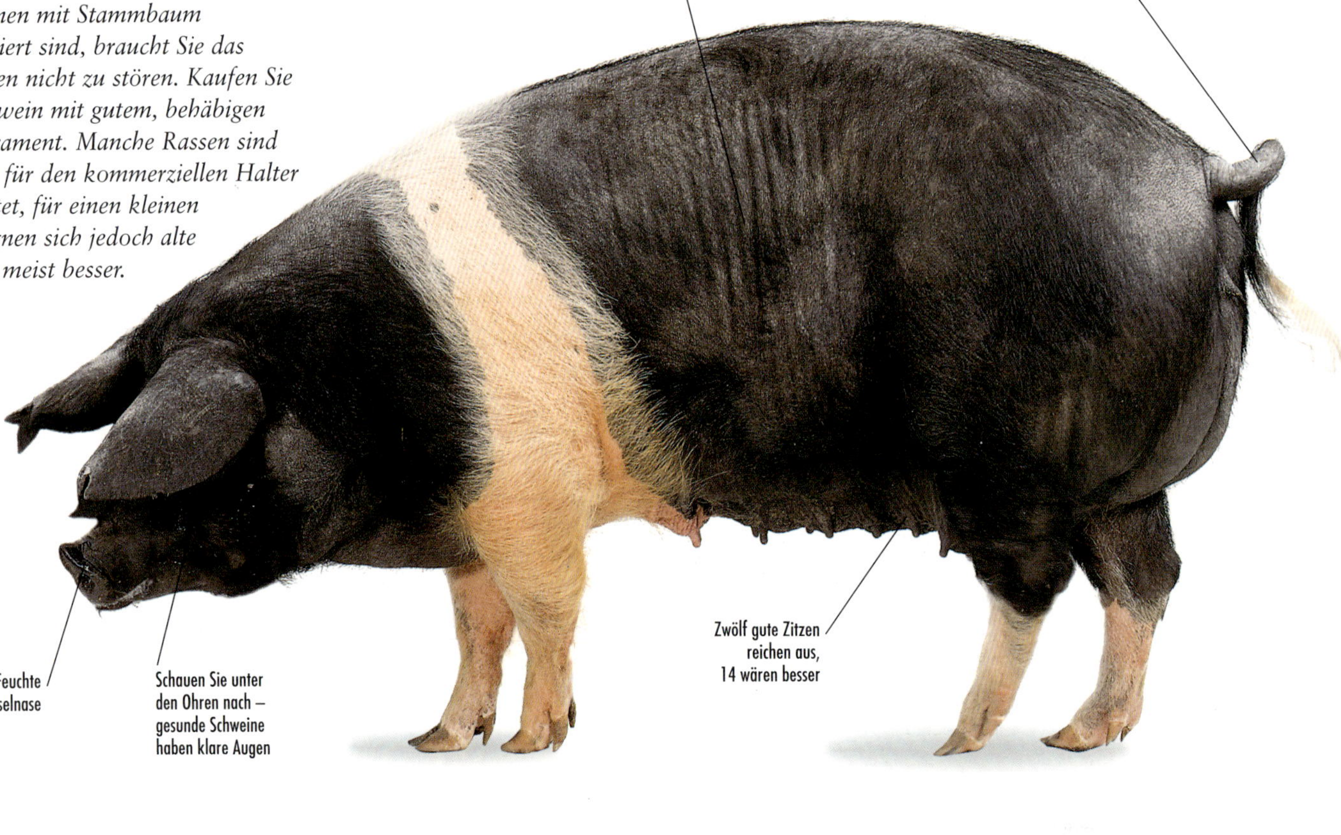

Sie es nicht, sich fünf Minuten zu verspäten – es wird einen Aufstand geben. Eine meiner Säue war präziser als ein Wecker. Wenn ich zu spät mit dem Morgenfutter kam, wußte es der ganze Bezirk.

SCHWEINESTÄLLE
Draußen ist der beste Platz für Schweine. Sie brauchen nur einen geschützten Platz – ohne Rücksicht auf Schönheit.

DIE RICHTIGE RASSE

Wenn Sie nur nach Schweinen suchen, die den größten Profit erwirtschaften, kann ich Ihnen kaum raten. Es gibt Rassen, die optimal an die Bedürfnisse der Lebensmittelhersteller angepaßt sind; doch das sind langweilige Tiere, lang und schmal wie Hunde, die möglichst viele Koteletts liefern. Manche können ihre langen Körper kaum auf den Beinen halten. Lassen Sie sich von diesen Industrieschweinen nicht verführen.

Wählen Sie eine Rasse, die Ihnen gefällt. Wenn es Ihnen Freude macht, dem Tier morgens zuzusehen, dann haben Sie richtig gewählt. Je älter und weniger verzüchtet die Rasse, desto widerstandsfähiger wird sie sein. Diese alten, heute oft seltenen Rassen stammen aus einer härteren Zeit, als man Schweinen weniger Aufmerksamkeit und Futter zukommen ließ. Man erwartete, daß sie von Abfällen fett wurden. Solche Schweinerassen machen kaum Umstände. Fürchten Sie übrigens nicht den für heutige Verhältnisse zu hohen Fettgehalt des Fleisches, wenn Sie eigenen Speck oder Schinken herstellen möchten (siehe S. 176). Fett bestimmt das Aroma von Schweinefleisch, außerdem sind fette Schweine widerstandsfähiger.

SCHWEINERASSEN FÜR DEN KLEINBAUERN

	 *Large Black*	 *Durocschwein*	 *Sattelschwein*	 *Bastardschwein*	 *Landrasse*
Eigenschaften	Seltene alte Rasse mit Schlappohren; widerstandsfähiges, verträgliches Schwein mit guten Mutterinstinkten	Ausgesprochen rötliches Fell; sehr beliebt in den USA	An den Schlappohren und schwarz-weißer Zeichnung leicht zu erkennen; farbige Rassen sind meist widerstandsfähiger	Kreuzung verschiedener Rassen; gezüchtet für bestimmte Anforderungen des Marktes	Skandinavische Rasse; weiße Haut, Schlappohren; Sauen mit vielen Ferkeln; weltweit verbreitet
Ansprüche	Ideal für Freilandhaltung; sehr dünkelhaft	Kann im Stall und Freiland gehalten werden	Gut für die klassische Freiland- oder Stallhaltung	Diese Art Schwein verlangt die volle Aufmerksamkeit des Bauern	Leicht zu halten; wirft ohne Schwierigkeiten; drinnen und draußen
Fleisch	Exzellenter Schinken und Speck; schwere Schweine mit viel Fett	Gezüchtet für Speck; wächst schnell, reift aber spät; viel mageres Fleisch	Sowohl für Fleisch, wie für Speck	Gezüchtet für Fleisch oder Speck; für den Selbstversorger zu spezialisiert	Nachkommen mit langem, schlankem Körper; Ferkel als Specklieferant
Gesundheit und Krankheiten	Ältere, farbige, widerstandsfähige Schweine sind weniger anfällig; achten Sie auf Würmer, Läuse und Mastitis bei säugenden Sauen; lernen Sie, Anzeichen von Rotlauf zu erkennen (Fachmann konsultieren)				
Fertigkeiten	Kaum Geburtshilfe, Ferkel sollten allerdings überwacht werden; Futtermengen einhalten; Stall ausmisten (falls erforderlich) und Schweine treiben – eine Kunst für sich				

Schweine halten

Drei Dinge braucht ein Schwein: Schutz, Platz und einen Ort zum Wühlen. Wenn Sie das bereitstellen, werden Sie ein glückliches Schwein haben. Schweine brauchen einen Schutz vor Sonne und Regen, allerdings nichts Besonderes. Ich habe palastartige Schweineställe gesehen, aber auch genauso glückliche Schweine, die unter einem Wellblechdach zwischen Strohwänden lebten.

Schweine brauchen Platz, um sich zu beschäftigen, allerdings weniger als Sie glauben – ein kleiner Hof vor dem Stall reicht aus, und sie wollen mit dem Rüssel herumwühlen. Sie mögen gute Erde, in der sie nach leckeren Käfern und Würmern graben können, aber eine gute Strohlage befriedigt ebensogut ihren Instinkt, den Dingen auf den Grund zu gehen. Versuchen Sie nicht, ihre Schweine sauber zu halten. Bei feuchtem Wetter verwandeln sie jeden grünen Fleck in ein Schlammloch – und wälzen sich glücklich darin.

SCHWEINEKAUF
Wenn Sie mit der Schweinehaltung anfangen, kaufen Sie eine Sau mit Ferkeln. Dann haben Sie eine Weile Ruhe, bis die Sau wieder läufig wird. In der Zwischenzeit sind die Ferkel fett.

Wohin mit dem Schwein?

Schweine gehören in eine vernachlässigte Ecke des Hofes. Sie brauchen kein fettes Gras, daher fühlen sie sich auf verunkrautetem Land wohl und helfen, den Boden zu pflügen. Setzen Sie sie jedoch von Zeit zu Zeit um, damit der Boden nicht „schweinekrank“ wird.

FREILAUFENDE SCHWEINE
Diese Schweine haben so viel Gras wie sie mögen und reichlich Platz. Die beweglichen Hütten dienen als Schlafquartier.

DER SCHWEINESTALL
Er besteht aus einem kleinen, gemütlichen Unterstand zum Schlafen und einem Hof, in dem sich die Tiere beschäftigen. Hier ist Platz für zwei Sauen mit Ferkeln.

SCHWEINE IM OBSTGARTEN
Dieses Schwein fühlt sich himmlisch. Vielerorts werden Schweine traditionell unter Obstbäumen gehalten, sie beseitigen Unkraut, nutzen den Platz und fressen Fallobst. Ich muß Sie aber warnen: Schweine lernen schnell. Sie reiben sich an den Bäumen und verwandeln das Obst, das Sie eigentlich ernten wollten, in ihr Mittagessen.

ROUTINE IN DER SCHWEINEHALTUNG

Schweine mögen Routine, daher tränken und füttern Sie sie nach der Uhr – aber nehmen Sie sich Zeit. Schweine hören gerne zu und wollen gekitzelt werden, gerade das macht Spaß bei der Schweinehaltung. Gelangweilte Schweine werden destruktiv, sorgen Sie daher für Abwechslung, sonst müssen Sie ab und zu eine zerkaute hölzerne Türfüllung ersetzen. Wenn Sie die Schweine im Stall halten, misten Sie regelmäßig aus und sorgen für frisches Stroh. Frei laufende Schweine brauchen regelmäßig neues Stroh für die Schlafplätze, und auch wenn sie selbst nach Nahrung suchen, benötigen sie Zusatzfutter. Davon abgesehen führen freilaufende Schweine ihr eigenes Leben.

SCHWEINE TREIBEN
Schweine laufen liebend gern durch Gänge, also bilden Sie zum Treiben einen aus Brettern. Wenn sie sehen, wo es hingeht, lassen sie sich willig treiben.

SUHLEN
Schweine bedecken ihre Haut mit einer dicken Schlammschicht als Sonnenschutz. Ihre Suhle graben sie selbst, Sie oder der Regen müssen sie nur füllen.

SCHWEINE ABSPRITZEN
Im Hochsommer leiden Schweine unter Sonnenbrand. Tragen Sie dazu bei, sie kühl zu halten. Spritzen Sie die Tiere mit dem Schlauch naß, sie werden so glücklich mit dem Wasser spielen wie Kinder. Solche schwarzen Rassen sind weniger anfällig gegen Sonnenbrand als weiße Rassen, daher eignen sie sich besser für heißes Klima.

FUTTER UND WASSER

Wenn man sie läßt, fressen Schweine fast alles und geben sich mit Haushaltsabfällen zufrieden. Das beste Futter ist gequollenes Gerstenmehl oder feine Weizenkleie. Wenn die Tiere im Boden wühlen, brauchen sie keine zusätzlichen Mineralien.

DER FUTTERTROG
Er sollte so schwer sein, daß ein Schwein ihn nicht umwerfen kann. Geteilte Tröge vermindern die Konkurrenz beim Fressen.

WÜHLEN NACH WURZELN
Schweine verbessern verunkrautetes Land. Sie fressen die Wurzeln, die Schafe übrig lassen, alle Wurzelgemüse und auch Kohl.

DER WASSERTROG
Alle Schweine brauchen sauberes, frisches Wasser, Sauen besonders viel. Befestigen Sie den Trog am Boden, sonst werfen ihn die Schweine um – einfach aus Spaß, oder um eine Suhle zu machen. Wählen Sie den Trog nur so hoch, daß auch Ferkel ans Wasser kommen.

Ferkel

Sie werden die Ferkelzeit lieben. Vielleicht sind Sauen intelligenter, daher tritt scheinbar keines der Probleme auf, die das Kalben oder Lammen so erschweren. Sie scheinen besser zu wissen was vorgeht und verhalten sich entsprechend. Je mehr Sie bei der Haltung auf Streßfreiheit und artgerechte Bedingungen achten, desto weniger Schwierigkeiten sind zu erwarten, wenn die Sau ihre Ferkel wirft.

PAARUNG UND TRÄCHTIGKEIT

EBER

Die Paarung kann eine laute, ungestüme Angelegenheit sein. So wissen Sie aber wenigstens, wann es geschah und können den Tag im Kalender markieren. Alle 21 Tage kommt eine Sau in Hitze; der Eber sollte sicherheitshalber drei Zyklen bei ihr bleiben.

FUTTER FÜR DIE SAU

Drei Tage vor dem Abferkeln bekommt die Sau suppige Nahrung, um ihren Darm zu reinigen (geben sie zur üblichen Nahrung gekochte Kleie). Auch fettes Gras von einer guten Weide, geschnittenen Kohl oder Wurzeln (siehe S. 162) verträgt sie nun gut. Bis drei Tage nach der Geburt bekommt sie weiter flüssige Nahrung, dann kann sie langsam zu der normalen Ration zurückkehren. Eine alte Bauernregel sagt: So viel Pfund Futter (Trockengewicht) wie Ferkel plus zwei Pfund.

EINE AUSGEWOGENE DIÄT

Dieses Schwein genießt entrahmte Milch, die nach dem Buttern übrig bleibt. Muttersäue mit Ferkeln brauchen ein abwechslungsreiches Futter, damit sie genügend Vitamine und Mineralien aufnehmen.

EINE SAU „IN STIMMUNG BRINGEN“

Das ist die Aufgabe des Ebers. Zwar gibt es auch Testmethoden, aber sie sind schwierig, und warum wollen Sie den Eber um sein Vergnügen bringen?

Hüten Sie sich vor Ebern. Manche sind unangenehme Burschen mit bösen Zähnen, die Sie erst sehen, wenn er mit geöffnetem Maul auf Sie zurennt. Um ausgeglichene Eber zu erziehen, habe ich meine stets von klein auf mit viel Zuwendung und Bauchkitzeln selbst aufgezogen – so machten sie kaum Schwierigkeiten.

Schweine kreuzen sich gut untereinander. Wenn Sie also keine Stammbaumferkel wollen, brauchen Sie nicht unbedingt einen Eber derselben Rasse. Manchmal ist das sogar hilfreich: Kreuzen sie eine fette Sau mit einem mageren Eber, dann werden die Ferkel vielleicht schlanker.

PFLEGE DER TRÄCHTIGEN SAUEN

Schweine sind 3 Monate, 3 Wochen und 3 Tage trächtig – leicht zu merken. Erst 14 Tage vor dem Abferkeln müssen Sie Vorbereitungen treffen. Gegebenenfalls kommt die Sau nun in den Ferkelstall.

Außerdem müssen Sie nun verstärkt auf Sauberkeit achten und den Stall in kalten Zeiten aufwärmen. Infrarotlampen sind gut geeignet, sie sollten aber so hoch hängen, daß die Sau nicht damit spielen kann. Sie braucht reichlich kurz geschnittenes Stroh für ihr Nest, damit die Ferkel nicht verloren gehen.

DIE GEBURT

Manche Säue erledigen das leise, andere machen einen Höllenlärm. Eine unserer Säue warf kurz vor dem Ferkeln ihren Futtertrog mit dem Rüssel hoch in die Luft; wenn er auf den Boden fiel, klang er wie eine Höllenglocke.

Kurz vor der Geburt baut die Sau gewöhnlich ein Nest. Etwa 12 Stunden vor dem Abferkeln kommt die erste Milch. Meistens brauchen Sie gar nichts zu tun. Die Ferkel rutschen in die Welt (manchmal bis zu 14), die Nabelschnur löst sich ab und sie befreien sich allein aus ihrer durchsichtigen Hülle. Nach wenigen Momenten beginnen sie zu quieken und nach der Zitze zu suchen – wunderbar. Warten Sie auf die komplette Nachgeburt und schaffen Sie sie aus dem Stall, dann lassen Sie die Familie allein.

Pflege der Neugeborenen

Bauen Sie etwa 60 cm vor der Wand eine stabile Barriere in 25 cm Höhe ein. Hängen Sie eine Infrarotlampe zwischen Barriere und Wand auf. Nun haben die Ferkel einen warmen, sicheren Platz, den sie nach Belieben aufsuchen können, ohne daß die Sau folgt. Hier können sie schlafen, und die Mutter legt sich nicht aus Versehen auf sie. Es ist ärgerlich, ein gesundes Ferkel auf diese Weise zu verlieren.

Manchmal werden die Zähne der Ferkel gestutzt, damit sie das Euter nicht beschädigen. Ich habe weder das getan, noch sie regelmäßig gespritzt oder kastriert. Werden die Tiere nicht für die Zucht gehalten, sind männliche Ferkel längst verkauft, ehe ihr Geschlecht zum Problem werden könnte.

Achten Sie darauf, daß jedes Ferkel seinen Platz am Euter findet, und verhelfen Sie dem unvermeidlichen Winzling zu seinem Recht. Nach ein paar Wochen beginnen Ferkel, sich für feste Nahrung zu interessieren. Bauen Sie eine Barriere, damit die Mutter es nicht stiehlt. Schauen Sie ab und zu nach dem Schwanz: Ein Ringelschwänzchen deutet auf Gesundheit.

Die ersten Wochen

Junge Ferkel sind anfällig gegen Magenverstimmung; leichte Durchfälle können die Folgen sein. Fragen Sie sicherheitshalber einen Tierarzt. Ich habe aber festgestellt, daß sich diese Probleme gewöhnlich nach 1–2 Tagen von selbst lösen; das Ferkel wird umso gesünder, wenn es sich selbst kuriert hat. Allerdings kann Mineralmangel (vor allem Eisen) zum Problem werden. Steuern Sie mit einer ausgewogenen Diät für die Sau gegen – sie gibt die Mineralien über die Milch an die Ferkel weiter.

Ferkelbucht

DAS IDEALE HEIM
Die Ferkelbucht sollte, unabhängig vom Wetter, warm und gemütlich sein. Dank der Barriere haben die Ferkel einen sicheren Platz und werden nicht aus Versehen von der Sau zerquetscht. Wann immer sie wollen, können sie zum Säugen kommen.

Säugen und Entwöhnen

SÄUGEN
Ferkel sollten innerhalb der ersten Stunde zu saugen beginnen. Setzen Sie sie bei Bedarf an die Zitze – jedes kehrt zu seiner eigenen zurück.

DRAUSSEN AUF DER WEIDE
Bei schönem Wetter dürfen Sau und Ferkel nach drei Tagen ins Freie. Schon bald werden die Ferkel am Gras knabbern.

KÜHE AUF DEM HOF

ZUCHTBULLE
Viele Kleinbauern verzichten auf einen eigenen Bullen, wenn sie einen mieten oder ausleihen können.

Da Kühe besonders großmütig und sanft sind, werden sie von modernen Bauern ausgenutzt wie kein anderes Tier. Gerade habe ich ein Buch aus der Hand gelegt, das mit den Worten „Die Gewinnspanne…" beginnt. Vergessen Sie diese Art der Rinderhaltung. Berücksichtigen Sie zuerst die Ansprüche der Tiere, ehe Sie an Erträge denken. Gönnen Sie den Kühen eine artgerechte Lebensweise, und sie werden es Ihnen mit Milch, Käse, Butter und Fleisch danken – in manchen Teilen der Erde sogar mit Arbeit. Es gibt keinen Grund, warum eine Kuh nicht Ihre natürlichen Instinkte und Bedürfnisse befriedigen darf und Ihnen dennoch alles liefert, was Sie brauchen – vielleicht sogar einen Überschuß. Dann haben Sie eine glückliche Kuh.

DIE GESUNDE KUH

Achten Sie auf BSE! Kaufen Sie nur Kühe, die sich stets von Gras ernährt haben. Abgesehen von solchen Gefahren können Sie den Gesundheitszustand einer Kuh an ihrem Aussehen ablesen.

Betrachten Sie zunächst das Fell: Außer im Winter, wenn die Kühe ein dickes, struppiges, kräftiges Fell tragen, sollten die Haare als Zeichen von Gesundheit glänzen. Das Maul muß feucht, die Nase sauber sein und nicht laufen. Der Atem sollte süß und nicht faulig sein.

Dann sehen Sie ihr in die Augen; machen Sie Ihr keine Angst, sehen Sie nur genau hin. Was geschieht? Gibt es ein gegenseitiges Verständnis? Dann haben Sie sich für die richtige

DIE IDEALE MILCHKUH
Das Geheimnis einer guten Milchkuh beruht auf der Anatomie und Ihrer Sorge um sie. Vorausgesetzt, sie hat vier gute Zitzen und ein gesundes Euter, dann richtet sich die Milchleistung nach der Haltung und dem Futter. Hier eine British Friesian.

Kuh entschieden. Ich glaube fest daran, daß man alle Tiere „Auge in Auge“ auswählen kann. Einer unserer Färsen stand der Ärger bereits in den Augen geschrieben. Zwar hofften wir, es würde sich auswachsen, aber sie blieb ein Ärgernis.

Achten Sie nun darauf, wie sich die Kuh bewegt. Es kommt nicht so sehr darauf an zu prüfen, ob sie lahmt, sondern ob sie mit sich und der Welt zufrieden ist. Eine zufriedene Kuh auf einem kleinen, freundlichen Hof ist ein Glücksfall.

MELKEN IM FREIEN
Wenn Sie nur Milch für den Eigenbedarf brauchen, können Sie auf Melkstall und Molkerei verzichten. Melken Sie mit einem Eimer im Freien und hoffen Sie, daß es nicht regnet.

MILCH ODER FLEISCH?

Machen Sie sich darüber keine großen Gedanken. In der Tat geben manche Rassen mehr Milch, während Schlachter andere Rassen bevorzugen. Für den Selbstversorger kommt es auf den Kompromiß an: Keine Rasse gibt so wenig Milch oder hat so schlechtes Fleisch, daß sie nicht in Frage käme.

Wählen Sie die Rasse nach den Bedingungen des Hofes, nicht nach dem Endprodukt aus. Es macht keinen Sinn, Tiere zu halten, die nicht mit der Natur in Einklang stehen. Manche Rassen fühlen sich in rauherem Klima wohl, andere verzweifeln, wenn sie nur einen Berg sehen. Entscheiden Sie sich also nach dem Augenschein für eine Kuh, die Ihr Leben teilen soll. Nur so entsteht ein gutes Arbeitsverhältnis. Damit meine ich eine Kuh, die willens ist, für Sie zu arbeiten und der Sie den Respekt zollen, den sie verdient.

RINDERRASSEN FÜR DEN KLEINBAUERN

	 *British Friesian*	 *Red Poll*	 *Jerseyrind*	 *Charolaisrind*	 *Dexterrind*
Eigenschaften	Große schwarz-weiße Rasse; weltweit eine der wichtigsten Milchkühe	Früher beliebt wegen Milch und Fleisch, heute selten; natürlicherweise ohne Gehörn	Sehr fügsame Kuh; hohe Milchleistung; anpassungsfähig an viele Klimate	Berühmtes, französisches Fleischrind; weißes oder gelbliches Fell; untersetzter Kopf	Schwarz oder rot; kleines Tier; nicht immer leicht zu halten; heute selten
Ansprüche	Fachgerechte Pflege erforderlich; heute eine hochgezüchtete, spezialisierte Kuh für kommerzielle Bauern	Wird leicht fett von Hafer, Heu und Rüben; leicht zu pflegen; gut im Freiland	Leicht zu halten und zu melken; widerstandsfähig; Stallhaltung nur in kältesten Wintern erforderlich	Großes, schweres Tier, das stabile Ställe und kräftiges Zupacken erfordert	Traditionelle Rasse für Kleinbauern; kommt mit vielen Bedingungen und Futterangeboten zurecht
Milch/Fleisch Gesundheit und	Hervorragende Milchkuh	Milch und Fleisch; von Fett durchzogenes Fleisch mit hervorragendem Geschmack	Nahrhafte, cremige Milch; gutes Fleisch, allerdings mit gelbem Fett	Bestes Fleischrind mit geringem Fettanteil	Milch- und Fleischrind
Krankheiten	Alle Rinder lahmen leicht; Parasitenbefall, Mastitis (nur Kühe), Würmer, Blähungen durch zu viel Grünfutter; Maul- und Klauenseuche, Milchfieber, Koller				
Fertigkeiten	Viehtreiben, Geburtshilfe beim Kalben, Füttern, Pflege der Neugeborenen, Krankheitssymptome erkennen, Futter zusammenstellen				

Kühe halten

Daß Kühe nicht viel klagen, ist kein Grund, sie zu vernachlässigen. Ihre Hauskuh ist ein widerstandsfähiges Tier, das sich gut an die herrschenden Bedingungen anpaßt. Außerdem verfügt sie über die ultimative Waffe: Fühlt sie sich schlecht oder unglücklich, gibt sie keine Milch mehr. Halten Sie nur eine einzige Kuh für den privaten Bedarf, dürfte es Ihnen nicht schwer fallen, ihre Bedürfnisse zu erkennen. Zwischen Bauer und Kuh besteht eine starke Bindung.

Neben der täglichen „kleinen Routine" braucht eine Kuh angemessenes Futter und muß regelmäßig gemolken werden. Letzteres ist besonders wichtig – Kühe mit übervollen, schmerzenden Eutern sind kein schöner Anblick. Mit einer Kuh, die zweimal täglich gemolken wird, sind Sie an Ihren Hof gefesselt. Aber Sie haben auch einen guten Freund, dem Sie Ihren Kummer erzählen können.

Gesunde Kühe

Sie werden rasch lernen, eine kranke Kuh zu erkennen. So ist es immer ein schlechtes Zeichen, wenn ein Tier sein Futter verweigert – insbesondere bei Kühen. Wenn Ihre Kuh kein Interesse an ihrer Umwelt zeigt, den Kopf hängen läßt, starrt statt zu blicken, die Ohren anlegt oder sich von der Herde fernhält, dann braucht sie vielleicht den Tierarzt. Obwohl sie von Natur aus kräftig sind, sterben Kühe schnell, etwa bei Kalzium- oder Magnesiumdefiziten. Holen Sie sofort den Tierarzt.

Im Stall oder draussen?

Es kommt darauf an. Kühe brauchen Schutz vor kaltem Wind und Regen; ob sie jedoch im Winter in den Stall müssen, hängt vom Klima ab.

Wieviel Stall eine Kuh braucht, richtet sich auch nach der Rasse. Red Poll ist eine widerstandsfähige Rasse, die sich draußen auch dann noch wohl fühlt, wenn eine Jerseykuh längst Schwierigkeiten hat.

Bei heißem Wetter brauchen Kühe einen Unterstand oder den Schatten von Bäumen auf ihrer Weide.

WINTERQUARTIER
Ein idealer Winterstall mit Futter, Wasser und reichlich Stroh, geräumig und frei von Zugluft.

LEBEN IM FREILAND
Diese glückliche Kuh freut sich, Sie zu sehen. Sie hat genug Gras, die Hecken bieten Schutz vor Wind und Regen. Der Bauernhof liegt nahe genug, so daß sie zum Melken geholt werden kann.

Gesundheitspflege

Sie müssen einige medizinische Grundkenntnisse erwerben, die Sie zum Glück nicht oft brauchen werden. Lernen Sie, wie man Kühen Arzneien einflößt und wie die Temperatur gemessen wird. Bleiben Kühe zu lange auf einer Weide, können Parasiten zum Problem werden. Lernen Sie, Wurmmittel in der richtigen Dosis zu verabreichen.

Achten Sie auf lahmende Tiere, denn daraus kann Krankheit und Milchverlust erwachsen.

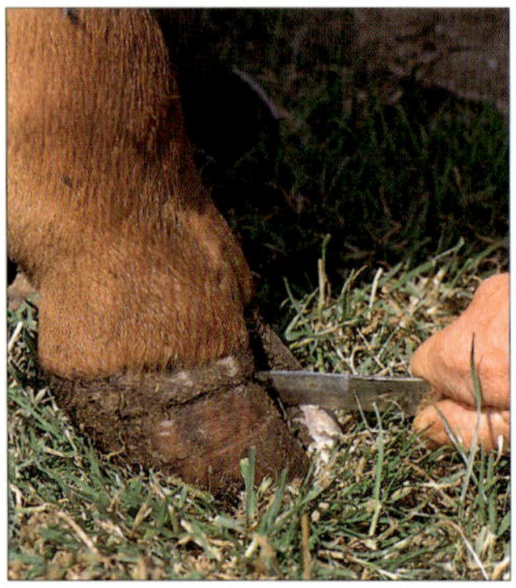

KLAUEN BESCHNEIDEN
Auf steinigen oder felsigen Höfen brauchen Sie die Klauen nicht zu beschneiden. Lassen Sie sich ggf. zeigen, wie man es macht.

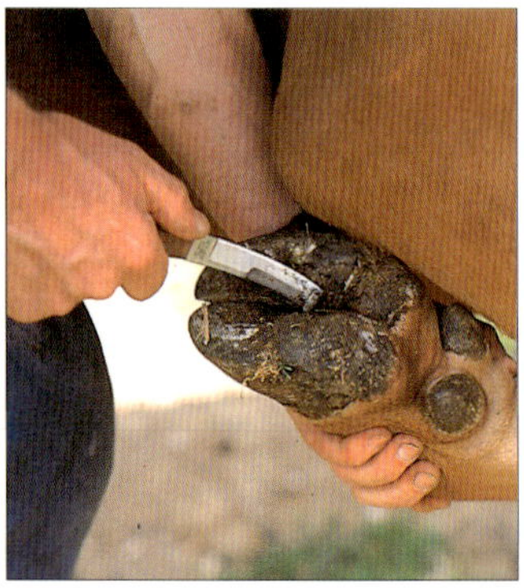

EINEN STEIN ENTFERNEN
Steine können zu Lahmheit und Schmerzen führen. Legen Sie danach einen heißen Kleieumschlag auf, um Schmerzen zu lindern.

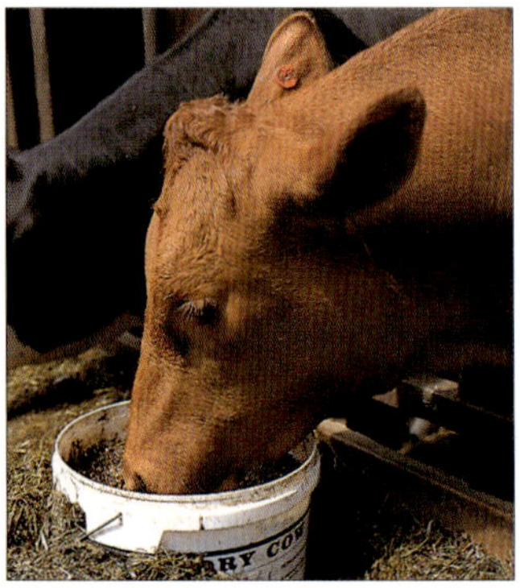

SALZLECKE
Mineraldefizite können fatale Folgen haben. Bieten Sie den Kühen Salzsteine oder Salzmischungen (hier) an.

SILAGE
Kühe mögen dieses vergorene Gras, Sie brauchen aber teure Geräte, um es herzustellen.

HEU UND FUTTERRÜBEN
Manche Rassen kommen den ganzen Winter über mit Heu und Rüben aus und geben dennoch Milch. Zusammen mit Hafer und Gerste ergibt das ein gutes Winterfutter für jede Kuh.

WINTERFUTTER

Auch im Winter knabbern die Kühe Gras – bei dem geringen Nährstoffgehalt ist das jedoch kaum mehr als ein Zeitvertreib. Jetzt zahlt sich die harte Arbeit des Sommers (Runkelrüben anbauen, Heuen) endlich aus.

Der Trick besteht darin, der Kuh nur soviel zu geben, daß sie die benötigte Milch gibt (siehe S. 77) und das knappe Futter nicht zu verschwenden. Lagern Sie das Futter möglichst nahe an den Ställen.

EIN TAG IM LEBEN DER KUH

Wenn Sie mit dem Melken beginnen, gehen Sie eine mindestens zehnmonatige Verpflichtung ein. Zwar können Sie die Kuh „austrocknen“, aber warum halten Sie dann Kühe, außer Sie wollen nur die Kälber aufziehen? Entscheiden Sie sich nur dann für die Milchwirtschaft, wenn Sie sicher sind, daß Sie die Arbeit auch bewältigen können. Andernfalls wird es zur Belastung für Sie und die Kuh. Neben dem Melken fallen weitere Arbeiten an: Ställe ausmisten, Futtermischungen herstellen und den Melkplatz säubern. Denken Sie außerdem an das Kalben.

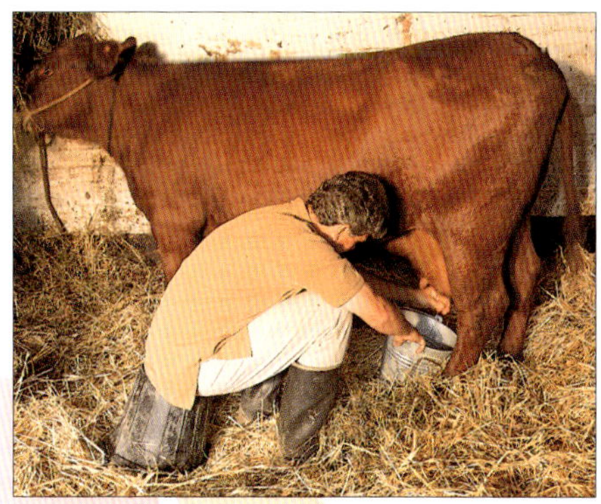

MELKZEIT
Je ungeduldiger Sie werden, desto schwieriger wird die Arbeit. Reinigen Sie zunächst alle Geräte und das Euter, denn warme Milch ist ein hervorragender Nährboden für Bakterien.

Holen Sie die Kuh von der Weide

Melken am Morgen

Vorbereiten des Melkplatzes

Treiben Sie die Kuh zurück auf die Weide; misten Sie den Melkplatz aus

Verschieben Sie den Elektrozaun

AUSMISTEN
Ein Stall mit hoher Streuauflage (einmal pro Woche ausmisten, täglich frisches Stroh) ist ein gutes System.

SOMMERWEIDE
Prüfen Sie regelmäßig die Elektrozäune und sorgen Sie täglich für frisches Wasser.

Melken am Abend

AUF DIE WEIDE TREIBEN
Holen Sie die Kuh zum Melken auf den Hof und treiben Sie sie anschließend zurück auf die Weide.

WINTERHEU
Eine Kuh braucht im Winter täglich einen Ballen Stroh. Denken Sie beim Lagern des Strohs an kurze Wege.

Kühe melken

Melken ist nicht schwierig. Alles was Sie brauchen, ist ein Schemel und ein Eimer für die Milch. Sobald Sie mit dem Melken beginnen, müssen Sie weitermachen, bis die Kuh keine Milch mehr gibt. Die Arbeit steht jedoch in keinem Verhältnis zu dem Vergnügen, Ihrer Kuh nah zu sein, beruhigend mit ihr zu sprechen und sanft zu melken. Geben Sie ihr das richtige Futter in ausreichender Menge.

Der ideale Melkplatz

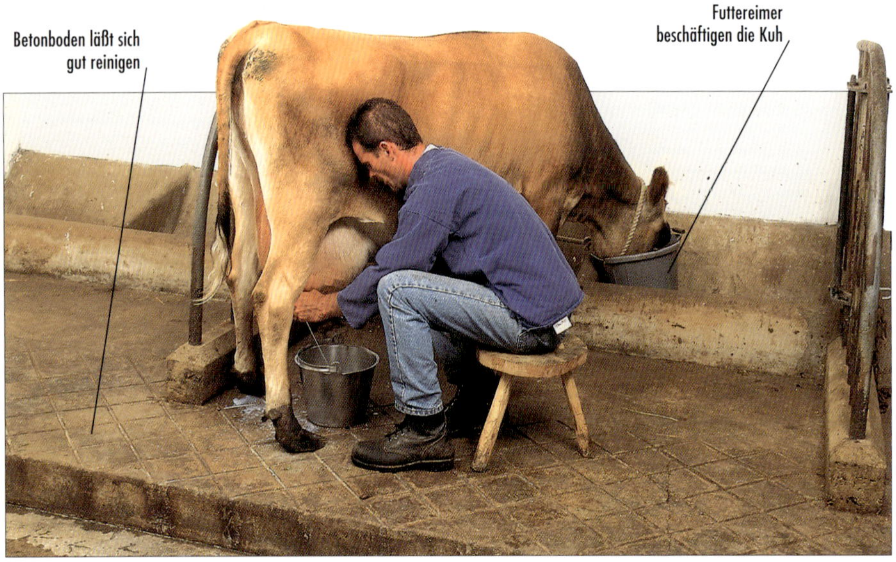

SAUBERKEIT UND PLATZBEDARF
Dieser Melkplatz entspricht allen Bedürfnissen. Er bietet genügend Platz, der erhöhte Betonboden läßt sich nach dem Melken leicht schrubben. Sie können die Kuh auch anbinden, aber normalerweise reicht ein Eimer mit Futter aus, sie ruhig zu halten.

Die tägliche Routine

Kühe geben nur für ihre Kälber Milch. Sie können eine Kuh, die noch nicht gekalbt hat, den ganzen Tag melken, ohne einen einzigen Tropfen Milch zu bekommen.

Es geht los, sobald Ihre Kuh zum ersten Mal gekalbt hat. Versuchen Sie, nach festen Regeln vorzugehen. Die Milchproduktion einer Kuh ist an bestimmte Bedingungen gebunden. Wenn sie bemerkt, daß ihre Milch nicht benötigt wird, wird sie keine mehr geben. Nur durch regelmäßiges Melken halten Sie den Milchfluß für zehn Monate aufrecht.

Wenn die Kuh Milch gibt, kommt es vor allem auf regelmäßiges Melken an, sonst schwillt ihr Euter an und sie wird sich unwohl fühlen – muten Sie ihr das nicht zu.

Meistens wird zweimal täglich gemolken, Sie können aber auch nur einmal melken und Kuh und Kalb nachts zusammen lassen. Morgens werden die beiden getrennt, und Sie melken abends für den eigenen Bedarf. So wird das Kalb länger saugen als gewöhnlich.

Wie Sie auch vorgehen, versuchen Sie, sich und die Kuh in die richtige Stimmung zu bringen. Eine gestreßte Kuh hält die Milch zurück. Beruhigen Sie das Tier und bringen Sie es in die richtige Melkstimmung.

Melken mit der Hand

Schaffen Sie gleichförmige Bedingungen, etwa indem Sie stets auf derselben Seite sitzen, dann fühlt sich die Kuh besser.

Setzen Sie sich auf einen Schemel im rechten Winkel zur Kuh und drücken Sie Ihren Kopf gegen die Flanke des Tieres. So fühlen Sie, wenn sie die Muskeln für einen Tritt anspannt. Waschen Sie das Euter mit warmem Wasser und einem sauberen Tuch ab; nicht nur wegen der Hygiene, sondern weil auch ein Kalb zunächst seine Nase gegen das Euter drückt. Packen Sie die Zitzen fest, aber nicht ruckartig an.

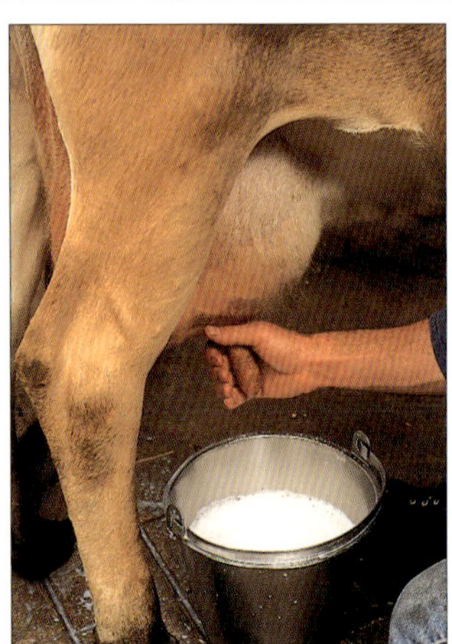

1 **ZUDRÜCKEN** *Drücken Sie die Zitze oben mit Daumen und Zeigefinger zusammen, sonst fließt die Milch beim Melken aus der Zitze zurück ins Euter und nicht in den Eimer.*

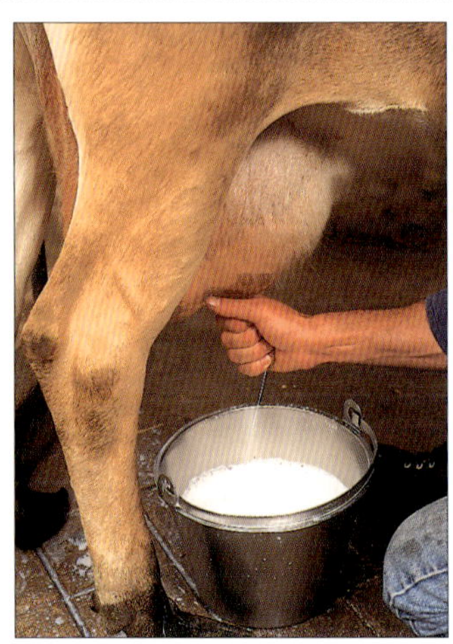

2 **MELKEN** *Halten sie die Zitze weiterhin zu. Umschließen Sie die Zitze zunächst mit den oberen, dann den unteren Fingern, und drücken Sie die Milch aus der Zitze heraus.*

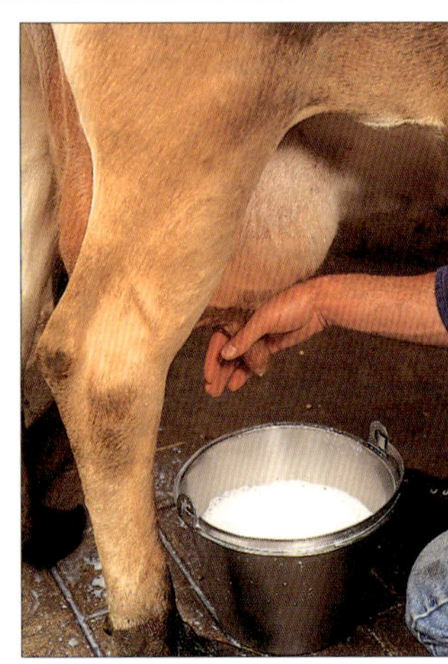

3 **LOSLASSEN** *Lassen Sie los, damit neue Milch vom Euter in die Zitze fließt. Drücken Sie die Zitze wieder zu und streichen Sie die Milch heraus. Mit der Zeit bekommen Sie eisenharte Handmuskeln.*

PROBLEME BEIM MELKEN

Manche Kühe hassen es, gemolken zu werden und treten. Noch schlimmer sind Kühe, die warten, bis der Eimer voll ist und ihn dann umwerfen. Häufig reicht Geduld, um eine schlechte Angewohnheit auszumerzen. Klappt das nicht, können Sie ein Hinterbein der Kuh mit einem Seil hochbinden, aber das wäre keine gute Partnerschaft.

Kühe spüren die Selbstsicherheit des Melkers; sie mißtrauen jedem, der nur am Euter „herumspielt". Viele Probleme entstehen durch zögerliche Melker.

FUTTER FÜR MILCHKÜHE

Das beste Futter ist Gras. Fette Wiesen sorgen für gute Milch, daher holt sich eine Kuh im Sommer alles, was sie braucht, von der Weide (siehe S. 154). Nur im Winter braucht sie Zusatzfutter: Heu oder Stroh (Haferstroh!) als Rauhfutter, Getreide für Proteine und Kohlenhydrate, und saftiges Futter, das Kühe lieben (Winterkohl, Futterrüben; siehe S. 162).

Planen Sie gut, damit Sie ganzjährig Futter haben; wenn Sie Kraftfutter zukaufen müssen, wird Ihre Milch sehr teuer.

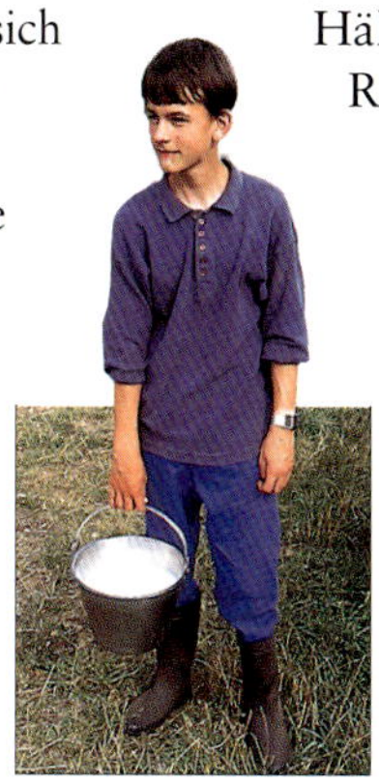
Eine erstklassige Milchkuh gibt täglich bis zu 18 l Milch.

FUTTERMISCHUNGEN

Sie können entweder ganz wissenschaftlich vorgehen, oder sich einfach vorstellen, was Ihre Kuh braucht: Futter, das sie am Leben erhält und Zusatzfutter für die Milchproduktion.

Im Winter braucht eine Kuh täglich 5,5–9 kg gutes Heu, um sich wohl zu fühlen – ja nach Konstitution und Klima. Heu alleine reicht jedoch nicht. Sie würden nur Ihre Heuvorräte plündern und Ihre Kuh sträflich vernachlässigen. Ergänzen Sie die Ration durch andere Futtermittel (siehe Tabelle). Sparen Sie Geld, indem Sie auf das zurückgreifen, was Sie haben, und sorgen Sie für eine ausgewogene Ernährung. Mindestens die Hälfte der Futtermenge muß aus Rauhfutter bestehen.

Milchkühe brauchen zusätzlich etwa 1 kg Gerstenschrot je 2 l Milch. Täglich Gerste wäre jedoch langweilig für die Kuh, und Sie müßten einen Riesenvorrat anlegen. Ersetzen Sie daher die Gerste durch die in der Tabelle angegebenen Futtermittel.

Geben Sie zur Sicherheit zusätzliche Mineralien – gleich wie ausgewogen Ihr Futter auch sei. Magnesium und Kalzium sind besonders wichtig. Stellen Sie eine Salzlecke bereit, da Kühe selbst am besten wissen, ob sie Salz brauchen.

Bieten Sie Ihren Kühen stets frisches Wasser an; eine Milchkuh trinkt täglich bis zu 90 l.

VORSICHT MASTITIS!

Zwei Symptome weisen auf diese ansteckende Krankheit hin: Verklumptes Blut in der ersten Milch und ein heißes, geschwollenes Euter. Isolieren Sie die Kuh sofort, sonst gibt bald der ganze Stall keine Milch mehr. Rufen Sie den Tierarzt.

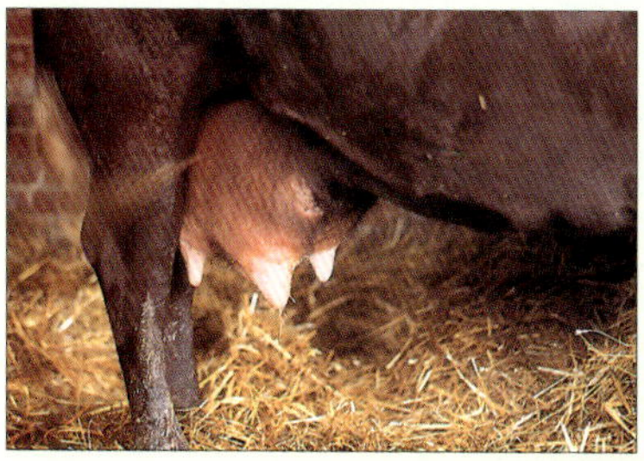

FUTTERERSATZSTOFFE FÜR DIE HAUSKUH

	Grundzutaten	*Ersatzmischungen*	*Anwendungen*
Ration für eine Kuh (was sie zum Leben braucht)	Eine kleine Kuh (z. B. Jerseyrind) braucht in kalten Wintern täglich 5,5 kg Heu oder dessen Äquivalent, größere Rinder (British Friesian) etwa 9 kg täglich.	1 Gewichtseinheit (1 kg) durchschnittlichen Heus entspricht: 4 Einheiten Winterkohl 5 Einheiten Futterrüben 5 Einheiten Kohl 1 1/2 Einheiten Haferstroh 2 Einheiten Kartoffeln	Sie können Ihre Kuh zwar nur mit Heu füttern, damit würden Sie jedoch rasch Ihre Vorräte aufbrauchen und die Gefahr einer Mangelernährung wäre zu groß. Ersetzen Sie daher das Heu mit den entsprechenden Gewichtseinheiten Winterkohl, Futterrüben, Kohl, Haferstroh oder Kartoffeln. Dieses Ersatzfutter selbst anzubauen, ist die billigste Lösung, setzt aber eine Jahresplanung voraus.
Ration für eine Milchkuh (was sie braucht, um Milch zu geben)	Füttern Sie täglich 1 kg Gerste (möglichst geschrotet) je 2 l Milch.	1 Gewichtseinheit (1 kg) Gerste entspricht: 1 1/4 Einheiten getrocknete Zuckerrüben 1 1/4 Einheiten geschroteter Hafer 7 1/2 Einheiten Winterkohl	Natürlich können Sie Ihrer Kuh einfach nur Gerstenschrot geben, aber würden Sie täglich mehrere Kilogramm Gerste essen? Variieren Sie die Futterration durch die entsprechenden Mengen getrocknete Zuckerrüben, geschroteten Hafer oder Winterkohl, wie nebenstehend angegeben. Erstklassige Milchkühe geben bis zu 18 l Milch pro Tag

Kälbchen

Ein neues Kälbchen bringt viel Aufregung auf den Hof. Es ist fast ein Wunder, wie das dürre Neugeborene auf seinen wackeligen Beinchen zum ersten Schluck ans Euter der Mutter stolpert. Außerdem klärt sich nun die heiß diskutierte Frage, welches Geschlecht das Kalb hat. Da die Tragzeit etwa neun Monate beträgt, fühlt man sich verantwortlich für den Schutz des Kälbchens, denn es dauert etwa ein Jahr, ehe das nächste geboren wird.

Die Besamung

Wenn Sie einen eigenen Bullen haben, stellt sich dieses Problem nicht, denn die Tiere kommen gut selbst zurecht. Als Selbstversorger werden Sie aber vielleicht gar keinen Bullen wollen, nicht einmal für kurze Zeit. In diesem Fall müssen Sie die Kuh zum Bullen bringen oder sie künstlich besamen. Das wird von Fachleuten erledigt, die Ihnen eine große Auswahl von Bullen anbieten – wie in einem Stoffkatalog. Entscheiden Sie sich nicht für den größten Bullen, sondern wählen Sie der Größe der Kuh entsprechend oder fragen Sie um Rat. Eine kleine Kuh, die ein großes Kalb austragen muß, wird spätestens bei der Geburt große Schwierigkeiten bekommen.

Die Besamung wird nur anschlagen, wenn die Kuh brünstig ist. Es braucht eine Menge an Erfahrung und Glück, um genau diese Phase in ihrem Fortpflanzungszyklus herauszufinden. Manche Kühe scheiden Schleim aus, aber eben nicht alle. Innerhalb einer Herde bespringen brünstige Kühe andere Tiere. Tierärzte können zwar die Empfänglichkeitsphase künstlich herbeiführen, diese Methode ist jedoch weniger empfehlenswert. Beim ersten Kalb sollten Sie die Kuh mit einem geeigneten Bullen zusammenbringen. Wenn Sie den Termin der erfolgreichen Besamung kennen, rechnen Sie bis zum Kalben neun Monate und sieben Tage dazu.

Wann ein Kalb geboren werden soll, ist eine heiß diskutierte Frage. Nach traditioneller Weise sollte ein Kalb „mit dem Jahr wachsen", d. h. die Geburt fällt in den Frühling, wenn sich Mutter und Kind von nahrhaftem Gras ernähren können.

Bis auf die letzten acht Wochen der Tragzeit brauchen Kühe kein spezielles Futter. Füttern Sie dann zusätzlich Hafer- oder Gerstenschrot, um sie auf die Geburt und Milchproduktion vorzubereiten. Eine durchschnittliche Kuh braucht ab der achten Woche bis zum Kalben 1 kg Hafer täglich, ansteigend auf 3,5 kg täglich.

Das Kalben

Bei warmem Wetter sollte die Kuh in einem Unterstand auf der Weide kalben. Dort wird sie sich wohler fühlen als in einem Gebäude, das sie nicht kennt. Achten Sie auf das Euter: Füllt es sich, steht das Kalben bevor; das nächste sichere Zeichen sind schlaffe Beckenbänder zwischen dem Becken und den Knochen direkt unter dem Schwanzansatz. Herdentiere werden sich nun absondern. Das Kalb sollte in der Taucherposition geboren werden, die beiden Vorderbeine voraus, der Kopf dazwischen. Bei jeder anderen Geburtslage müssen Sie helfend eingreifen (Tierarzt). Wird das Kalb normal geboren, halten Sie sich zunächst zurück, denn die meisten gesunden Kühe kalben problemlos. Zeigt es normale Lebenszeichen, wie Husten, Atmen oder Niesen, dann lassen Sie es allein. Die Zunge der Mutter ist das beste Mittel, um ein Kalb „in Form" zu

EIN BULLE IN DER HERDE

Bullen wissen am besten, wie man eine Kuh in Stimmung bringt. Manche sind gefährlich, andere scheinbar friedlich. Trauen Sie jedoch niemals einem; er wird seine Kühe verteidigen. Unter Umständen müssen Sie ihm einen Ring durch die Nase ziehen, um ihn zu bändigen.

Sie brauchen

Stellen Sie vor der Geburt folgende Hilfsmittel zusammen: Gleitmittel; ein Thermometer, um die Temperatur des Kalbes zu messen; Jod für den Nabel des Kalbes; Kälberstrick (mit Holzgriffen), falls das Kalb herausgezogen werden muß und einen Eimer für heißes Wasser, in dem Sie alles aufheben.

DIE ERSTEN 24 STUNDEN
Sobald das Kalb beruhigende Lebenszeichen gibt, lassen Sie Mutter und Kind für 24 Stunden in Ruhe. Die Kuh regt mit ihrer kräftigen Zunge Herzschlag und Blutkreislauf an. Achten Sie darauf, daß das Kalb innerhalb der ersten Stunde saugt.

bringen. Nur wenn eine dicke Schleimschicht den Kopf des Kalbes bedeckt, müssen Sie eingreifen, sonst kann es nicht atmen. Tauchen sie die herabhängende Nabelschnur in ein desinfizierendes Jodbad.

PFLEGE DER KÄLBER

Achten Sie darauf, daß das Kalb innerhalb einer Stunde nach der Geburt die erste Milch trinkt (Kolostrum). Diese dünne wässrige Milch wird von der Kuh am ersten Tag nach der Geburt gebildet. Sie enthält Antikörper zum Schutz des Kalbes. Sollte das Kalb nicht trinken, holen Sie den Tierarzt – doch das kommt selten vor.

Sobald das Kalb getrunken hat, lassen sie es für einen Tag in Ruhe. Am nächsten Tag, wenn es schon robuster ist, bekommt das Kalb seine Ohrmarke.

Wenn Sie Glück haben, geht nun alles seinen Gang. Sollten Sie die Kuh verlieren oder sollte sie aus irgendeinem Gurnd keine Milch geben, stellen Sie Kolostrum selbst her: Mischen Sie sechs Eiweiß und einen Teelöffel Lebertran mit 0,6 l Milch. Erwärmen Sie die Milch auf Körpertemperatur und geben Sie dem Kalb die Flasche.

ENTWÖHNEN

Manche Kälber entwöhnen sich von allein und hören nach sechs Monaten zu trinken auf. Manche trinken jedoch länger, manchmal noch dann, wenn die Kuh bereits wieder trächtig ist. Achten Sie darauf, daß eine Kuh ihre Ressourcen nicht teilen muß.

Wenn Sie die Milch für sich selbst brauchen, entwöhnen Sie das Kalb (wie die meisten Bauern) mit einer Woche. Nun hat es das Kolostrum getrunken und das Euter enthält reine Milch.

Trennen Sie Kuh und Kalb zunächst für ein paar Stunden; die beiden sollten sich sehen, das Kalb darf aber nicht an die Milch. Melken Sie die Kuh und geben Sie dem Kalb eine Mischung aus 3 Teilen Milch und 1 Teil warmem Wasser.

Warten Sie ab, ob das Kalb aus einem Eimer trinken kann, sonst müssen Sie es ihm beibringen. Sobald sich das Kalb selbst ernähren kann, trennen sie die beiden endgültig. Zwar wird es kläglich blöken, aber Sie handeln nicht grausam.

EIN GESUNDES KALB

Manchen Kälbern sieht man, wie diesem, die Gesundheit förmlich an. Lernen Sie, kranke Kälber zu erkennen. Gesunde Kälber haben klare Augen, sind neugierig auf die Umgebung und ihre Mutter. Manche Neugeborene kommen schneller auf die Beine als andere, doch jedes Kalb, das ohne Hilfe den ersten Schluck trinkt, ist auf dem besten Weg zur Gesundheit.

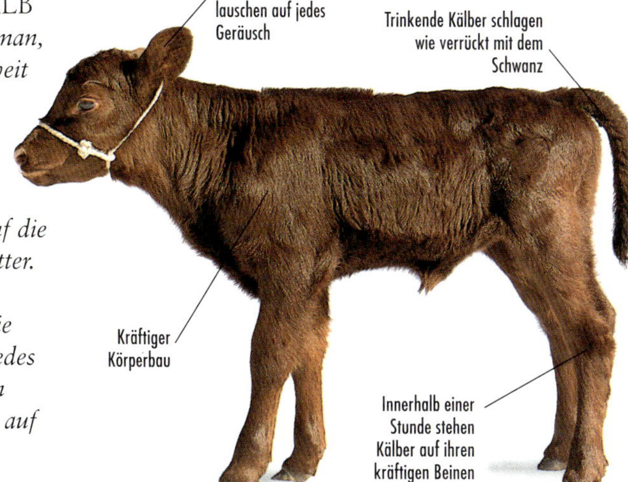

WILDSCHWEINE
Das Fleisch dieser Tiere steht bei Kennern hoch im Kurs. Wenn Sie ein geeignetes Gelände haben, läßt sich mit Wildschweinen viel Geld verdienen.

ANDERE NUTZTIERE

Für die meisten Menschen gelten nur Rinder, Schafe, Schweine, Geflügel und Ziegen als Nutztiere. Neben dieser konventionellen Tierhaltung eröffnen sich für den Interessierten aus vielerlei Gründen – auch Neugier und Enthusiasmus – eine ganze Reihe weiterer, abenteuerlicher Möglichkeiten. Kaninchen lassen sich auch auf kleinsten Flächen halten, während Strauße viel Platz und Zäune brauchen. Bienen können Sie sogar ohne eigenes Grundstück halten. Fragen Sie, ob Sie Ihre Bienenstöcke auf Feldern oder unter Obstbäumen aufstellen dürfen – sie sorgen für die Bestäubung und liefern süßen Honig.

Exotische Tiere zu halten, erfordert Einfallsreichtum, denn Sie müssen deren Bedürfnisse mit Ihren Möglichkeiten in Einklang bringen. Dies ist nur mit besonderer Hingabe möglich, denn je exotischer das Tier, desto mehr Mühe kostet es, ihm optimale Lebensbedingungen zu schaffen.

PROFITABLE NUTZTIERE

Natürlich können Sie jedes Tier halten, das Sie fasziniert. Das wäre allerdings ein reines Hobby. So werden Sie wohl kaum Weinbergschnecken züchten, wenn Sie keine Schnecken mögen. Auch ein einzelnes Reh wäre zwar ein Schmuckstück auf Ihrer Weide, aber Sie würden wohl spüren, daß es sich in Freiheit, innerhalb einer Herde, wohler fühlte. Sobald Sie sich für eine besondere Tierart entscheiden, müssen Sie sich an den Gedanken gewöhnen, es nicht nur als Streicheltier oder zum Vergnügen zu haben, sondern damit auch Geld zu verdienen.

Viele Bauern beginnen nur deswegen mit solchen Experimenten, um Profit zu machen. Eßgewohnheiten wandeln sich im Laufe der Zeit, und Sie können gut von Rot- und anderem Wild, Kaninchen- oder Straußenfleisch leben. Das funktioniert aber nur dann, wenn Sie vorher herausfinden, was Sie für welchen Preis verkaufen können und wie lange der Bedarf anhält.

TIERE FÜR GOURMETS

FASANE
Fasane werden gewöhnlich gejagt, können bei sorgfältiger Pflege aber auch auf dem Hof gehalten werden. Spezialisierte Händler und Restaurants sind im Winter gute Abnehmer.

TAUBEN
Jungtauben schmecken besser als die kräftigen Erwachsenen. Man zieht sie in kleinen Schlägen – günstig, wenn Ihnen nur wenig Raum zur Verfügung steht.

SCHNECKEN
Für die Schneckenzucht brauchen Sie äußerst wenig Platz. Schnecken brauchen frische, grüne Pflanzen und Kalk. Manche Restaurants fragen sie nach.

ROTWILD
Rotwild eignet sich nur für größere Höfe. In den letzten Jahren hat die Nachfrage zwar zugenommen, Sie brauchen aber viel Kapital für sichere Zäune.

WELCHES TIER AUF WELCHEN HOF?

Wenn sich Ihr Hof ideal für eine bestimmte Art von Nutztieren eignet, wäre es töricht, unbedingt auf einer anderen Art zu bestehen. Es sei denn, es macht Ihnen nichts aus, kein Geld zu verdienen (oder Geld zu verlieren). So wäre ein kleiner Hof in der Nähe einer Heide ideal für eine Imkerei, um aus Wildblumen und Heideblüten den besonders wohlschmeckenden Heidehonig zu produzieren. Jeder gute Bienenzüchter hätte davon sein Auskommen.

Wenn andererseits ein Wäldchen zu Ihrem Gundstück gehört, dann könnten Sie Wildschweine halten, die sich wühlend von Eicheln und anderen guten Dingen ernähren. Vielleicht entwickeln sich Wildschwein-Burger zum letzten Schrei – und ich bin sicher, daß sie delikat zubereitet werden können.

Wählen Sie die Tiere nicht nur danach aus, daß sie zu Ihrem Hof passen, sondern auch nach den geltenden gesetzlichen Bestimmungen.

Wildschweine und Strauße haben etwas Mystisches. Sie können sie wegen des Profites halten, oder weil sie ein Enthusiast sind. Vielleicht reizt Sie auch der Gedanke, etwas zu besitzen, was gemeinhin als gefährliches, wildes Tier gilt. Fragen Sie nach den gesetzlichen Bestimmungen und bringen Sie Warnschilder an. Bei Emus ist das nicht nötig, sie sind kleiner und viel friedlicher. Außerdem sind sie widerstandsfähiger, daher nimmt die Bedeutung der Emuhaltung zu.

IMKEREI

Bienen können Sie selbst dann halten, wenn Sie kein Land besitzen. Manche Bauern sind ganz froh über diese Bestäuber. Beginnen Sie zunächst mit einem Stock und erweitern Sie dann Ihren Bestand. Nach Honig besteht immer eine Nachfrage.

ANDERE NUTZTIERE

	Kaninchen	*Bienen*	*Wildschweine*	*Strauße*	*Lamas*
Ansprüche	Leicht zu halten; täglich füttern und ausmisten	Bei zahlreichen Bienenstöcken viel Arbeit im Sommer; im Winter kaum Arbeitsaufwand	Fütterung und sicherer Zaun	Zäune regelmäßig kontrollieren (Ausreißer kaum einzufangen); Futter und Wasser; fester Stall	Widerstandsfähig; feste Zäune erforderlich
Anfangskosten	Sehr gering; fast alles im Eigenbau	Bescheidener Anfang möglich	Zuchttiere sind teuer	Hohe Anfangskosten	Hohe Anfangskosten
Produkt	Fleisch und Fell; Wolle von Angorakaninchen; Junge als Haustiere	Honig und Wachs; u. U. gegen Gebühr als Bestäubungshilfe	Fleisch und Wurst	Fleisch und Eier	Wolle, möglicherweise Fleisch; auch als Arbeitstiere
Geeigneter Hof	Ein winziger Garten reicht	Kein eigenes Land, wenn Pacht möglich ist	Brauchen Freigelände; am besten einen Wald	Nur auf großen Höfen genügend Auslauf	Nur auf größeren Höfen
Potentieller Markt	Metzger, Restaurants oder Verkauf ab Hof	Läden, Bioläden oder Verkauf ab Hof	Metzger und Spezialitätenrestaurants	Metzger und Spezialitätenrestaurants	Die Wolle ist bei Stoffproduzenten begehrt

Bienen halten

Die drei Kasten (von links): Arbeiterin, Drohne, Königin

Halten Sie nur Bienen, wenn Sie deren faszinierende Lebensweise, Arbeitsteilung und die Art begeistert, wie sie ihren Staat organisieren. Hier findet der hart arbeitende Bauer für ein paar Momente Ruhe von der normalen Arbeit und kann am Bienenstock philosophischen Gedanken nachhängen. Imkerei bietet weit mehr Lohn als süßen Honig und fachgerechte Bestäubung. Dennoch müssen Imker ein waches Auge auf Milben haben, die den Varroavirus übertragen. Es ist heute möglich, einen Befall sicher zu diagnostizieren und Gegenmaßnahmen einzuleiten. Fragen Sie ruhig einen Fachmann.

DER BIENENSTOCK

Darin leben die Bienen; sie werden ihn verlassen, wenn sie damit nicht zufrieden sind. Halten Sie den Stock in Ordnung. Sind Teile davon kaputt, dann stören Sie u. U. die Bienen durch ungeschicktes Hantieren. Außerdem könnten Honigdiebe (andere Bienen, Wespen) durch die Löcher eindringen.

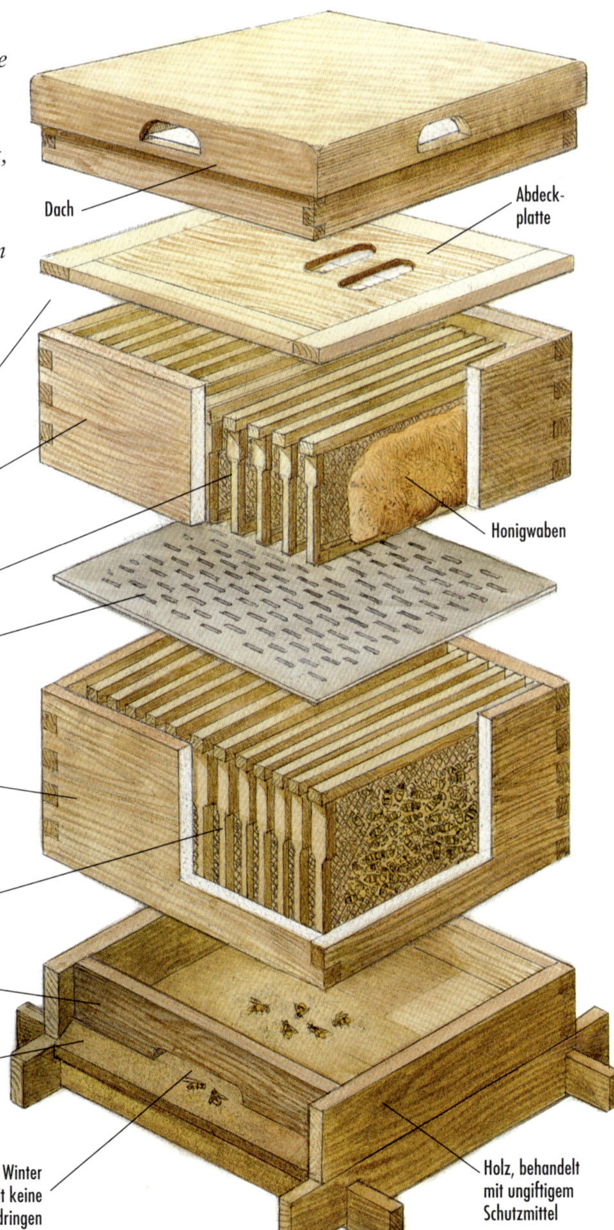

WOHIN MIT DEN BIENENSTÖCKEN?
Stellen Sie die Bienenstöcke an einem ruhigen, windgeschützten Ort und in der Nähe von Nektar und Pollen auf.

DAS IMKERJAHR

VORFRÜHLING
Die Königin beginnt Eier zu legen. Nach dem Winter ist kaum noch Nahrung und sehr wenig Nektar und Pollen im Stock. Füttern Sie Zuckerlösung, falls erforderlich.

SPÄTFRÜHLING
Die Larven wachsen rasch heran. Bienen sammeln an schönen Tagen Nektar und Pollen. Bereiten Sie die Honigräume vor und legen Sie den Schied ein.

FRÜHSOMMER
Die Königin arbeitet auf Hochtouren; maximale Versorgung mit Nektar und Pollen. Bei Bedarf oben Honigräume aufstellen, auf erste Anzeichen des Schwärmens und den Gesundheitszustand der Bienen achten.

HOCHSOMMER
Achten Sie jetzt auf das Ausschwärmen. Die Königin legt weniger Eier. Rapsfelder mit ihrem frühen Pollenflug können zu früher Honigernte beitragen.

SPÄTSOMMER
Der Honigraum ist nun voller Honig. Achten sie auf honigstehlende Wespen. Die Koloniegröße nimmt ab. Jetzt kommt die Hauptzeit der Honigernte; halten Sie saubere Geräte bereit.

HERBST/WINTER
Lassen Sie die Bienen nach der Honigernte den Stock aufräumen. Suchen Sie nach Varroamilben; ggf. behandeln. Füttern Sie Honig mit Puderzucker oder Zuckersirup, damit die Bienen ihren Wintervorrat ergänzen können.

SIE BRAUCHEN

Zur Sicherheit brauchen Sie einen bienendichten Overall, Helm, Stiefel und Handschuhe. Blasen Sie Rauch in den Stock, bevor Sie ihn öffnen. Die Bienen fliehen den Rauch und füllen ihre Honigsäcke mit Honig; sie sind dann so dick, daß sie ihre Stachel nicht gebrauchen und sich mit einer weichen Bürste leicht von den Waben entfernen lassen. Öffnen Sie den Stock nur mit geeignetem Werkzeug.

WERKZEUGE *Halten Sie stets alle Werkzeuge bereit. Bienen spüren Ungeduld und Angst und reagieren schmerzhaft.*

EIN RÄHMCHEN BAUEN

Verwenden Sie keine gebrauchten Rähmchen, denn sie könnten Krankheiten übertragen. Wenn Sie Geld sparen wollen, bauen Sie Ihre eigenen Rähmchen aus Restmaterial oder Bausätzen. Ich habe im Winter immer gerne Kästen gebaut – mit den Gedanken bei Frühling und Honig.

Je nach Land und Region gibt es unterschiedliche Kästen, sehen Sie sich also vorher genau um. Vielleicht wollen Sie sich zunächst welche ausleihen.

1 **ZUSAMMENBAU** *Bausätze sind gut für den Anfang. Es gibt sie sowohl für Honig- wie für die größeren Bruträhmchen. Stecken Sie die vorgefertigten Enden zusammen.*

2 **MITTELWAND** *Stecken Sie die Mittelwand in die seitlichen Schlitze des Rähmchens. Diese dünne Wachswand hat eingeprägte Sechsecke als Vorlage für die Bienenwaben.*

3 **BEFESTIGEN** *Schlagen Sie die Stifte ein, um die untere Leiste zu befestigen. Wenn das Rähmchen nicht stabil gebaut ist, bricht es unter der Last des Honigs zusammen.*

HONIGERNTE

Die Ernte beginnt damit, die Bienen vom kostbaren Honig zu trennen. Schieben Sie ein Trennbrett zwischen Honig- und Brutraum ein, das die Bienen nur in Richtung Brutraum passieren läßt.

Warten Sie 24 Stunden. Dann wird der Stock vorsichtig geöffnet und die Honigräume rasch in einen Raum gebracht, wohin die Bienen nicht folgen können. Dort sollten Honigschleuder, Siebe und Gläser für die goldene Ernte bereitstehen.

HONIGWABE *Wieviel Honig die Wabe enthält, merken Sie schon am Gewicht. Überlassen Sie leichte Waben lieber den Bienen. Bürsten Sie vorsichtig alle verbliebenen Bienen ab.*

ENTFERNEN DES HONIGS *Schneiden Sie mit einem warmen Messer die Wachsdeckel von der Wabe ab. Danach kommt der Honig in eine Schleuder, um ihn vom Wachs zu trennen, und wird durch ein Honigsieb gegeben.*

DAS ENDPRODUKT *Denken Sie daran, Honig ist ein Nahrungsmittel und gehört in saubere, sterilisierte Gläser. Danken Sie den Bienen, die so hart dafür gearbeitet haben.*

Kaninchen halten

Kaninchen kosten wenig, vermehren sich „wie die Kaninchen“ und sind von Natur aus gesund. Ihr Fleisch schmeckt nicht nur köstlich, es ist auch fettarm und daher Bestandteil einer modernen, gesunden Ernährung. Man kann die Felle verkaufen, und ein oder zwei Rassen, etwa die Angoras, sind besonders deswegen begehrt. Daher spricht eigentlich alles für die Kaninchenhaltung; unter den rund 50 Rassen finden Sie sicher genau die passende für Ihren Hof.

Vielleicht das wichtigste Argument für den Kleinbauern ist der relativ geringe Platzbedarf der Kaninchen. Das bedeutet aber keineswegs, daß ich einer Intensivhaltung in zu kleinen Käfigen ohne Auslaufmöglichkeit zustimme. Gestehen Sie den Tieren ein wenig Platz zu, und sie werden glücklich leben – außerdem machen sie keinen Krach.

CREME DE LA CREME

Scheren Sie Ihre Angorakaninchen und verkaufen Sie die Wolle an Hobbygeschäfte oder private Spinner. Man spinnt daraus ein weiches Garn, daß sich stricken oder weben läßt.

KANINCHENSTÄLLE

Halten Sie die Kaninchen in Boxen (unten) oder Drahtgehegen (rechts), die man stets auf frisches Gras schieben kann. Kaninchen mögen keine Hitze; ihre Idealtemperatur ist 15,5°C. Spritzen Sie an heißen Sommertagen das Stalldach zur Kühlung ab. In den Gehegen haben sie genügend frische Luft, die Boxen sollten jedoch auf Beinen stehen.

EIN BEWEGLICHES GEHEGE

Diese Kaninchen können nicht entkommen, sind sicher vor Raubtieren und haben stets frisches Gras. So leben sie nicht nur gesund, sondern düngen auch den Rasen.

GUTE KANINCHEN-BOX

Jede Box, die groß genug ist und sich im Sommer kühlen läßt, ist geeignet. Rechnen Sie pro Kaninchen mindestens 120 x 60 x 60 cm.

GITTERKÄFIG

Solche Käfige werden von kommerziellen Züchtern genutzt, da der Kot durch die Maschen fällt. Ich kann mir aber kaum vorstellen, daß Kaninchen darin glücklich sind.

NAHRUNG UND WASSER

Kaninchen sind mit ständig wachsenden Vorderzähnen gesegnet, daher brauchen sie etwas zum Nagen (zum Beispiel Holz), um die Zähne abzunutzen. Wenn nichts anderes da ist, machen sie sich über den Stall her. Alle Kaninchen mögen Grünfutter wie Mohrrüben, Kohlblätter und Kohlstrünke, Salat und andere grüne Gartenpflanzen.

Zum Mästen nimmt man Fertignahrung (sehr teuer) oder alles, was an energiereicher Nahrung auf dem Hof anfällt: Hafer, Gerste, gekochte Kartoffeln; auch Heu zum Knabbern sollte immer reichlich zur Verfügung stehen.

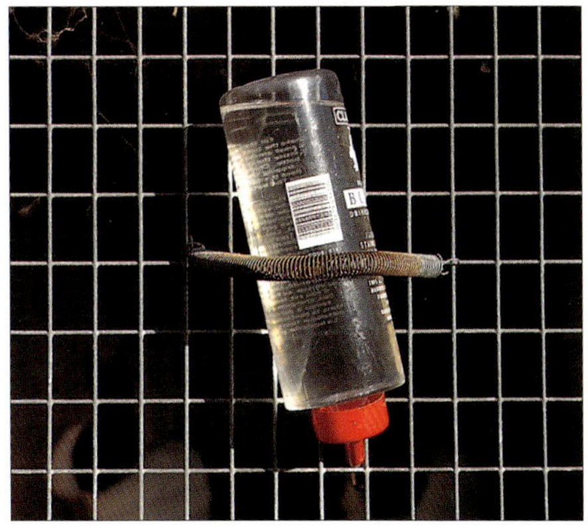

WASSERSPENDER
Kaninchen brauchen ständig Wasser. Sie saugen an solchen Trinkflaschen, in denen das Wasser außerdem sauber bleibt.

FUTTERTROG
Kaninchen fressen gerne vom Boden, aber in solchen Trögen hält sich die Menge verschwendeten Futters in Grenzen.

WEISSKLEE
Klee enthält viel Protein, das Kaninchen rasch fett macht; direkt auf der Weide oder als Grünfutter.

EICHELN
In der Freiheit würden Kaninchen nach reifen Eicheln suchen. Sammeln Sie dieses Futter ruhig ein.

LÖWENZAHN
Kaninchenfutter ist die beste Verwendung für dieses gut wachsende Unkraut.

VOGELMIERE
Kaninchen mögen viele Kräuter, z. B. auch Vogelmiere, die andere Tiere verschmähen.

KANINCHENRASSEN FÜR DEN KLEINBAUERN

	 *Kalifornier*	 *Angorakaninchen*	 *Weiße Neuseeländer*	 *Lohkaninchen*	 *Holländer*
Eigenschaften	Weiß, mit schwarzen oder braunen Flecken an Nase, Ohren, Schwanz und Füßen; groß; 3,5–5 kg	Am häufigsten ist die weiße Form, es gibt aber auch andersfarbige; mittelgroß; etwa 2,5 kg	Albino mit dichtem, weißem Fell und rosa Augen; groß; 4–5 kg	Kleine, dunkelbraune Rasse; wiegt etwa 2 kg	Auffallend gefleckt; weiß mit einer zusätzlichen Farbe; klein; 2–2,5 kg
Gründe für die Haltung	Vor allem wegen des Fleisches; u. U. lassen sich die Felle verkaufen	Das Fell wird abgeschnitten und als Fasern zum Spinnen verkauft	Vorwiegend wegen des Fleisches; möglicherweise lassen sich die Felle verkaufen	Häufiges Schmusetier (Verkauf) oder für Ausstellungen; Qualitätsfleisch für Restaurants	Häufiges Schmusetier (Verkauf) oder für Ausstellungen; Qualitätsfleisch für Restaurants
Ansprüche	Sorgfältig füttern, damit schnellwüchsige Rasse besonders groß wird	Wollen täglich gekrault werden; regelmäßig das Fell scheren	Sorgfältig füttern, damit schnellwüchsige Rasse besonders groß wird	Auswahlzucht für eine produktive Linie	Auswahlzucht für eine produktive Linie
Gesundheit, Krankheiten	Wenn Kaninchen nicht scharren dürfen, müssen die Krallen beschnitten werden; Mittel gegen Seuchen werden bei Bedarf mit dem Futter verabreicht; erkältete Kaninchen werden mit einem Breiumschlag aus Zwiebeln und Minze behandelt; in gefährdeten Regionen sollten Sie gegen Myxomatose impfen; sehen Sie in den Ohren regelmäßig nach Milben (orangefarbene Verkrustungen)				

Exotische Nutztiere

Die Haltung exotischer Tiere verlangt manchmal exotische Fertigkeiten. Da einige der Tiere sehr empfindlich auf ihre Umwelt reagieren, sollten Sie sich vorher genau erkundigen, ob Ihnen eine bestimmte Tierart zusagt, bzw. ob sie auf Ihren Hof paßt. In der Regel kostet der Kauf der Zuchttiere viel Geld. Vergewissern Sie sich also vorher – sei es auch nur, um Ihre Investition zu sichern –, welche Arbeiten Sie bewältigen müssen.

LAMAS UND ALPAKAS

NÜTZLICHE LAMAS
Lamas sind widerstandsfähige, intelligente Tiere aus der Kamelfamilie. Sie lassen sich zur Arbeit abrichten und liefern Fleisch und Wolle. Nur wenige Nutztiere sind dazu in der Lage.

ALPAKAS: FEINERE WOLLE
Alpaka und Lama sind eng verwandt, beide stammen aus Südamerika. Alpakafell ist sehr begehrt, denn es läßt sich zu hochwertiger Wolle verspinnen.

VERWANDTE DES KAMELS

Lamas sind vielseitige Tiere. Aus ihrem Fell stellt man Teppiche und Seile her, sie lassen sich sogar als Packtiere und für die gemeinsame Arbeit abrichten. Zwar werden sie auch wegen ihres Fleisches gezüchtet, doch rechtfertigt dies kaum die hohen Einstiegskosten. Manche Kulturen nutzen Lamadung als Brennmaterial. Alpakas werden demgegenüber nur wegen ihrer feinen Wolle gehalten.

Lamas und Alpakas gehören zur Familie der Kamele. Da sie Wiederkäuer sind, sollten sie eher wie Kühe als wie Pferde gefüttert werden. Beide wurden als Haustiere gezüchtet, das Lama als Lasttier und das Alpaka als Wollproduzent.

LAMAS HALTEN

Lamas sind widerstandsfähige Tiere, brauchen in heißen Klimaten aber Sonnenschutz. Ein dreiseitiger Unterstand reicht als Schattenspender für den Tag aus; dichter Baumschatten ist sogar noch besser. In kühlerem Klima müssen Lamas vor kalten Winden geschützt werden. Bei sehr kaltem Wetter kommen sie in einen Stall oder eine Scheune mit verschließbaren Türen.

Halten Sie Lamas auf der Weide, sie brauchen allerdings nicht das beste Gras. Als Faustregel gilt, wenn Sie über den Wert einer Weide im Zweifel sind: Alles, was nicht gut genug für Pferde, Rinder oder Schafe ist, reicht auch nicht für Lamas. Füttern Sie im Winter Heu und bei Bedarf auch Getreide.

Ein Lamazaun muß mindestens 120 cm hoch sein, sonst springen die Tiere in die Freiheit, andererseits muß er höchstens 30 cm über dem Boden beginnen, sonst kriechen sie darunter durch.

Spucken Lamas? Ja, vor allem männliche Tiere. Bei den Alpakas kommt dies seltener vor. Wahrscheinlich werden Sie aber angespuckt, weil Sie zufällig im Weg standen, und nicht, weil das Tier etwas gegen Sie hat.

STRAUSSE HALTEN

Höchstwahrscheinlich werden Sie gut mit Ihren Straußen zurechtkommen, denn bei einer Lebenserwartung von 70 Jahren wird Sie erst der Tod scheiden!

Strauße werden immer beliebter, da ihr rotes Fleisch außerordentlich wenig Fett enthält. Damit steigen auch die Preise für Zuchttiere. Abgesehen vom Fleisch wird auch Straußenleder stark nachgefragt, dessen Festigkeit und Geschmeidigkeit bei Modeproduzenten sehr begehrt ist.

Sind Strauße gefährlich? Im Prinzip ja! Ein einziger Tritt kann tödlich sein. Daher werden sie nicht ohne Grund als gefährliche Wildtiere (siehe S. 81) eingeschätzt. Vor allem der Hahn sollte während der Brutsaison äußerst vorsichtig behandelt werden.

Strauße sind ungewöhnlich lebhaft – sie werden ein weglaufendes Tier niemals einholen. Mit ihren langen, muskulösen Beinen erreichen sie Geschwindigkeiten von bis zu 65 km/h.

FUTTER UND WEIDE

Strauße ernähren sich grasend. Sie brauchen zwar keine saftigen Weiden, dafür aber regelmäßig Getreidefutter. Da sie im Verlauf der Evolution gelernt haben, weite Strecken zurückzulegen, brauchen Sie ihnen das Futter nicht nachzutragen. Sie knabbern wie Ziegen an Pflanzen und Büschen und fressen Früchte ebenso gerne wie kleine Insekten und Eidechsen, die sie am Boden ihrer Weide suchen.

Wegen ihrer körperlichen Eigenschaften müssen Sie hohe, starke und teure Zäune bauen.

PERLHÜHNER

Perlhühner sind Wildtiere, die bis vor kurzen noch frei durch Afrika flogen. Daher ist die Haltung schwierig, denn entflohene Vögel sind nicht leicht zu fangen. Wenn Sie ihnen die Flügel beschneiden, werden Ratten und andere Raubtiere Jagd auf sie machen.

Als freilaufende Vögel brauchen Perlhühner im Sommer, wenn sie Insekten fangen, nicht viel Futter. Aber selbst dann benötigen sie, wie alle Nutztiere, eine Grundversorgung mit Getreide.

STRAUSSENFARM

UNTERSTAND

Solch ein Weidezelt bietet ausreichenden Schutz vor dem Wind und dient den Hennen als Platz, um ihre Eier zu legen. Ohne einen festen Stall für die nässeempfindlichen Tiere als Schutz gegen hartes Wetter wäre eine Straußenfarm jedoch nicht komplett.

STRAUSSENZAUN

Lange Beine und hohe Geschwindigkeit verlangen nach festen Zäunen. Solche hohen Zäune aus mehreren Drähten bilden eine gute Barriere.

STRAUSSENEI

Straußeneier können bis zu 1,5 kg wiegen und werden in 42 Tagen ausgebrütet. Eine Legehenne legt in neun Monaten 30–60 Eier.

KLEINERE EXOTISCHE VÖGEL

WACHTELN

Diese kleinen Vögel sind als Delikatesse begehrt. Sie legen außerdem kleine, wohlschmeckende Eier, die sich gut vermarkten lassen.

PERLHÜHNER

Halten Sie sie im Freiland, wenn Sie sich zutrauen, sie einzufangen. Denken Sie an Ihre Nachbarn – Perlhühner sind sehr laut!

Früchte der Erde

Nicht ohne Grund ist „biologischer Anbau“ zum Synonym für Qualität, Geschmack, Frische und – in zunehmendem Maße – auch für Sicherheit geworden. Früchte und Gemüse müssen Sie anbauen, egal ob nur für den eigenen Tisch oder für den Verkauf ab Hof. Insbesondere in den ersten beiden Jahren ist die Arbeit in den Beeten sehr hart. Wenn Sie sich dann, am Ende eines langen Tages, zum Essen an den Tisch setzen und mit Ihrer Familie genießen, was Sie selbst angebaut haben, werden Sie wissen, wofür Sie gearbeitet haben.

REICHLICHE ERNTE
Es dauert Jahre, einen Küchengarten mit üppigen Beeten und Fruchtsträuchern zu etablieren.

DER KÜCHENGARTEN

Ein Küchengarten kann groß oder klein, sogar der ganze „Hof" kann ein Garten sein. Je größer Ihr Besitz ist, desto genauer müssen Sie planen, um diesen Bereich mit einem Minimum an Aufwand zu betreiben. Für mich war der Küchengarten immer Rückzugsraum, dort fiel der Druck des Hofes von mir ab, und ich konnte mich den Freuden widmen, eigenes Gemüse anzubauen und zu ernten. Natürlich dürfen Sie im großen Stil planen, erwarten Sie aber in den ersten Jahren nicht zu viel. Lassen Sie den Garten langsam wachsen. Beginnen Sie mit einer kleinen, organisch bewirtschafteten Fläche, die Sie nach und nach ausdehnen.

DER STANDORT

Wenn Sie die Wahl haben, nehmen Sie für den Küchengarten die Stelle mit dem besten Boden. Er läßt sich mit dem geringsten Aufwand in einen Garten verwandeln. Bedenken Sie, daß es ein gutes Jahr dauern kann, den Boden von Brennesseln, Ampfer und Brombeeren zu befreien. Großkronige Bäume können zum Problem werden, denn ein

DAS ERSTE JAHR
Sie haben einen Zaun errichtet, Obstbäume gepflanzt und die ersten Beete umgestochen. Nun kann es losgehen. Lassen Sie einige Flächen ungenutzt, um zu überlegen, was dort am besten hinpaßt. Der Baum stellt ein Problem dar. Seine Wurzeln entziehen dem Boden Nährstoffe und Wasser und er beschattet die Nutzplanzen – er muß weichen.

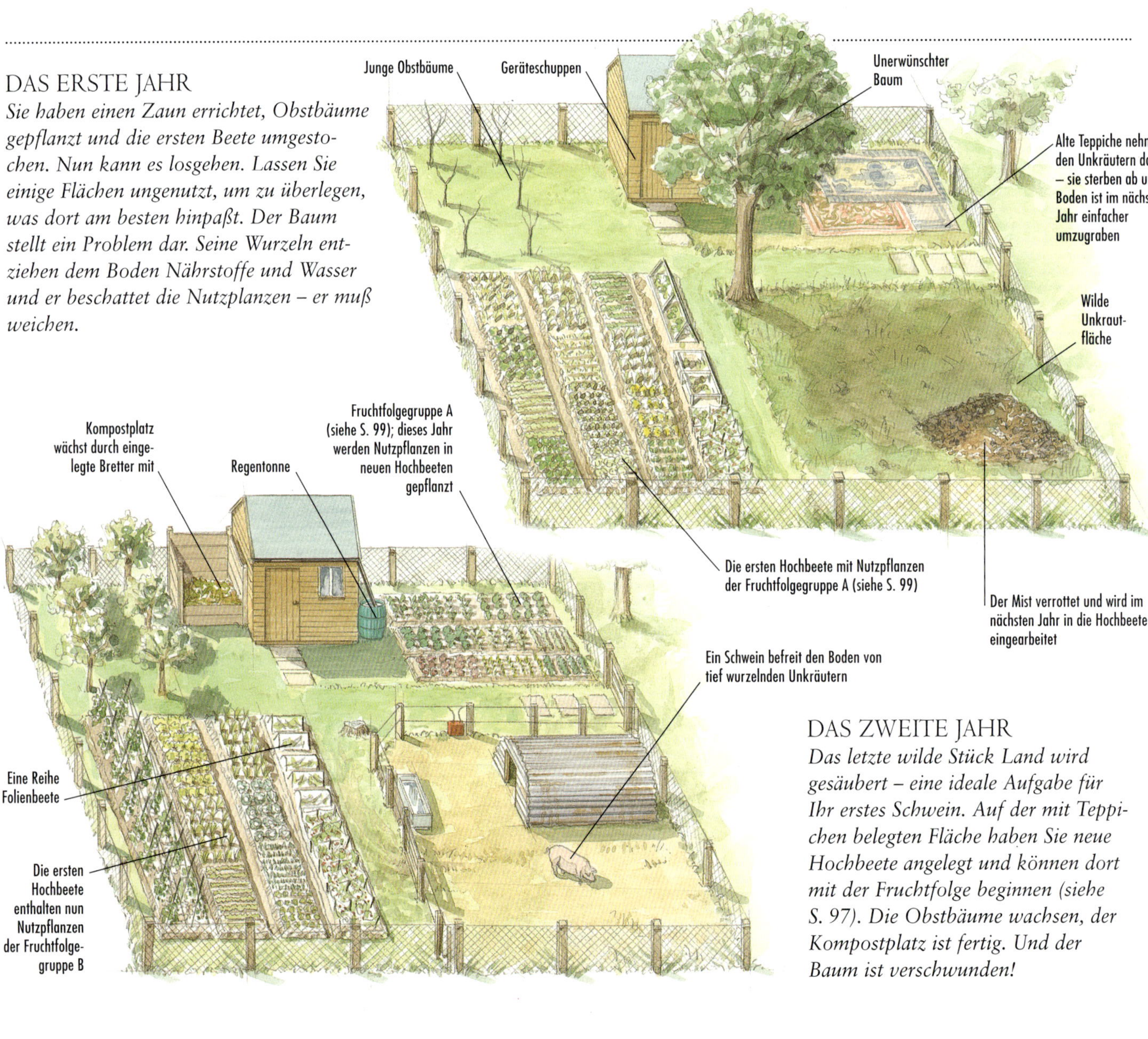

DAS ZWEITE JAHR
Das letzte wilde Stück Land wird gesäubert – eine ideale Aufgabe für Ihr erstes Schwein. Auf der mit Teppichen belegten Fläche haben Sie neue Hochbeete angelegt und können dort mit der Fruchtfolge beginnen (siehe S. 97). Die Obstbäume wachsen, der Kompostplatz ist fertig. Und der Baum ist verschwunden!

Garten, der lange Zeit des Tages im Schatten liegt, kann nicht gelingen. Am besten wäre eine Südlage. Auch eine geneigte Fläche hat Vorteile. Kalte Luft, die Bodenfröste mit sich bringt, streicht einfach darüber hinweg. Andererseits schwemmt heftiger Regen auf zu steilen Hängen den Boden weg, zudem wird das Schieben einer beladenen Schubkarre hier zur schweren Arbeit.

„Für mich war der Küchengarten immer Rückzugsraum, dort fiel der Druck des Hofes von mir ab."

DIE PLANUNG

Legen Sie zuerst einen Zaun an. Er hält die Kaninchen draußen, die mit Freuden in einer einzigen Nacht die Früchte eines ganzen Jahres verzehren können. In warmen Klimaten mit milden Wintern reicht vielleicht ein Schuppen aus, um Geräte darin unterzubringen. Anderswo brauchen Sie zusätzlich Platz für ein Gewächshaus oder einen Folientunnel, vielleicht auch eine Scheune, um die Ernte zu lagern. Fehlt in Ihrem Küchengarten der Platz für ein Gewächshaus, reicht auch ein kleineres Früh- oder Folienbeet. Zu jedem Küchengarten gehört ein Kompostplatz, der dauerhaft bestehen bleibt, und eine Regentonne, um Wasser für die Beete zu sammeln. All dies muß nicht sofort fertig werden, mit einem guten Plan gleich zu Beginn ersparen Sie sich aber spätere Umbauarbeiten.

DAS DRITTE JAHR

Der Garten ist fertig. Das Schwein hat seine Aufgabe erfüllt und wird zwischen den Obstbäumen angebunden. Das von ihm gesäuberte Stück trägt nun auch Hochbeete, der Schweinekot war eine gute Düngung. Mit dem Folientunnel entstand das letzte Bauwerk und Sie haben alle drei Fruchtfolgegruppen (s. S.97) begonnen. Mit etwas Glück tragen die Obstbäume erstmals Früchte.

Mit der Natur arbeiten

Als Selbstversorger sollten Sie danach trachten, Ihre Pflanzen naturgemäß, mit der Natur und nicht gegen sie aufzuziehen. Überlassen Sie die Unterdrückung von Boden und Wildtieren der chemischen und Nahrungsmittelindustrie – werden Sie zum Experten der biologischen Schädlingsbekämpfung. Es gibt vier Methoden, die mit der Natur arbeiten: Begleitpflanzen, die Förderung von Nützlingen, chemiefreie Unkrautkontrolle und die Verwendung von Kompost.

Begleitpflanzen

PFLANZEN IM FOLIENTUNNEL

Studentenblumen und Purpurwinde wurden als natürliche Schädlingsbekämpfer neben Tomaten gepflanzt. Sie werden von der Schwebfliege besucht, die ihre Eier auf den Tomaten ablegt. Die schlüpfenden Larven machen sich über Blattläuse her.

Begleitpflanzen

Hintergrund dieser Strategie ist die Tatsache, daß bestimmte Pflanzenkombinationen besser gedeihen als einzelne Pflanzen.

Zuerst ein rein physikalischer Effekt: Saubohnen sind große Pflanzen, die zarte Salatpflänzchen vor dem Wind schützen.

Zweitens scheint festzustehen, daß manche Pflanzen (der Mechanismus ist unbekannt) Schädlinge unterdrücken oder ihre Ausbreitung hemmen. Kapuzinerkresse, Pfefferminze, Knoblauch und Nesseln sollen Blattläuse vertreiben. In der Tat beruhen solche Erkenntnisse auf Erfahrung; probieren Sie einfach aus, ob es bei Ihnen klappt oder nicht.

Studentenblumen und Schwebfliegen

Bei der Studentenblume oder Tagetes sind sich die meisten einig: Sie besitzt besondere Eigenschaften. Zusammen mit Kohl gepflanzt, überdeckt ihr Duft den des Kohls. So entgeht er der Aufmerksamkeit des Kohlweißlings, dessen Raupen verheerend sein können. Außerdem sollen Tagetes Älchen unterdrücken, die Kartoffeln großen Schaden zufügen.

Die weibliche Schwebfliege, eine Freundin des Biobauern, ernährt sich von der Studenten- und Ringelblume (Calendula). Sie legt ihre Eier überall dort, wo viele Blattläuse vorkommen, denn die Larven brauchen sie als Nahrung. Pflanzen Sie daher Tagetes und Calendula in die Nähe von Nutzpflanzen mit Blattlausproblemen und vertrauen Sie auf die Schwebfliegen.

Tierische Verbündete

MURMELTIER-PATROUILLE

Dieses nordamerikanische Säugetier frißt Schnecken, wie ein Igel. Verwenden Sie nie Schneckengift, Sie könnten einen Nützling töten.

INSEKTENHEER

Bienen tragen Pollen von Blüte zu Blüte. Damit bestäuben sie die Blüten von Obstbäumen, die sonst keine Früchte bilden würden.

SINGDROSSEL

Häufig richten Vögel mehr Schaden als Nutzen an. Einige, wie die Singdrossel, helfen jedoch bei der Schneckenkontrolle.

NÜTZLINGE FÖRDERN
Andere Nützlinge lassen sich nicht so leicht anlocken, weil sie keine Pflanzen fressen. Dies gilt zum Beispiel für Marienkäfer und Hafte – große Feinde der Blattläuse. Sie kann man nur anlocken, indem man nichts tut! Verzichten Sie auf Spritzmittel und vertrauen Sie auf ihr Erscheinen.

Fragen Sie bei einem Fachmann nach, welche Nützlinge sich in ihrer Gegend wohlfühlen. Vögel, Käfer und andere Insekten, sogar Frösche und Kröten dürfen sich ruhig einstellen. Es gibt auch nützliche Säugetiere: Der europäische Igel frißt wirbellose Gartenschädlinge. Diese Tiere besetzen individuelle oder Familienreviere, in denen sie nach Beute suchen.

UNKRAUT NATÜRLICH KONTROLLIEREN
Unkräuter entziehen den Nutzpflanzen Nährstoffe und Feuchtigkeit. Da alle Pflanzen Licht zum Wachstum brauchen, können Sie Unkräuter abtöten, indem Sie alte Teppiche oder schwarze Kunststoffolie darüberlegen. Sie können auch Mulch benutzen (siehe rechts). Eine gute Lösung ist die in Gartencentern erhältlichen Netzfolie aus Polypropylen, die dem Boden nicht schadet. Sie läßt Feuchtigkeit eindringen, hält aber Unkraut draußen.

Es kommt immer die Zeit, da Sie den Unkräutern nur noch physikalisch Herr werden: Reißen oder graben Sie sie aus. Hacken wäre eine Möglichkeit, aber manche tiefwurzelnden Unkräuter breiten ihre Wurzeln dann noch weiter aus. Graben Sie solche Unkräuter tief aus.

TRADITIONELLE ABHILFE
Fragen Sie Leute, die sich ihr Leben lang mit diesen Problemen herumgeschlagen haben. Mit ein paar freundlichen Worten profitieren Sie von einem reichen, örtlichen Erfahrungsschatz.

Seit Generationen wird Seifenwasser als Mittel gegen Blattläuse eingesetzt; und manche Menschen kämpfen noch immer mit Tabakrauch gegen Blattläuse. Gegen Mehltau auf Kletterpflanzen hilft eine Abkochung von Netzschwefel, Pottasche und Kaliumkarbonat, die abgekühlt über die Pflanzen gegossen wird.

KAMPF GEGEN UNKRAUT

DIE KONKURRENZ AUSSCHALTEN
Wenn Sie Unkräuter entfernen, bevor sie eine Wachstumschance bekommen, sind Sie auf dem richtigen Weg. Damit diese Kohlpflänzchen anwachsen können, müssen Sie konkurrierende Unkräuter ausschalten. Am besten ist das zeitaufwendige, genaue Hacken.

MULCH FÜR DIE UNKRAUTBEKÄMPFUNG

GARTENKOMPOST
Der Mulch muß 12,5 cm hoch ausgebracht werden, um Unkraut zu unterdrücken.

PFERDEMIST
Eine dicke Schicht hemmt das Wachstum. Nicht verrotteter verbrennt jedoch Ihre Pflanzen.

GRASSCHNITT
Schichten Sie den Mulch 15 cm hoch auf, denn er wird rasch zusammenfallen.

RINDEN UND ZWEIGE
Kostet viel Geld; mit einem Schredder können Sie jedoch Ihren eigenen Mulch herstellen.

SÄGEMEHL
Sägemehl stoppt das Wachstum, verrottet aber nur langsam und verbraucht Stickstoff.

PACKPAPIER
Ideal für Hochbeete. Rollen Sie es über die Beete, setzen Sie die Nutzpflanzen durch Löcher.

Kompost und Dünger

Es gibt zwei Möglichkeiten, einen Garten zu düngen. Die erste wäre, chemisch hergestellten Dünger zu kaufen, der Ihnen große Versprechungen macht. Damit verbessern Sie zwar nicht den Boden, ernten aber dicke Kohlköpfe. Selbstversorger sollten die zweite Möglichkeit, die biologisch-organische, wählen. Damit tun Sie etwas für Ihre und die Gesundheit von Boden und Früchten, letztlich im Interesse der ganzen Erde. Es gibt fünf Arten biologischen Dünger: Mist (s. S. 136), Gründüngung, Kompost, Wurmkompost und organische Volldünger.

Kompost im Garten

KOMPOSTHAUFEN

Verstecken Sie ihn nicht! Auf einen guten Komposthaufen dürfen Sie stolz sein. Er weist Sie als Anhänger des biologischen Anbaus aus. Allzuoft werden sie in dunklen Ecken angelegt, wo sie feucht werden und absterben, ohne jemals die Sonne zu sehen.

KOMPOSTSILO

Dieser Silo wurde aus imprägniertem Holz hergestellt und erlaubt den freien Zutritt von Luft. Durch lose Bretter können Sie die Fronthöhe an die Kompostmenge anpassen. Der Silo hat keinen Boden. Lokkern Sie die Erde darunter auf, so daß Regenwürmer freien Zutritt haben. Zwischen Silo und Boden bleibt etwas Luft (Füßchen oder Ziegelsteine).

Bodenbearbeitungsplan

Sie wollen gesunde Produkte ernten und gleichzeitig den Boden verbessern. Dabei gehen Sie am besten nach einem Vier-Stufen-Plan vor: (1) Bestimmen Sie die Bodenqualität (siehe S. 132) und korrigieren Sie Mangelerscheinungen z. B. mit Kalk oder Kalidünger; (2) graben Sie organisches Material (siehe S. 96) unter, entweder Mist oder Kompost; (3) Wenn Sie davon nicht genug haben, nehmen Sie organische Volldünger; (4) fügen Sie spezielle, organische Dünger nach dem Bedarf Ihrer Nutzpflanzen zu.

Die erste Stufe wird auf S. 132–133, Mist auf S. 136–137 behandelt; hier finden Sie etwas über Kompostherstellung und organische Volldünger, die man als Ersatz für fehlenden Kompost oder Mist verwenden kann.

Kompostherstellung

Mit der Herstellung von Kompost ist es wie beim Kochen. Wenn Sie die richtigen Zutaten in den richtigen Mengen bei der richtigen Temperatur kochen, kann nichts schiefgehen. Bauen Sie Kompost-Boxen aus Holzlatten, wie links zu sehen. Auch auf einem kleinen Hof brauchen Sie eine Reihe von zwei bis drei Boxen nebeneinander. So können Sie das Kompostmaterial von Box zu Box umschichten und so die Kompostierzeit verkürzen. Füllen Sie jede Box mit Garten- und Küchenabfällen, Nesseln, Farnen, etwas Erde, zerschnittenen Kohlstrünken, Grasschnitt, aber niemals mit einem davon in zu dicker Schicht. Samentragende Unkräuter kommen nur dazu, wenn Sie sicher sind, daß die Temperaturen im Kompost die Samen abtöten.

Während der Kompostierung (Rotte) steigen die Temperaturen in einem guten Haufen auf bis zu 65° C an. Warten Sie ein paar Wochen und schichten Sie den Kompost um. Dann dringen Würmer in ihn ein und schließen den Prozeß der Humusbildung ab. Auf diese Weise dauert es acht Wochen. Langsamer und weniger arbeitsintensiv ist es, den Haufen aufzuschichten und abzuwarten. Dann dauert es ein Jahr, bis der Kompost fertig ist. Natürlich können Sie es mit der schnellen Methode versuchen. Wenn es nicht klappt, reden Sie sich eben ein, Sie wollten die langsame Methode anwenden.

WENN DIE KOMPOSTIERUNG MISSLINGT

Es gibt eine Reihe von Gründen, warum die Kompostierung nicht nach Plan verläuft. Wenn das Material zu trocken oder zu feucht ist, kommt der Rotteprozeß nicht in Gang. Kompost sollte sich feucht, aber nicht matschig anfühlen. Halten Sie den Regen ab. Ein alter Teppich über dem Haufen reicht aus und hält die Wärme zurück. Andere Gründe für ein Scheitern sind zu große Blätter und ungenügende anfängliche Durchmischung. Ein Komposthaufen ist auf Luft angewiesen; sind die Seiten des Haufens luftdicht abgeschlossen, wird die Kompostierung unterbrochen.

ORGANISCHE VOLLDÜNGER

Darunter versteht man pflanzliche und andere Bodenbestandteile, die natürlich vorkommen und nicht von der chemischen Industrie synthetisch hergestellt wurden. Solche Dünger sind Algen, getrockneter Viehdung, Holzasche, Blut-, Knochen- und Fischmehl sowie natürlicher Kalidünger. Der Vorteil der natürlichen gegenüber künstlichen Düngern ist, daß sie das Bodenleben erhalten und nicht zerstören. Unterstützen Sie die Aktivitäten der Mikroorganismen zu Ihren Gunsten.

Dünger werden nur eingesetzt, wenn Kompost nicht wirkt oder in zu geringer Menge zur Verfügung steht. In der Stadt werden Sie kaum Dung bekommen, und die Menge an eigenem Kompost reicht wahrscheinlich nicht aus.

WURMKOMPOST

Wurmkompost wird aus denselben Zutaten wie normaler Kompost hergestellt. Statt der üblichen Rotte machen Sie sich aber die Arbeit von Würmern zunutze, die Rohmaterial in nährstoffreichen Humus verwandeln.

Regenwürmer kaufen Sie am besten von einem spezialisierten Anbieter (davon gibt es mehr, als Sie denken). Bauen Sie sich einen Wurmkasten, legen Sie Papier über den Maschendraht, und geben Sie Mist und die Würmer zu. Darüber kommen Küchen- oder Gartenabfälle und ein Stück alten Teppichs. Geben Sie nach und nach mehr Material hinzu – die Wurmkolonie wird wachsen und Kompost erzeugen.

NEUE KOMPOSTWÜRMER

Geben Sie die Würmer in den Mist; sie werden in den Bereich der Gartenabfälle hochkriechen, wo sie von den Schiebern (rechts) nicht verletzt werden.

EIN WURMKASTEN

EIN SELBSTGEBAUTER WURMKASTEN

Wenn Sie die beiden Schieber hin und her bewegen, fällt der Kompost durch die Maschen in eine Schubkarre. Wenn Sie nicht selbst bauen wollen – auch die käuflichen Boxen funktionieren sehr gut.

WELCHER KOMPOST ODER DÜNGER?

	Mist	*Gartenkompost*	*Blut-, Fisch- und Knochenmehl*	*Algen*	*Gründüngung*	*Wurmkompost*
Vorteile	Bei Tierhaltung in großer Menge leicht verfügbar; eine gute Möglichkeit, diesen natürlichen Abfall zu verwerten.	Homogener, guter Kompost, der für alle Gartenzwecke geeignet ist	Kommerziell hergestellter, organischer Dünger, der alle Pflanzennährstoffe enthält.	Guter organischer Volldünger mit Spurenelementen; als Kompostzusatz, um die Rotte zu fördern.	Preiswert; fördert Bodenleben und -struktur; wird als Humus und Dünger in den Boden eingearbeitet.	Sehr reich an Pflanzennährstoffen; sehr ökonomisch, da man jeweils nur wenig braucht.
Nachteile	Mist muß ein Jahr lang verrotten, sonst verbrennt er empfindliche Pflanzen; je nach Herkunft andere Zusammensetzung.	Guten Kompost herzustellen, verlangt viel Arbeit und Mühe; nicht immer können genügende Mengen erzeugt werden.	Der Stickstoff im Blutmehl wird leicht ausgewaschen; manche Menschen lehnen diese Verwertung tierischer Reste ab.	Teuer, außer man lebt an der Küste; frische Algen müssen ein Jahr lang kompostiert werden.	Sehr raumintensiv im Garten, da während der besten Jahreszeit dort keine anderen Nutzpflanzen wachsen können.	Entsteht sehr langsam; pro Woche können nur 7 cm Abfälle aufgelegt werden.

Hochbeete

Wenn Zeit Geld ist – das gilt für alle Selbstversorger – dann braucht man ein System, das bei geringem Aufwand maximalen Gewinn verspricht. Sind Hochbeete (Mistbeete) erst einmal angelegt, dann konzentriert sich der Anbau auf begrenzte Flächen, in denen – dank der tieferen Bodenbearbeitung – mehr Pflanzen pro Fläche heranwachsen können.

Das bedeutet nicht nur mehr Ertrag: Da die Nutzpflanzen rasch den Boden bedecken und Schatten spenden, hemmen sie auch das Aufkommen von Unkräutern. Das fachgerechte Einrichten von Hochbeeten macht viel Arbeit, da diese Mühe jedoch nur alle fünf bis sechs Jahre anfällt, verspreche ich Ihnen, daß sie sich auf Dauer mehr als auszahlt.

DIE VORTEILE

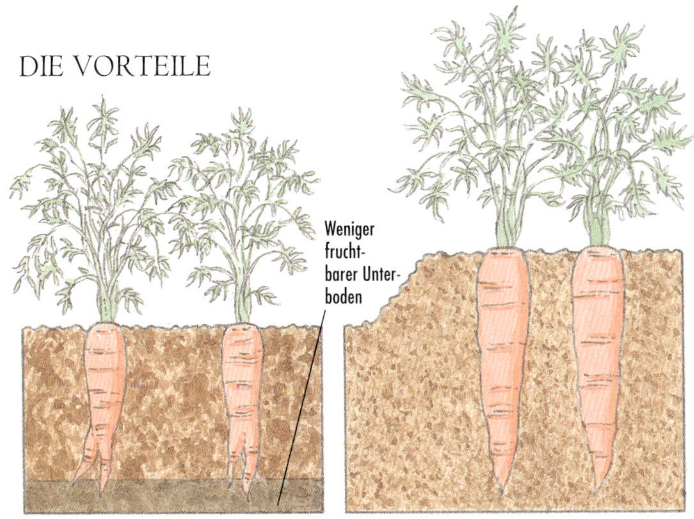

FLACHE CONTRA HOCHBEETE *In einem flachen Beet (links) bilden Pflanzen auf der Suche nach Nährstoffen Seitenwurzeln aus.*

Im Hochbeet „gabeln" sich die Wurzeln nicht, Sie können enger pflanzen und die Wurzeln reichen tiefer in den fruchtbaren Boden.

DAS BEET ANLEGEN

Zunächst gräbt man den Boden eine Spatentiefe auf und bricht ihn mit der Grabgabel eine weitere Spatentiefe weit um. Damit ist er doppelt so tief bearbeitet wie in einem normalen Beet; entsprechend werden auch Kompost oder Mist tiefer eingebracht.

Diese Tiefe und der bröckelige Boden sind das Geheimnis des Erfolges. Der Mehraufwand an Zeit beim richtigen Anlegen eines Hochbeetes zahlt sich später wieder aus.

1 **ABSTECKEN** *Stecken Sie zunächst die Beetgröße ab. Die Länge spielt keine Rolle, Sie müssen es aber von den Seiten her bearbeiten können, ohne daraufzutreten.*

2 **ERSTER SPATENSTICH** *Heben Sie den Boden an einem Ende des Beetes einen Spatenstich tief aus und bringen Sie ihn ans andere Ende.*

3 **ZWEITER SPATENSTICH** *Nun brechen Sie den Boden einen weiteren Stich tief mit der Grabgabel um; nicht umkehren, sonst kommt der Unterboden hoch.*

4 **MIST AUFBRINGEN** *Füllen Sie den Graben mit Mist oder Kompost und arbeiten Sie ihn in den „zweiten Spatenstich" ein.*

5 **ZWEITER GRABEN** *Jetzt wird die 2. Reihe umgestochen und die Erde auf die Mistschicht geworfen. Ist die 1. halb gefüllt, kommt noch eine Lage Mist darüber.*

Rechen Sie das fertige Beet glatt, so entsteht eine gute Pflanzfläche

6 **DAS FERTIGE BEET** *Am Ende ist ein Graben übrig. Füllen Sie ihn mit der Erde aus dem ersten Graben auf und rechen Sie die Oberfläche zu einem ebenen Hochbeet. Nicht mehr betreten!*

Fruchtfolge planen

Pflanzen haben – wie Menschen – unterschiedlichen Appetit und Nährstoffbedarf. Manche essen, was auf den Tisch kommt, andere sind sehr wählerisch. Wenn Sie Jahr für Jahr „hungriges" Gemüse im selben Beet pflanzen, verarmt der Boden. Daher lohnt es sich, seine Nutzpflanzen nach den Nährstoffansprüchen zu untergliedern: Die „hungrigen" kommen in den fruchtbarsten Boden, dann folgen die weniger anspruchsvollen.

Leguminosen wie Erbsen und Bohnen versorgen den Boden während ihres Wachstums mit Stickstoff – sie leben in Gemeinschaft mit Bodenbakterien, die den Luftstickstoff fixieren und ihn in Form organischer Stickstoffverbindungen an den Boden abgeben. Daher folgen auf Leguminosen immer nährstoffzehrende Früchte.

Außerdem unterdrückt der Fruchtwechsel Schädlinge und Krankheiten, denn es gibt keinen geraderen Weg in die Katastrophe, als jedes Jahr dasselbe anzubauen.

PRODUKTIVE BEETE
Das Ergebnis einer sorgfältig geplanten Fruchtfolge, in der sich die Pflanzenwahl nach der Bodenfruchtbarkeit richtet.

Eine Dreijahres-Fruchtfolge

Fruchtfolge ist keine Zwangsjacke, die sie fesseln sollte. Richten Sie sich im wesentlichen danach, verzweifeln Sie aber nicht, wenn Sie spontan anders entscheiden müssen. Kehren Sie nur baldmöglichst zur Fruchtfolge zurück. Entscheiden Sie als erstes, welches Ihrer Gemüse nicht rotieren soll. Das können mehrjährige Arten wie Spargel oder Rhabarber sein – sie brauchen einige Zeit, bis sie Ertrag liefern, dann aber für mehrere Jahre. Alle übrigen Nutzpflanzen sollten im dreijährigen Turnus rotieren. Bilden Sie Gruppen: Zunächst die „gierigste" Gruppe C im fruchtbarsten Beet und die Leguminosen (Gruppe B) im nähstoffärmsten Beet. Dann wandern die Gruppen von Jahr zu Jahr weiter.

DIE FRUCHTFOLGEGRUPPEN

MEHRJÄHRIGE
Zu dieser Gruppe gehören Pflanzen, die mehrere Jahre am selben Standort verbleiben. Danach wird dieses Beet Teil der Fruchtfolge und die Mehrjährigen kommen in ein anderes Beet. Zu diesem Typ gehören die Pflanzen auf S. 98 und mehrjährige Kräuter.

FRUCHTFOLGEGRUPPE A
Zu dieser Gruppe gehören grüne Kohlsorten, Blumenkohl und einige Wurzelgemüse (siehe S. 99). Sie gedeihen am besten in fast neutralem Boden (pH 6,5–7; siehe S. 132), u. U. müssen Sie vorher mit Kalk düngen.

FRUCHTFOLGEGRUPPE B
Hierzu gehören die Leguminosen, die Stickstoff im Boden fixieren. Auf S. 100 sind weitere Pflanzen angegeben, z. B. Zuckermais, Salat, Spinat und Okra. Diese Beete werden zu Beginn der Vegetationszeit gedüngt.

FRUCHTFOLGEGRUPPE C
Pflanzen für diese Gruppe sind auf S. 101 aufgeführt. Sie brauchen besonders viele Nährstoffe. Düngen Sie den Boden mit Kompost oder Mist (siehe S. 94, 136); Mist muß allerdings gut verrottet sein, sonst verzweigen sich Möhren und Pastinaken.

FRUCHTFOLGE

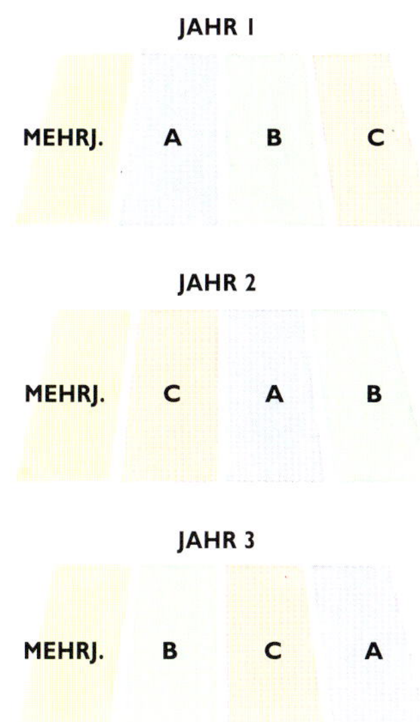

PFLEGE DER BEETE
Hochbeete halten 5–6 Jahre, dann müssen sie neu umgegraben werden. Prüfen Sie den pH-Wert im Winter (s. S. 132) und verbessern Sie die Bodenfruchtbarkeit für die nächste Gruppe mit organischem Dünger oder Kompost.

Gemüse anbauen

Einen Biohof ohne Gemüsegarten kann ich mir nicht vorstellen. Gemüse anzubauen ist denkbar einfach: Alles, was Sie brauchen, ist gesunder Menschenverstand und der Wille anzufangen. Schlimmstenfalls werden einige Ihrer Kohlköpfe so von Raupen zerfressen, daß sie nur noch als Ziegenfutter taugen. Die Ziegen ihrerseits werden entzückt sein und zum Dank Dung für Ihre Hochbeete liefern.

Die Pflanzabstände in den Pflanzenbeschreibungen sind für normale, spatentiefe Saatbeete angegeben, weil ich nicht voraussetzen kann, daß alle Leser tiefe Saatbeete haben. Falls Sie solche haben, können sie mit geringeren Abständen experimentieren.

KOHL PFLANZEN
Diese Kohlpflänzchen werden in ein Hochbeet von Feldgröße gepflanzt. Erkunden Sie unbedingt die lokalen Märkte, ehe Sie sich für einen Anbau in großem Stil entscheiden.

Mehrjähriges Gemüse

Spargel

Im Frühling zahlen die Kunden gute Preise für dieses wenig schädlingsanfällige Gemüse. Spargel wird ausgesät und läßt sich nach drei Jahren ernten. Danach liefert er 20 Jahre lang gute Erträge; braucht wasserdurchlässige Böden.

PFLANZABSTAND
Säen Sie im Frühling in 5 cm tiefen Reihen. Im nächsten Frühling werden die Pflanzen auf 30 cm Abstand vereinzelt.

ERTRAG Etwa 10 Stangen je Pflanze; stechen Sie nur bis zum Frühsommer.

Rhabarber

Rhabarber wird im Frühling geerntet, wenn kaum andere Produkte angeboten werden. Er mag neutralen Boden (pH 7, siehe S. 132); fügen Sie bei sauren Böden Kalk zu. Zur Vermehrung wird er ausgegraben, geteilt und wieder eingepflanzt.

PFLANZABSTAND Pflanzen Sie im Vorfrühling in einem Abstand von 90 cm (Rhabarber wird sehr groß). Ziehen Sie die Blätter ab, nicht abschneiden.

ERTRAG Etwa 2 kg Blattstiele pro Pflanze.

Artischocken

Artischocken sind in Mitteleuropa sehr beliebt. Einst galten sie als Aphrodisiakum und sollten bei Kahlköpfigkeit helfen. Sie brauchen wasserdurchlässigen Boden, Windschutz und die Wurzeln müssen im Sommer feucht gehalten werden.

PFLANZABSTAND
Säen Sie im Vorfrühling aus und vereinzeln Sie die Pflänzchen auf 90 cm. Im ersten Jahr bildet sich nur ein Blütenstand aus. Artischocken können auch einjährig in die Fruchtfolgegruppe A (siehe S. 97) einbezogen werden.

ERTRAG Ausgewachsene Pflanzen liefern etwa 10 Blütenstände.

Topinambur

Es gibt nur wenige Gemüse, die leichter als Topinambur („Kartoffel mit Knoten") zu ziehen sind. Sie werden hoch, sind reich beblättert und müssen wie Kartoffeln angehäufelt werden. Ein Spanndraht dient als Stütze. Das Gemüse bleibt in der Erde und wird den Winter über nach Bedarf geerntet.

PFLANZABSTAND Pflanzen Sie einzelne Knollen im Spätwinter in 30 cm Abstand 15 cm tief ein (1 m Reihenabstand).

ERTRAG 3 kg Knollen liefern etwa 25 kg Ernte.

Mehrjährige Kräuter wie dieser Rosmarin werden zusammen mit anderen mehrjährigen Gemüsen gepflanzt.

Bocksbart und Schwarzwurzeln

Diese beiden Gemüse sind ähnlich, Bocksbart hat jedoch weiße, Schwarzwurzeln schwarze Wurzeln. Sie sind winterhart und liefern im zweiten Frühling eßbare Blütenknospen, Sprosse und Blätter.

PFLANZABSTAND Säen Sie im Frühling und dünnen Sie sie auf 10 cm Abstand aus (15 cm Reihenabstand). Beide lassen sich auch einjährig in der Fruchtfolgegruppe C ziehen; dann die Wurzeln essen.

ERTRAG Eine 6 m lange Reihe liefert etwa 3,5 kg Wurzeln. Der Blatt- und Blütenertrag schwankt.

FRUCHTFOLGEGRUPPE A

Kohl

Kohl gibt es zu allen Jahreszeiten. Als „hungriges" Gemüse braucht er nährstoffreichen, fruchtbaren, gut gedüngten Boden. Säen Sie ihn im Frühbeet aus (nach fünf Wochen ins Freiland). Kohl verträgt keinen Wind und muß sehr fest eingepflanzt werden. Die Wintersorten wachsen langsam und brauchen u. U. zusätzliche Düngung. Für Kohl besteht Bedarf zu jeder Jahreszeit. Er kann gekocht, roh in Salaten oder eingelegt gegessen werden; Tiere freuen sich auch über Kohl, den Sie nicht mehr essen würden.

PFLANZABSTAND Abhängig von der Sorte: große, blattreiche Sorten mit 60 cm Abstand; kleinere, spitze Formen enger.

ERTRAG Ein guter, dichter Kohl wiegt bis zu 1,5 kg.

Rosenkohl

Rosenkohl wird vom Frühwinter bis zum Frühling geerntet, wenn ihn nicht die Vögel holen. Ist der Boden zu stickstoffreich, öffnen sich die Knospen. Da sie keinen Wind vertragen, werden die Pflanzen angehäufelt, um fest zu stehen. Rosenkohl wächst langsam, pflanzen Sie schneller wachsendes Gemüse dazwischen. Er schmeckt traditionsgemäß am besten nach den ersten Frösten.

PFLANZABSTAND Aussaat im Frühling bei warmen Bodentemperaturen; vereinzeln auf 60 cm Abstand.

ERTRAG Pro Pflanze etwa 1 kg Röschen; das Vieh freut sich über Strünke und Blätter.

Grünkohl

Im Garten baut man krause und glatte, auf dem Feld eher glatte Sorten an. Grünkohl überlebt auch die härtesten Winter. Wegen der großen, ausgebreiteten Blätter bildet er einen guten Windschutz für zierliche Gemüse. Große Sorten werden bis 90 cm hoch.

PFLANZABSTAND Aussaat in Schalen im Frühling; im Hochsommer mit 75 cm Abstand ins Freiland.

ERTRAG Etwa 1 kg Blätter pro Pflanze.

Blumenkohl

Blumenkohl ist launisch. Wird er nicht mit Respekt behandelt, bildet er Sprosse in alle möglichen Richtungen aus, entwickelt aber nicht den typischen Kopf. Das Geheimnis besteht darin, ihn kontinuierlich wachsen zu lassen. Das heißt, er muß regelmäßig gewässert werden, damit er sein Wachstum nicht unterbricht.

PFLANZABSTAND Aus Samen gezogene Pflanzen auf 75 cm Abstand vereinzeln.

ERTRAG Kopfgröße variabel; durchschnittlich 700 g pro Kopf.

Brokkoli

Brokkoli läßt sich leicht ziehen und liefert Erträge zu einer Zeit, wenn andere Gemüse selten werden. Er braucht Platz, denn er kann 90 cm hoch werden. Manche Sorten sind kompakter und bilden nur einen statt mehrerer Köpfe aus.

PFLANZABSTAND Aussaat im Frühling. Vielköpfige Sorten werden ins Frühbeet gesät und mit 60 cm Abstand ausgepflanzt. Kompakte Sorten sät man direkt ins Freiland; sie werden nicht versetzt.

ERTRAG 4 kg aus einer 3 m langen Reihe.

Steckrüben

Steckrüben kommen aus Schweden; sie ähneln Weißen Rüben, vertragen aber wegen des geringeren Wassergehaltes die winterliche Kälte besser. Sie schmecken milder und süßer. Steckrüben brauchen ein halbes Jahr bis zur Reife und können in einer Miete gelagert werden (siehe S. 153). Überschüsse lassen sich an die Schafe verfüttern.

PFLANZABSTAND Säen Sie 2 cm tief in dünnen Reihen aus und vereinzeln Sie die Pflanzen auf 30 cm Abstand.

ERTRAG 14 kg aus einer 3 m langen Reihe.

Weiße Rüben

Im Garten werden Weiße Rüben kleiner und süßer als auf dem Feld. Zarte, grüne Blätter schmecken hervorragend und können schon gegessen werden, wenn die Rüben noch wachsen. Sie wachsen rascher als Steckrüben; besonders schnell einige der kleinen weißen Sorten.

PFLANZABSTAND Sie wachsen besonders gut, wenn sie auf 10 cm Abstand vereinzelt werden.

ERTRAG 6 kg aus einer 3 m langen Reihe.

Rettich und Radieschen

Es gibt viele Sorten, von den langen weißen und den großen, runden, schwarzen Rettichen bis zu den Radieschen. Letztere wachsen besonders schnell und können bereits wenige Wochen nach der Aussaat geerntet werden. Zwischen langsamer wachsenden Pflanzen nutzen sie den Boden besonders gut aus.

PFLANZABSTAND Radieschen werden auf 2,5 cm, Rettiche auf 15 cm Abstand vereinzelt.

ERTRAG Etwa 30 Radieschen oder 1,5 kg runde Rettiche aus einer 1 m langen Reihe.

FRUCHTFOLGEGRUPPE B

Erbsen

Frisch gepflückte Erbsen sind das süßeste aller Gemüse. Essen Sie die Erbsen selbst und geben Sie die Schoten dem Vieh (oder machen Sie Wein daraus). Es gibt viele Sorten, die meisten müssen während des Wachstums gestützt werden.
PFLANZABSTAND Säen Sie die Samen 5 cm tief mit 5 cm Abstand.
ERTRAG 4,5 kg aus einer 3 m langen Reihe.

Stangenbohnen

Sie sind eine Freude für das Auge wie für den Gaumen, attraktiv und wüchsig. Ursprünglich wurden sie als Zierpflanzen angebaut. Sie brauchen kompost- und nährstoffreichen Boden sowie eine Kletterhilfe. Nehmen Sie starke Stangen, denn Herbststürme zerren an ihrem dichten Laub.
PFLANZABSTAND Setzen Sie die Stangen vor der Aussaat. Säen Sie 5 cm tief in warmen, gut gedüngten Boden; bei Trockenheit gut gießen.
ERTRAG Etwa 1 kg Bohnen pro Pflanze.

Dicke Bohnen

Diese winterharten Bohnen können meist schon im Herbst für eine Ernte im nächsten Jahr gesät werden. Sie brauchen keine Kletterhilfe und nur wenig Raum. Manche Sorten lassen sich unter Folie für eine sehr frühe Ernte ziehen. Mäuse und Schnecken sind die größten Feinde, sie betrachten sie als leckeren Winterschmaus.
PFLANZABSTAND Für maximale Erträge in 20 cm Abstand.
ERTRAG 9 kg Bohnen aus einer 3 m langen Reihe.

Erdnüsse

Diese Früchte brauchen Temperaturen von 20–30° C, lassen sich also nur in wärmeren Regionen anbauen. Wer niemals wachsende Erdnüsse gesehen hat, wird überrascht sein: Sie wachsen unterirdisch an Ranken, die von den bestäubten Blüten gebildet werden. Sand, der sich rasch erwärmt, ist der beste Boden für Erdnüsse.
PFLANZABSTAND Ziehen Sie Erdnüsse aus Samen, nicht aus geschälten Erdnüssen und pflanzen Sie sie in 30 cm Abstand (60 cm Reihenabstand).

Zuckermais

Je heißer das Klima, desto besser wächst der Zuckermais, daher gedeiht er in großen Teilen Nordeuropas nicht. Sobald der Sommer kommt, wächst er erstaunlich schnell. Frisch gepflückt sind sie am süßesten – es geht wahrlich um Minuten.
PFLANZABSTAND Zuckermais wird vom Wind bestäubt, pflanzen Sie daher jeweils 4 Pflanzen zusammen, nicht in Reihen. Säen Sie im Spätfrühling und vereinzeln Sie die Pflanzen auf 30 cm.
ERTRAG Er wird 1,80 m hoch; erwarten Sie zwei bis drei Kolben pro Pflanze.

Okra

Okra wird wegen seiner unreifen Samenschoten gepflanzt. Sie wächst nicht bei kaltem, feuchten Wetter oder bei überraschenden Spätfrösten. Man verwendet sie am besten frisch - gepflückt aus dem Garten, denn sie lassen sich kaum lagern. Die 120 cm hohen Pflanzen haben 30 cm breite Blätter.
PFLANZABSTAND Lassen Sie die Samen 24 Stunden quellen. Säen Sie, wenn die Bodentemperatur 16–18° C beträgt (oder im Haus; auspflanzen, wenn sie 10–15 cm hoch sind). Setzen Sie die Pflänzchen mit 30 cm Abstand.
ERTRAG Jede Pflanze bildet vier bis 20 Schoten.

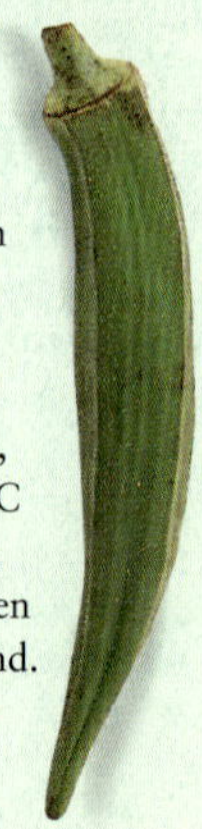

Salat

Es gibt Salatsorten für jeden Geschmack und jede Jahreszeit. Er braucht leichten Boden mit Kompost, um die Feuchtigkeit zu halten. Bei heißem Klima ist der Anbau nicht empfehlenswert, denn die Samen keimen nicht bei sehr hohen Temperaturen. Er wächst gut in gemäßigtem Klima, muß allerdings im Sommer regelmäßig gegossen und nur am kühlen Morgen geerntet werden. In mildem Klima wächst er das ganze Jahr draußen, bei Kälte braucht er allerdings Folien- oder Frühbeetschutz.
PFLANZABSTAND Aussat in Reihen, vereinzeln auf 30 cm. Nicht immer ist Vorkultur so verläßlich wie die direkte Aussaat. Wenn Sie den ganzen Salat auf einmal säen, müssen Sie ihn auch auf einmal essen. Strecken Sie die Aussaatzeit über mehrere Wochen für eine kontinuierliche Versorgung. Freiblättrige Sorten kann man oberirdisch abschneiden, sie treiben wieder aus.
ERTRAG 15–20 Köpfe aus einer 3 m langen Reihe.

Pflücksalat

Römischer Salat

Buttersalat

Spinat

Spinat braucht vor allem reichlich Stickstoff und wächst am besten auf sehr nährstoffreichen Böden. Er liebt feuchte Böden und kühle Bedingungen, daher paßt Spinat in fast alle Gärten. Außerdem mag er etwas Schatten.
PFLANZABSTAND Säen Sie im Frühling in Reihen mit 30 cm Abstand; Vereinzeln auf 15 cm Abstand.
ERTRAG Bis zu 4,5 kg aus einer 3 m langen Reihe.

FRUCHTFOLGEGRUPPE C

Kartoffeln

Wählen Sie je nach Geschmack und Saison zwischen zahlreichen Sorten. Kartoffeln bevorzugen sauren, feuchten und nährstoffreichen Boden und mögen Mist.
PFLANZABSTAND Setzen Sie die Kartoffeln 10 cm tief mit 30 cm Abstand (60 cm Reihenabstand).
ERTRAG Bis 10 kg aus einer 3 m langen Reihe

Tomaten

In warmem Klima wachsen Tomaten im Freiland. Ansonsten sind sie auf Frühbeet, Gewächshaus oder Folientunnel angewiesen. Reichern Sie den Boden mit kompostiertem Mist an.
PFLANZABSTAND Säen sie in Schalen und pflanzen Sie 15 cm hohe Pflänzchen aus; 50 cm Abstand.
ERTRAG Je nach Sorte etwa 2–4 kg Tomaten

Paprika

In mildem Klima mit viel Sommersonne können sie draußen wachsen, sonst gehören Paprika in den Folientunnel. Der Boden braucht Mist und reichlich Wasser. Grüner Paprika ist die unreife Form des gelben oder roten Paprikas. Manche Sorten schmecken besser grün, andere besser gelb oder rot.
PFLANZABSTAND Aussaat im Frühling (Haus); nach den letzten Frösten mit 45 cm Abstand ins Freie.
ERTRAG Sechs Schoten pro Pflanze.

Die Zwiebelfamilie

Zu dieser Gruppe gehören Zwiebeln, Porree, Schalotten, Knoblauch und Frühlingszwiebeln. Sie alle mögen nährstoff- und mistreichen Boden. Zwiebeln werden aus Samen oder Setzzwiebeln (ruhende Zwiebeln) gezogen.
PFLANZABSTAND Zwiebelsamen wird dünn ausgesät und auf 4 cm Abstand vereinzelt. Porree aus Samen wird in 15–20 cm tiefe Löcher gesetzt, sobald er 20 cm hoch ist. Für Schalotten verwendet man am besten Setzzwiebeln in 15 cm Abstand; Knoblauch wird aus den Zehen gezogen.
ERTRAG Etwa 3 kg Zwiebeln und Schalotten, 5 kg Porree oder 20 Knoblauchzwiebeln aus einer 3 m langen Reihe.

Kürbis und Zucchini

Die meisten Sorten sind rankend, einige auch kompakt und strauchig und alle gedeihen nur bei warmem Wetter. Sie brauchen reichlich Kompost oder Mist sowie viel Wasser, um große Früchte zu bilden.
PFLANZABSTAND Rankende Formen werden mit 2 m Abstand gesät, strauchige mit 90 cm Abstand.
ERTRAG Eine gesunde Pflanze kann bis zu 20 Zucchini bilden.

Möhren

Möhren wachsen am besten auf leichten Böden mit viel gut verrottetem, organischem Material. Sie sind empfindlich und müssen sorgsam gesät werden. Warten Sie, bis der Boden warm genug ist, und rechen Sie das Saatbeet sehr glatt. Keimpflänzchen setzen sich gegen Unkraut nicht durch. Jäten!
PFLANZABSTAND Säen Sie 1 cm tief und sparsam aus. Wenn Sie gezwungen sind, die Pflänzchen zu vereinzeln, wird sich die Möhrenfliege einstellen.
ERTRAG Etwa 4 kg aus einer 3 m langen Reihe.

Pastinake

Die Pastinake braucht einen leichten, steinfreien Boden, in dem sie senkrecht nach unten wächst. Sie toleriert arme Böden, fühlt sich aber in Erde mit gut verrottetem Mist besonders wohl. Manchmal keimt und wächst sie langsam, insbesondere in kalten Frühjahren. Wässern sie nicht zu reichlich, sonst gabeln sich die Wurzeln. Frost verbessert den Geschmack von Pastinaken, lassen Sie sie bis zum Winter in der Erde; ernten Sie nach Bedarf.
PFLANZABSTAND Säen Sie 2 cm tief; ausdünnen auf 10 cm (20 cm Reihenabstand).
ERTRAG Bis zu 3,5 kg aus einer 3 m langen Reihe.

Rote Beete

Rote Beete kann lang (hier) oder rund sein; neben den traditionellen roten Sorten sind auch gelbe und weiße erhältlich. Wählen Sie Samen, aus dem nur ein Pflänzchen keimt, sonst müssen Sie sie per Hand vereinzeln. Sorgen Sie für reichlich Kompost oder verrotteten Mist.
PFLANZABSTAND Säen Sie im Frühling 2 cm tief im Abstand von 15 cm (20 cm Reihenabstand).
ERTRAG Etwa 7 kg aus einer 3 m langen Reihe.

Kräuter ziehen

Kräuter gehören in jeden Küchengarten. Sie lassen sich leicht kultivieren und sehen attraktiv aus – das Rosa des Thymians, das Gelb des Fenchels und das Purpur oder Weiß des Beinwells. Vom Gewürzkraut bis zur Kosmetik lassen sich die Kräuter vielfältig einsetzen und verwenden.

Als organisch wirtschaftender Selbstversorger werden Sie erfreut feststellen, daß Kräuter Insekten anlocken, die Jagd auf Gartenschädlinge machen und ihre Blüten bestäuben. Außerdem erinnern mich Kräuter an eine alte, weisere Zeit, da wir unsere und die Gesundheitsprobleme des Viehs mit Heilkräutern lösten.

Was sind Kräuter?

Im Lexikon fand ich folgende Definition: Kräuter sind „Blütenpflanzen, die, anders als Sträucher oder Bäume, keine verholzten, oberirdischen Teile besitzen". Dies lehnt sich eng an die Wortbedeutung des lateinischen *herba* an, was einfach Gras oder grüne Pflanze bedeutet. Das meine ich aber nicht, wenn ich über Kräuter spreche.

Die zweite Definition lautet: „Aromatische Pflanzen wie Rosmarin, Minze und Petersilie, die in der Küche und Kräutermedizin verwendet werden." Diese Pflanzen findet man in einem traditionellen Küchengarten, doch für mich sind Kräuter noch mehr: Hunderte von heilenden Pflanzen für Mensch und Tier.

BEINWELL

Die Blätter dieser Staude enthalten viel Kalium. In Regenwasser eingeweichter, abgeschnittener Beinwell gibt einen guten Pflanzendünger ab. Beinwell ist eine traditionelle Nahrungs- und Heilpflanze, inzwischen wird von der Verwendung jedoch eher abgeraten.

Wenn Sie die Zeit erübrigen können, dann lesen Sie etwas über die faszinierende Welt der Kräuter. Sie waren nicht nur Heilmittel für Mensch und Tier, sondern haben unser tägliches Leben bestimmt – als Färbemittel, Kosmetik, Tee und Kräuterkissen.

Anbau von Kräutern

Wahrscheinlich pflanzen Sie Kräuter für den eigenen Gebrauch, denken Sie aber auch an Ihr Vieh. Manche Wiesenkräuter (siehe S. 154) verbessern die Gesundheit von Weidevieh. Sie sorgen für essentielle Mineralien, die sie über ihre Wurzeln aus der Erde geholt haben.

Marienkäfer frißt Blattläuse

Reservieren Sie den Kräutern eine warme Ecke, in der Sie eine Vielzahl davon anbauen können. Verpassen Sie keine Gelegenheit, dort zu schnuppern und zu schmecken, sie zu mahlen, einzufrieren und für Ihre Kost zu verwenden. Legen Sie den Kräutergarten in Küchennähe an. Kräuter erntet man häufiger als jede andere Nutzpflanze, und es macht keinen Sinn, für Petersilie oder Minze 100 m weit zu laufen. Legen Sie ein Hochbeet an, harken und rechen Sie es glatt. Es sollte allerdings sonnig liegen. Die meisten Kräuter geben nur in langen, warmen Sommern ihr Bestes.

Heilkräuter

Wer sich mit Kräutermedizin nicht auskennt, hält sie für eine Art Geheimwissenschaft, die auf mündlicher Überlieferung unserer Vorfahren beruht. Das gilt so nicht – es gibt heute zahlreiche gute Bücher über Heilkräuter. Daneben findet man homöopathische Kräuterbücher über Medizin und Tiermedizin. Immer mehr Menschen interessieren sich für Kräutermedizin, und für Biobauern stellt die Kräuterkunde einen Teil ihrer Arbeit „mit der Natur" dar.

EIN- UND ZWEIJÄHRIGE

Engelwurz

Aufrecht, hoch, mit dickem Stengel; liebt Schatten und Feuchtigkeit. Kandierte Blütenstengel können gegessen werden, der hohle Stengel soll fruchtbar machen und die Samen lindern Darmbeschwerden; beschrieben als der „Ginseng Europas".

Koriander

Wächst am besten in trockenem, leichtem Boden. Blätter und Samen dienen vor allem im Nahen Osten und Südostasien als Gewürz. Das Öl aus den Früchten wird mit anderen Bestandteilen zu einem Mittel gegen Blähungen vermischt.

Dill

Dieses schnellwüchsige Kraut kommt auch wild vor; gefiederte Blätter und gelbliche Blüten. In der Küche werden die Blätter als Gewürz, in der Tiermedizin die Früchte verwendet. Zusammen mit Kleie verfüttert, helfen sie bei Darmbeschwerden.

Kälberkropf

Der Gewürz-Kälberkropf wächst im Halbschatten und braucht Feuchte. In der Küche nimmt man ihn zu Fisch, Suppen und Eintöpfen. Mit Kälberkropf kann man den Appetit von Tieren anregen. Der nahe verwandte Taumelkälberkropf ist giftig!

Borretsch

Borretsch wird 60 cm hoch und hat lange, borstige Haare. Er verbreitet seine Samen überall und muß gejätet werden; Bienenpflanze. Als Zusatz zu Viehfutter soll er den Milchfluß anregen und Augenprobleme kurieren.

Basilikum

Diese duftende Mittelmeerpflanze ist empfindlich und muß gegen Spätfröste geschützt werden. Basilikum hat zwar keine medizinische Wirkung, ist aber ein hervorragendes Salatgewürz und wird für die Herstellung von Pesto verwendet.

Kapuzinerkresse

Diese Kletterpflanze mit kräftig orangen und roten Blüten fühlt sich in ärmeren Böden wohl; zu viele Nährstoffe und sie blüht nicht mehr. Die Knospen sind ein guter Kapernersatz, während ein Aufguß aus getrockneten, zerstoßenen Samen antiseptisch wirkt.

Petersilie

Ein wichtiges Kraut, für das Schafe und Ziegen (und der Bauer) schwärmen. Es soll die Milcherträge steigern und gehört auf die Wiese und in den Garten; als Heilpflanze gegen Koliken und Nierenbeschwerden. Petersilie wächst nicht auf sauren Böden.

MEHRJÄHRIGE

Pfefferminze

Breitet sich sehr schnell, oft zu schnell aus. Pfefferminztee ist äußerst erfrischend. Es gibt Hinweise, daß Minze den Milchfluß zum Stehen bringt. Das kann wichtig werden, wenn Junge entwöhnt wurden und das Euter ausgetrocknet werden soll.

Schnittlauch

Die aufrechten, zylindrischen Blätter schmecken wie die nahe verwandten Zwiebeln und gehören in den Salat. Wenn man sie stehen läßt, blühen sie mit kräftig purpurnen Blütenköpfen. Manchmal kommt Schnittlauch wild vor; grasendes Vieh sucht dann regelrecht danach.

Estragon

Die aromatischen Blätter werden als Gewürz für Fisch- und Fleischgerichte verwendet, zu Suppen und Salaten. Estragon braucht Wärme und Sonnenschein, verträgt auch trockene Standorte; muß alle zwei bis drei Jahre geteilt werden.

Majoran

In kühleren Regionen stirbt Majoran im Winter ab und muß jedes Jahr neu gesät werden; am besten in sandigem Boden. Verfüttert zusammen mit Kleie, lindert er Verdauungsbeschwerden bei Vieh.

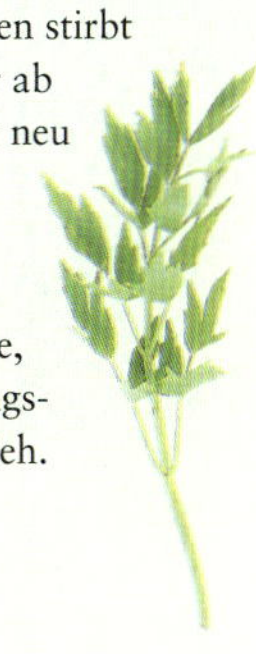

Lorbeer

Lorbeer wird gewöhnlich als Busch oder kleiner Baum (manchmal gar nicht klein) gezogen, dessen Blätter gepflückt und getrocknet für Suppen und Eintöpfe verwendet werden. Kalte Winter schaden ihm sehr, er braucht gemäßigtes Klima.

Rosmarin

Diese immergrüne Pflanze wächst am besten in leichtem, trockenen Boden; auf Kalk ist sie kleiner, duftet aber stärker. Sie wird als Gewürz verwendet. Ein starker Aufguß vertreibt die Fliegen. Rosmarin hat zusammenziehende und durchblutungsfördernde Wirkung.

Salbei

Der immergrüne Strauch aus Südeuropa verträgt auch strengere Winter. Man benutzt ihn als Gewürz. Verschiedene Sorten mit leicht differierenden Duftnuancen. Salbeitee ist gut bei Halsschmerzen, Lungen- und Ohrenproblemen.

Thymian

Thymian wächst gut in leichtem, trockenem, steinigem Boden; das duftende Kraut stammt vom Mittelmeer. Alle Formen haben den typischen Thymianduft; Heilmittel gegen Verdauungsbeschwerden bei Mensch und Tier.

Obst in kühleren Regionen

Da heute jedermann Zugang zu den Früchten der Welt hat und manche Früchte ganzjährig erhältlich sind, geht langsam das Vergnügen verloren, die ersten Früchte der Saison zu essen – frisch aus dem eigenen Garten. Beleben Sie dieses Gefühl neu! Gerade weil wir auf die erste Erdbeere des Jahres warten mußten, wurde der Genuß umso intensiver. Die Pflanzen blühten, setzten Früchte an, dann – nach einem beunruhigenden Kälteeinbruch – konnten wir endlich ernten. Heute gibt es Erdbeeren und viele andere Früchte das ganze Jahr hindurch. Aber nichts läßt sich mit einer Frucht aus dem eigenen Garten vergleichen.

WOHIN MIT DEN ERDBEEREN?
Erdbeerpflanzen müssen alle zwei bis drei Jahre umgesetzt werden, daher passen sie gut in einen Gemüsefruchtwechsel (siehe S. 97).

Die Planung

Anders als die meisten Gemüse kann man Früchte keinem Fruchtwechsel unterwerfen (mit Ausnahme der Erdbeeren). Sie werden nicht Jahr für Jahr an anderer Stelle des Gartens gepflanzt, daher sollte man gründlich planen, ehe man den Obstgarten anlegt.

Früchte müssen zu dem jeweiligen Klima passen. Bewerten Sie das Wetter in Ihrer Gegend realistisch. Es hat keinen Zweck, Jahr für Jahr auf Orangen zu hoffen, wenn der Frost früh kommt und lange bleibt. Wählen Sie winterharte Früchte und nehmen Sie Sorten, die sich nicht für den Intensivanbau eignen. Für diese „interessanten Früchte" , speziell aus organischem Anbau, finden sich viele Abnehmer.

Der Boden muß für Ihre Früchte geeignet sein; bereiten Sie ihn wie beim Gemüse vor dem Anpflanzen vor. Wasser ist besonders wichtig. Früchte wachsen weder in Staunässe noch in trockenen Böden; und wenn die Früchte reifen, brauchen Sie viel Wasser.

Bereiten Sie schwere Böden wie beim Hochbeet vor; sie brauchen Kompost und guten Wasserabzug. Verbessern Sie leichten Boden mit Kompost, Stroh und Mist.

Bäume pflanzen

Der beste Platz für Bäume ist das Ende des Gartens. Nahe am Haus könnte zu viel Schatten sein und ihre Wurzeln wuchern unter die Fundamente.

Obstbäume pflanzt man am besten im Herbst. So können sich die Wurzeln über den Winter, vor dem trockenen Sommer, entwickeln.

Denken Sie daran, daß auch ein Obstgarten Teil des Hofes ist und pickenden Hühnern oder einem angebundenen Schwein gute Nahrung bietet.

PFLANZPLAN
Die höchsten Bäume kommen an die sonnenabgewandte Seite, die kleineren davor, so daß minimaler Schattenwurf auftritt.

DRAINAGE
Auf feuchten, schweren Böden müssen Sie für eine gute Drainage sorgen. Obstbäume stehen nicht gerne mit den Füßen im Wasser.

Schutz der Früchte

Obwohl Vögel in einer Nacht alle Ihre Kirschen oder Johannisbeeren stehlen können, sind sie nützlich, weil sie Schadinsekten und Schnecken vertilgen. Dennoch ist Vogelschaden kaum zu tolerieren. Schutz bietet nur der vollständige Abschluß des Baumes. Das kann sehr teuer werden, lohnt aber bei wertvollen Früchten und hält für viele Jahre. Diese allseitige Umzäunung aus Maschendraht wurde kommerziell hergestellt, Sie können aber auch eine Eigenkonstruktion verwenden.

DURCHLÜFTUNG

Eine durchlässige Wand filtert den Wind. Feste Hindernisse erzeugen Wirbel.

FROSTIGE ECKEN

Diese Ecke zwischen Mauer und Bäumen und die Lufträume zwischen den Bäumen können als Luftfalle dienen: In kalten Nächten entstehen so leicht starke Fröste.

MIKROKLIMA

In der von zwei Seiten durch Mauern begrenzten, zur Sonne gerichteten Ecke herrscht ein eigenes Mikroklima. Die gespeicherte Wärme erlaubt den Anbau von Früchten südlicher Regionen.

LEICHTER ZUGANG

Berücksichtigen Sie, daß Sie Platz zur Arbeit zwischen den Pflanzen brauchen und ob eine Schubkarre zwischen die Bäume paßt, beispielsweise mit Kompost.

OBSTGARTEN IN GEMÄSSIGTEM KLIMA

Dieser Obstgarten wurde für ein Klima geplant, das durch Früh- und Spätfröste gekennzeichnet ist. Alle Bäume und Sträucher sind winterhart, obwohl ein später Frost im Frühling den Fruchtansatz verhindern könnte – sie werden aber überleben und im nächsten Jahr erneut blühen.

Obst in wärmeren Regionen

MANDELBLÜTE
Die meisten Mandelbäume sind selbststeril; stehen andere in der Nähe, werden die Bienen für die Bestäubung sorgen.

Das Mittelmeerklima zieht sich in einem Gürtel rund um die Erde. Es ist durch lange, trockene Sommer und feuchte Winter gekennzeichnet – ein ideales Klima für den Anbau von Obst. Wenn Sie dort glücklicher Besitzer eines Hofes in der Ebene sind, steht Ihnen eine Riesenauswahl an Früchten zur Verfügung. Genießen Sie im Frühling den süßen Duft der Orangenblüten und kosten Sie den Genuß eines reifen, frisch gepflückten Pfirsichs aus, der noch warm von der Mittagssonne ist.

Ein gut geplanter Garten wird Sie nicht nur mit zahlreichen, interessanten Früchten versorgen, sondern Ihnen während der langen, heißen Sommermonate auch Schatten spenden.

WAS ANBAUEN?

Zögern Sie nicht, lange Spaziergänge durch die Gegend zu machen, in der Sie leben. Schauen Sie sich an, was in anderen Gärten wächst. Lokale Praxis läßt den Schluß zu, welche Früchte gut mit dem Boden harmonieren. Wagen Sie andererseits Experimente: Stellen Sie sich das Vergnügen vor, eine eigene Banane oder Mango zu ernten! Fast alle Früchte lassen sich aus Samen ziehen – das macht Spaß, kostet aber Zeit und Sie müssen auf Enttäuschungen gefaßt sein.

DIE PLANUNG DES OBSTGARTENS

Fragen Sie in einer renommierten Baumschule nach und wählen Sie bewährte Sorten. Entscheiden Sie nach Geschmack, nicht nach Ertrag, und wählen Sie kleinwüchsige Sorten – sie brauchen weniger Platz und und lassen sich leichter pflegen. Die Mehrausgabe beim Kauf der neuen Bäume zahlt sich später immer wieder aus.

Viele Früchte, auch die meisten Pfirsichsorten, sind selbstbestäubend, daher brauchen Sie nur je ein Exemplar. Viele Apfel- und Pflaumensorten sind jedoch selbststeril. Sie brauchen als Bestäuber einen zweiten Baum von anderer Sorte in der Nähe. Probieren Sie aus, welche Sorten zueinander passen.

Das Früchtewachstum ist von der Bestäubung abhängig. Insekten übernehmen das sehr effektiv, aber einiges können Sie auch selbst tun. Der Pollen läßt sich mit einem weichen Pinsel von Blüte zu Blüte übertragen.

DIE LAGERUNG VON FRÜCHTEN

Spätreifende Äpfel in einem kühlen, frostfreien, gut belüfteten Schuppen oder Keller lagern. Mittelgroße, gesunde Früchte einzeln in Butterbrot- oder Zeitungspapier wickeln. Überprüfen Sie das Lagergut regelmäßig auf faulende Früchte und Schädlinge.

Zitronen und andere Zitrusfrüchte werden ähnlich wie Äpfel oder in einer Sandkiste gelagert. Legen Sie fehlerlose Früchte schichtweise in Holzkisten und decken Sie jede Lage mit Sand ab. Darin halten sich die Früchte bis zu zwei Monate.

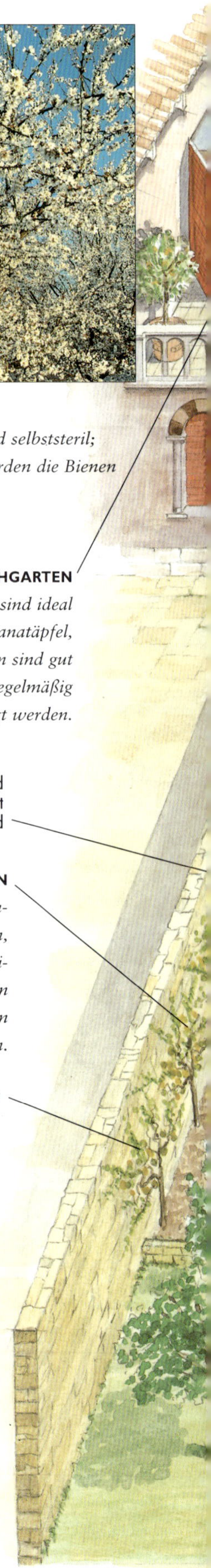

DACHGARTEN
Dachgärten oder Patios sind ideal für Kübelpflanzen. Granatäpfel, Kumquats und Limonen sind gut geeignet, müssen aber regelmäßig gewässert und gedüngt werden.

Aprikosen blühen sehr früh und müssen daher per Hand bestäubt werden, wenn keine Insekten da sind

MAUER IM OBSTGARTEN
Die Mauer dient als Sonnenfalle, sie ist ideal für Aprikosen, Feigen, Pfirsiche und Nektarinen als Spalierobst. Der Boden zu Füßen einer Mauer kann im Sommer sehr trocken werden.

Quitten duften wunderbar

OBSTGARTEN IN WARMEM KLIMA
Der Standort muß gut drainiert sein und gleichzeit über genügend Wasser verfügen: Wasser ist lebenswichtig für Wachstum und Fruchtansatz im heißen Sommer. Als erstes sollten Sie den Bau eines Bewässerungssystems ins Auge fassen. Bodenmängel (siehe S. 132) sind leichter zu ertragen als Wassermangel.

PERGOLA

Kletterpflanzen, wie Passionsblume und Kiwi, auf einer Pergola spenden Schatten und liefern Früchte.

ABSTAND DER BÄUME

Bäume brauchen Platz, um sich zu entfalten und für guten Luftaustausch. Kompakte Wuchsformen lassen sich enger pflanzen – aber nicht zu dicht. Sie profitieren von einem Mehr an Platz bei schlechteren Böden und Wassermangel.

TERRASSE

Wenn Sie einen Hang terrassieren, wird der Boden tiefgründiger. Bis die Bäume ausgewachsen sind, können Sie dazwischen auch andere Pflanzen anziehen, etwa Melonen und Paprika.

Früchte anbauen

Es gibt nichts Schöneres als den Anblick blühender und reifender Fruchtgehölze. Sie erfreuen uns von Beginn bis zum Ende der Vegetationsperiode mit ihrem Anblick. In den ersten warmen Frühlingstagen erfüllen sie den Garten mit ihrem Duft, später warten die Früchte darauf, geerntet und gegessen oder gelagert zu werden. Es ist eine besondere Herbstfreude, nach harter Feldarbeit in den Garten zu gehen und einen reifen Apfel zu pflücken.

Viele Obstgehölze können als Spalierobst gezogen werden – an Gebäuden, Mauern, über Bögen. Auf diese Weise nutzen Sie vernachlässigte Ecken Ihres Hofes, wo sonst nichts wächst.

TRAUBEN IN KÜHLEN REGIONEN
Wenn Sie nicht auf warme Sommer rechnen können, gehört Wein in ein Gewächshaus. Ziehen Sie z. B. eine rote und eine weiße Weinsorte, vielleicht auch Passionsfrüchte oder Kiwi.

NÜSSE UND KLETTERPFLANZEN

Haselnüsse

Es gibt zwei wichtige Sorten: Die runde Form (links), die nur teilweise, und die längliche Lambertsnuß (rechts), die gänzlich vom Kelch bedeckt ist. Beides sind Waldpflanzen, die im Halbschatten unter Bäumen wachsen. Vermeiden Sie aber zu schattige Standorte. Bei ausreichendem Wasserabzug tolerieren sie alle Standorte; variabler Fruchtertrag.
PFLANZABSTAND 3,50 m.
ERTRAG Etwa 11 kg von ausgereiften Gehölzen.

Mandeln

Mandeln wachsen am Mittelmeer, in Kalifornien und Ostasien. In kühleren Gebieten gehen sie in eine Winterruhe über und scheinen mit der Blüte auf die erste Frühlingssonne zu warten. Spätfröste vernichten die Blüten und Ihre Ernte. Sind Fröste zu erwarten, gehören Mandeln vor eine warme Wand, um reichlich Früchte zu tragen.
PFLANZABSTAND 4,50 m.
ERTRAG Etwa 9 kg von ausgereiften Bäumen.

Walnüsse

Die Wurzeln eines Walnußbaumes reichen tief, sie holen Nährstoffe aus den tieferen Schichten, nicht von der Oberfläche. Daher passen Walnüsse gut an den Rand von Beerenobstgärten, dort sorgen sie für Windschutz, ohne den Sträuchern Nährstoffe zu entziehen. Die Bäume können bis zu 200 Jahre alt werden.
PFLANZABSTAND 6 m.
ERTRAG Etwa 25 kg von ausgereiften Bäumen.

Weintrauben

Die ersten Früchte sind erst drei Jahre nach der Pflanzung zu erwarten, danach – bei richtiger Pflege – allerdings für 20 Jahre. Pflanzen Sie Wein im Freiland am besten vor eine warme Mauer. Die besten Trauben wachsen in heißen Regionen der Erde, vermeiden Sie daher, die Wurzeln zu stark zu wässern. Ideal ist sandiger, steiniger, sehr durchlässiger Boden.
PFLANZABSTAND Pflanzen Sie Weinstöcke in 1,20–1,50 m Abstand.
ERTRAG Etwa 7 kg von einem ausgereiften Stock.

Passionsfrüchte

Die Passionsfrucht ist eine Kletterpflanze mit dunkelgrünen Blättern und weißen Blüten. Sie gedeiht nur an sehr sonnigen Stellen und verträgt keinen Frost. Geben Sie Mist bis zu Beginn der Blütezeit und gießen Sie regelmäßig. Die Fruchtreife dauert lange. Ziehen Sie Passionsfrüchte aus Samen oder Stecklingen (Spezialanbieter).
PFLANZABSTAND Eine Pflanze reicht aus, mehrere werden mit 4 m Abstand gepflanzt.
ERTRAG 9 kg von einer ausgereiften Pflanze.

Kiwis

Kiwis sind wüchsige Kletterpflanzen, die sich überall verankern können. Die ursprüngliche Form braucht 8 Monate zur Fruchtreife, aber es gibt jetzt schneller reifende Sorten für gemäßigte Klimate. Sie brauchen während der Vegetationsperiode viel Wasser und sind auf Dünger angewiesen (außer auf sehr fruchtbaren Böden). Männliche und weibliche Blüten stehen auf separaten Pflanzen – Sie brauchen beide für den Fruchtansatz.
PFLANZABSTAND Pflanzen Sie eine männliche und eine weibliche Pflanze mit 4 m Abstand.
ERTRAG 9 kg von einer ausgereiften Pflanze.

BEERENFRÜCHTE

Himbeeren

Da jeder Strauch sehr viele Früchte liefert, eignen sich Himbeeren hervorragend für kleine Gärten. Das größte Problem stellen Vögel (legen Sie ein Netz über die Sträucher) und Viruserkrankungen (verbrennen Sie erkrankte Sträucher) dar.
ERZIEHEN/SCHNITT Ziehen Sie die Sträucher an Drähten und schneiden Sie alte Sträucher nach der Fruchtreife bis zum Boden zurück.
PFLANZABSTAND 40–60 cm.
ERTRAG 5,5 kg aus einer 3 m langen Reihe.

Brombeeren

Brombeeren können Sie auch aus einer wilden Hecke pflücken, Kultursorten liefern aber dickere, süßere Beeren.
ERZIEHEN/SCHNITT Ziehen Sie die Sträucher an Drähten und schneiden Sie alte Sträucher nach der Fruchtreife bis zum Boden zurück; oder pflanzen Sie sie als Teil einer Hecke.
PFLANZABSTAND 2,50–3,50 m.
ERTRAG Etwa 5–9 kg pro Pflanze.

Loganbeeren

Loganbeeren wurden 1881 von dem Richter James H. Logan entdeckt. Man hielt sie für eine Kreuzung zwischen Himbeeren und Brombeeren (eine wahrscheinlich falsche Hypothese). Die Früchte sind größer als bei Himbeeren und Brombeeren und wachsen an dornenlosen Sträuchern, was Ernte und Beschneiden sehr erleichtert. Kaufen Sie virusfreie Sorten und pflanzen Sie sie in leicht sauren Boden.

ERZIEHEN/SCHNITT Wie Himbeere und Brombeere.
PFLANZABSTAND 3–3,50 m.
ERTRAG 6 kg pro Pflanze.

Johannisbeeren

Die Weißen Johannisbeeren sind eine Variation der roten Form. Schwarze Johannisbeeren sind eine eigene Art, die auf nährstoffreichen Boden angewiesen ist; arbeiten Sie vor dem Pflanzen Mist oder Kompost ein. Alle brauchen einen kaliumreichen, gut drainierten Boden und Halbschatten.
ERZIEHEN/SCHNITT Rote und Weiße Johannisbeeren fruchten auf altem Holz, sie werden kaum beschnitten. Schwarze Johannisbeeren fruchten auf einjährigen Trieben, daher wird das alte Holz nach der Ernte zurückgeschnitten. Einjährige Triebe sehen hell aus, ältere sind dicker und dunkler.
PFLANZABSTAND Alle brauchen einen Abstand von 1,50–1,80 m.
ERTRAG Etwa 5 kg von einem ausgereiften Strauch.

Weiße Johannisbeere an älterem Holz

Schwarze Johannisbeere an neuen Austrieben

Rote Johannisbeere an älterem Holz

Stachelbeeren

Stachelbeeren lassen sich problemlos ziehen. Haben sie sich erst etabliert, liefern sie 20 Jahre lang Früchte. Sie brauchen gut drainierten Boden, der während der Wuchsperiode etwas Wasser speichern sollte.
ERZIEHEN/SCHNITT Keine Erziehung; schneiden Sie sie auf handliche Erntegröße zurück.
PFLANZABSTAND Etwa 1,50 m.
ERTRAG Etwa 3–5 kg pro Strauch.

Blaubeeren

Wenn Sie keinen ausgesprochen sauren Boden haben, müssen Sie einen Pflanzbereich ansäuern oder Blaubeeren in Kübeln mit saurem Kompost ziehen. Geben Sie Kalidünger während der Fruchtreife zu.
ERZIEHUNG/SCHNITT Keine Erziehung; schneiden Sie sie auf handliche Erntegröße zurück.
PFLANZABSTAND Etwa 1,50 m.
ERTRAG 3 kg von einem ausgereiften Strauch.

Erdbeeren

Pflanzen Sie Erdbeeren in gut umgegrabenen Boden; sie brauchen etwas Zeit. Fügen Sie gut verrotteten Mist zu. Bedecken Sie den Boden zur Fruchtreife mit einer Lage Stroh. Vögel sind Ihre größten Feinde, daher müssen die Früchte geschützt werden.
ERZIEHUNG/SCHNITT Nicht erforderlich.
PFLANZABSTAND Pflanzen Sie mit 45 cm Abstand (1 m Reihenabstand).
ERTRAG Etwa 250 g pro Pflanze.

Melonen

In kühleren Regionen werden Melonen im Gewächshaus oder Frühbeet angezogen. Vielfach fühlen sie sich dort auch weiterhin am wohlsten.

ERZIEHUNG/SCHNITT Keine Erziehung; knipsen Sie die Spitzen der Seitentriebe ab, wenn diese 5 Blätter entwickelt haben; die Früchte wachsen an den kurzen Trieben heran.
PFLANZABSTAND Mindestens 1 m.
ERTRAG Etwa vier Früchte pro Pflanze.

Baumfrüchte

Süßkirschen

Schwarze Kirsche

Es gibt zwei Formen von Kirschen – süße und saure. Süßkirschen werden gegessen, Sauerkirschen eingemacht.
WUCHSFORMEN Kirschbäume können sehr groß werden, prüfen Sie daher, welche Endgröße sie erreichen. Hochstämme lassen sich kaum vor Vogelfraß schützen, zu Fächern gezogene Bäume können Sie mit einem Netz abdecken.
BESTÄUBUNG Normalerweise kein Problem bei Kirschen.
PFLANZABSTAND Hochstämme im Abstand von 6–9 m, Fächer mit 5,50 m.
ERTRAG 32 kg von einem Hochstamm.

'Montmorency'

Pflaumen

Es gibt eine Reihe von Sorten, darunter Reineclaude und Damaszenerpflaume. Alle brauchen tiefgründigen Boden und Schutz vor Frösten zur Blütezeit. Wenn Sie Pflaumen kommerziell anbauen, müssen Sie Maßnahmen gegen Schädlinge und Krankheiten (siehe S. 92) ergreifen. Ansonsten sind Pflaumen leicht zu ziehen, lassen Sie sie am besten in Ruhe.
WUCHSFORMEN Alle Sorten sind auf Wurzelstöcke gepfropft; er bestimmt die Größe des späteren Baumes. Wählen Sie für Spalierpflaumen einen kleinen Wurzelstock.
BESTÄUBUNG Normalerweise kein Problem.
PFLANZABSTAND Hochstämme mit 6 m, zu Fächern gezogene mit 3,50 m Abstand.
ERTRAG Etwa 23 kg von einem frei stehenden, oder 14 kg von einem zehnjährigen Spalierobstbaum.

Aprikosen

Das Geheimnis einer wohlschmeckenden Aprikose ist Sonnenschein; nur die wärmsten Standorte oder Schutz durch eine Wand eignen sich für diese Frucht. Sie blühen sehr früh im Jahr und sind frostanfällig.
WUCHSFORMEN In kühlen Regionen als Spalier vor einer Mauer oder im Gewächshaus.
BESTÄUBUNG Selbstbestäuber (siehe S. 106), daher reicht ein Baum. Wenn er schon vor den ersten Insekten im Frühling blüht, müssen Sie ihn mit einem weichen Pinsel bestäuben.
PFLANZABSTAND Spalier in Fächerform mit etwa 4,50 m Abstand.
ERTRAG Etwa 9 kg von einem guten „Fächer".

Nektarinen

Nektarinen haben dieselben Ansprüche wie Aprikosen, brauchen aber mehr Schutz vor Frösten.
WUCHSFORMEN In kühlen Regionen als Spalier vor einer Mauer.
BESTÄUBUNG Wie Aprikosen.
PFLANZABSTAND Spalier in Fächerform mit etwa 3,50 m Abstand.
ERTRAG Etwa 9 kg von einem guten „Fächer".

Pfirsiche

Pfirsiche brauchen gut drainierten Boden mit möglichst neutralem pH (siehe S. 133).
WUCHSFORMEN In kühlen Regionen am besten als Spalier vor einer warmen Mauer.
BESTÄUBUNG Wenn sie blühen, bevor genügend Insekten unterwegs sind, müssen Sie Pfirsiche mit einem weichen Pinsel bestäuben.
PFLANZABSTAND Spalier in Fächerform mit etwa 3,50 m Abstand
ERTRAG Etwa 9 kg von einem guten „Fächer".

Äpfel

Äpfel dürften Ihnen keine Probleme machen, denn es gibt weltweit genügend Sorten für alle möglichen Regionen.
WUCHSFORMEN Dank der modernen Pfropftechniken gibt es Apfelbäume in allen Größen. Manche Sorten lassen sich zu Fächern erziehen oder zu Hecken verflechten.
BESTÄUBUNG Wenn Sie einen kleinen Obstgarten planen, bedenken Sie, daß Äpfel nur dann reichlich tragen, wenn sie durch eine andere Sorte bestäubt wurden. Pflanzen Sie also mindestens zwei kompatible Sorten, die gleichzeitig blühen. Da der Pollen von Bienen transportiert wird, helfen Sie mit einem Bienenkorb im Obstgarten nach.
PFLANZABSTAND Hochstämme mit 6 m, Sträucher mit 3,5–6 m und Fächer-Spaliere mit 4,50 m Abstand.
ERTRAG 36–45 kg pro Buschbaum.

Birnen

Birnen lassen sich leicht ziehen; pflanzen Sie sie in fruchtbaren Boden und jäten Sie die Umgebung, solange sie noch jung sind. Birnen müssen bewässert werden, denn sie vertragen Trockenheit weniger gut als Äpfel.
WUCHSFORMEN Hochstamm, Buschbaum, Spalier-Fächer oder entlang von Drähten oder Latten.
BESTÄUBUNG Manche Sorten sind selbstbestäubend (siehe S. 106), einige brauchen Fremdbestäuber.
PFLANZABSTAND Hochstämme brauchen 9 m, Buschbäume 6 m Abstand.
ERTRAG Sehr unterschiedlich; über 75 kg von einem großen Baum.

BAUMFRÜCHTE

Apfelsinen

Es gibt Bauern, die trotz des unsicheren Wetters in kühlen Regionen Glück hatten mit Apfelsinen – aber nur im beheizten Gewächshaus. In heißen Regionen geht das einfacher. Manche Orangenbäume brauchen 12 Jahre, ehe sie erstmals fruchten. Wenn Sie daher an einen Gewächshausanbau denken, wählen Sie lieber die eher fruchtenden Mandarinen.

PFLANZABSTAND 7,50 m zwischen Sträuchern.

ERTRAG 20–30 Früchte pro ausgewachsenem Baum.

Zitronen und Limetten

Bis auf sehr heiße Regionen müssen Limetten und Zitronen im Gewächshaus gezogen werden. Sie sind zwar recht winterhart, wachsen aber nur bei Hitze. Wenn Sie mit einem Samen beginnen, müssen Sie 10 Jahre auf die erste Blüte warten. Wie alle Zitrusfrüchte mögen sie leicht sauren Boden.

PFLANZABSTAND 4,50 m zwischen Sträuchern.

ERTRAG 20–30 Früchte pro ausgewachsenem Baum.

Grapefruits

Die Grapefruit stammt aus der Karibik, d. h. sie braucht Wärme für die Fruchtreife und gut drainierten Boden. Trotz ihres Sonnenbedarfs ist die Grapefruit ein winterharter Baum, der aus Stecklingen austreibt. Vielleicht versuchen Sie es allein wegen des Blütenduftes: Man sagt, daß der Duft einer einzigen Blüte ein ganzes Gewächshaus erfüllt.

PFLANZABSTAND Bereits die Strauchform ist groß; mindestens 9 m Abstand.

ERTRAG 20 bis 30 Früchte pro ausgewachsenem Baum.

Kumquats

Die kleinen, süßen, orangen Früchte dieser Zitrusfrucht werden ganz gegessen. Sie sitzen an kleinen, stark verzweigten Bäumen mit immergrünem Laub (wie alle Zitrusfrüchte). Sie bevorzugen einen offenen, sonnigen Standort, ein Windschutz kann jedoch nützlich sein. Angebaut werden sie wie Apfelsinen, tolerieren aber etwas mehr Kälte.

PFLANZABSTAND 4,50 m zwischen Buschbäumen.

ERTRAG Abhängig von den Bedingungen.

Maulbeeren

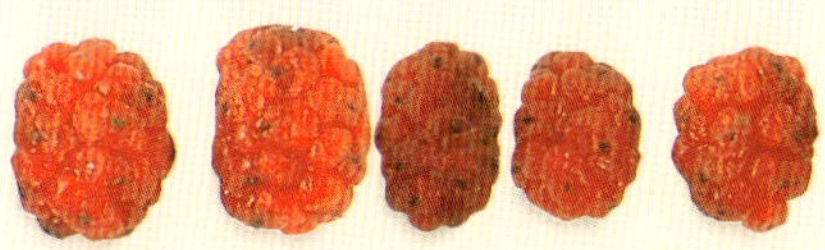

Die Maulbeere ist eine herrliche Frucht, die auf wunderschönen Bäumen wächst. Die Bäume brauchen viel Platz und lassen sich nicht als Spalier ziehen. An einem kühlen Standort tragen sie nicht, mit reichlich Sonne in geschützter Lage bilden sie dagegen reichlich Früchte. Allerdings wachsen sie langsam: Rechnen Sie mit mindestens acht Jahren, bis die ersten Früchte erscheinen. Maulbeeren werden geerntet, indem man ein Tuch ausbreitet und die Zweige kräftig schüttelt.

PFLANZABSTAND 9 m.

ERTRAG 75 kg von einem großen Baum.

Oliven

Oliven stammen vom Mittelmeer – sie brauchen Frostschutz und wachsen nur an sehr sonnigen Stellen auf gut drainierten Böden. Die Bäume sind klein, und Stamm und Äste werden mit der Zeit knorrig. An geeignetem Standort werden sie uralt, vielleicht bis 2000 Jahre! Sorten für den Verzehr haben Oliven mit mehr Fleisch als solche für die Ölproduktion. Alle vertragen Trockenheit und schlechteste Böden.

PFLANZABSTAND Zwischen Hochstämmen 7,50–10 m.

ERTRAG 50 kg von einem ausgewachsenen Baum

Quitten

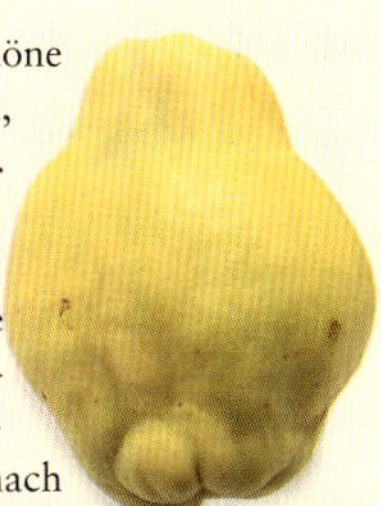

Quitten sind wunderschöne Bäume mit prachtvollen, weißen und rosa Blüten. Angeblich lebte die Schlange im Paradies in einem Quittenbaum. Sie sind mit den Birnen verwandt und leicht zu ziehen; fruchten erstmals nach 4–5 Jahren und sind selbstbestäubend. Die stark duftenden Früchte sind nicht zum direkten Verzehr geeignet, man braucht sie zum Backen (mit Äpfeln), für Wein und Gelees.

PFLANZABSTAND 6 m zwischen Buschbäumen

ERTRAG 23 kg von einem ausgewachsenen Baum.

Feigen

Feigenbäume können sehr groß werden, brauchen aber besondere Pflege, wenn sie fruchten sollen. Ziehen Sie sie in kühlem Klima vor einer warmen Mauer. Wird das Wurzelwachstum nicht eingeschränkt, tragen sie keine Früchte: Graben Sie ein Loch um die Wurzeln und kleiden Sie es mit Ziegeln oder Beton aus. Sie können die Pflanzen auch in einen Kübel setzen und ihn im Boden versenken. Während der Reife dürfen Feigen nicht zu viel gegossen werden, sonst platzen die Früchte.

PFLANZABSTAND Lassen Sie 3 m Abstand zwischen Sträuchern.

ERTRAG 30 kg von einem ausgewachsenen Baum.

Granatäpfel

Granatäpfel sind etwa apfelgroß und wachsen auf kleinen Bäumen mit wunderschönen, roten Blüten. Für die Reife brauchen sie Sonne. Schützen Sie den Baum vor Frösten. In warmem Klima ist er immergrün, in kühlem wirft er die Blätter im Winter ab. Granatäpfel brauchen gut drainierten Boden und regelmäßiges Bewässern (nicht zu viel) während der Fruchtreife.

PFLANZABSTAND 5 m.

ERTRAG 100–150 Früchte von einem ausgewachsenen Baum.

DIE ZUKUNFT PLANEN

In größerem Stil zu arbeiten, heißt nicht, sich weniger um die Pflanzen oder das Land zu kümmern. Statt eines Gartens haben Sie nun eine Reihe von Feldern. Ändern

werden sich nur die Techniken und Maschinen, Ihre innere Einstellung bei der Arbeit bleibt erhalten. Sie legen noch immer Fruchtwechsel an und halten Ihre Tiere artgerecht. Ihr Hof wird größer – Sie bleiben der Alte.

Das ist der Vorteil eines selbstbewirtschafteten Hofes, auf dem Sie nur mit ökologischen Methoden arbeiten.

LEBEN MITTENDRIN

Das Wohnhaus sollte nah am Hofraum stehen – es gehört zum Los des Bauern, dort kurzfristig für die eine oder andere Arbeit gebraucht zu werden.

DIE HOFANLAGE

Unter Selbstversorgern gilt alles als großer Hof, was größer ist als rund 4 ha. Dazu gehören ein halbes Dutzend größerer Felder und eine ordentliche Schaf- oder Rinderherde. Es gibt Gebäude für die Maschinen, die Ernte und Futter, Extragebäude zum Melken, für Molkereiarbeiten oder Weinherstellung, dazu Stellflächen für das Vieh, das gemolken, geschoren oder im Winter untergebracht wird. Das Leben auf einem großen Hof dreht sich um den Hofraum, eine der schönsten Einrichtungen des Landlebens. Er ist gleichzeitig Arbeitsplatz und doch gefüllt mit Atmosphäre und Erinnerungen. Wenn Sie einen Bauernhof kaufen möchten, dann sehen Sie sich Hofraum und Gebäude genau an – sie sind das Herz Ihres neuen Besitzes.

DER IDEALE GRUNDRISS

Ein Hofraum muß, wann immer notwendig, Rinder und Schafe beherbergen können; Pferde brauchen einen eigenen Hof. Der Misthaufen (siehe Seite 136) sollte in der Nähe beider liegen. Vielzweckpferche für kleine Nutztiere sind besonders geeignet, wenn Sie im Laufe der Zeit noch von Geflügel zu Schweinen oder von Schafen zu Ziegen wechseln, um das Beste für sich herauszufinden. Sehr praktisch und billig sind auch die vielseitigen offenen Feldscheunen.

Am meisten zählt der praktische Nutzen der ganzen Hofanlage: Der Melkplatz muß nahe der Milchverarbeitung sein; in die Nähe gehören auch die Schweine, denn sie bekommen die Reste der Milchverarbeitung. Außenwände von Pferde- und Kuhställen sowie von Scheunen sollten gleichzeitig auch Begrenzung des Hofraumes sein. Auch Wohnhaus und Küchengarten gehören in die Nähe des Hofraumes.

INFRASTRUKTUR UND PFLEGE

TORE UND FAHRWEGE

Verstärken Sie Tore mit Maschendraht, um Füchse fern- und Geflügel festzuhalten. Evtl. müssen Fahrwege ausgebessert werden.

FELDDRAINAGE

Wenn Felder in nassen Wintern zu Staunässe neigen, können die Pflanzen verderben. Kontrollieren Sie die Gräben!

WERKSTATT

Fast jeden Tag geht etwas kaputt, daher brauchen Sie eine große Werkstatt, um die notwendigen Reparaturen auszuführen.

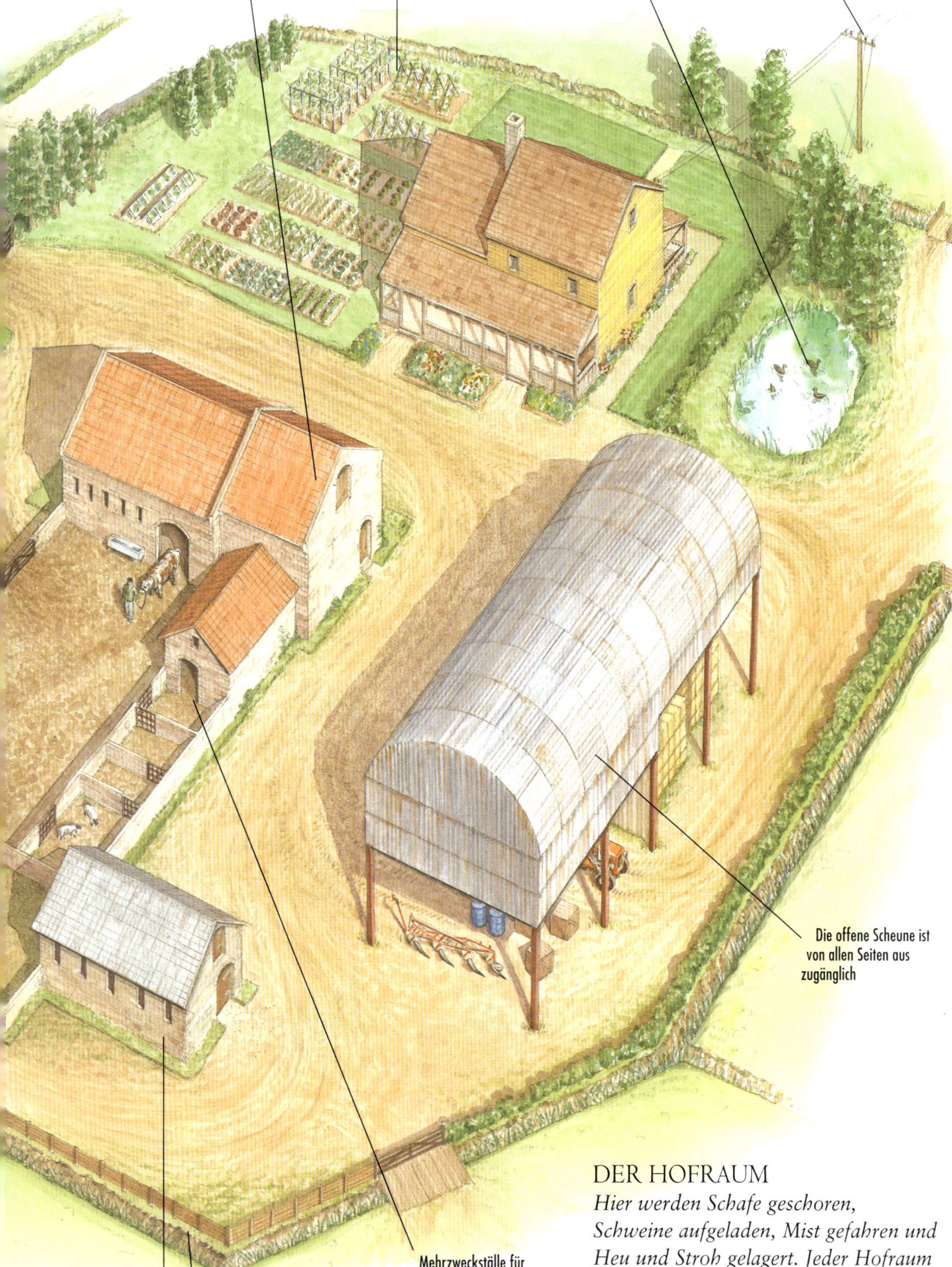

DER HOFRAUM

Hier werden Schafe geschoren, Schweine aufgeladen, Mist gefahren und Heu und Stroh gelagert. Jeder Hofraum entwickelt sich mit dem Bauernhof, daher wird sich auch der Ihre je nach Ihren Zielen verändern.

SCHEUNEN UND STÄLLE

SCHEUNE
In Scheunen wie dieser werden in den USA Tiere gehalten und auch geboren.

OFFENE SCHEUNE
Feldscheunen haben hohe, gewölbte Dächer; man lagert darin Heu, Stroh und Geräte.

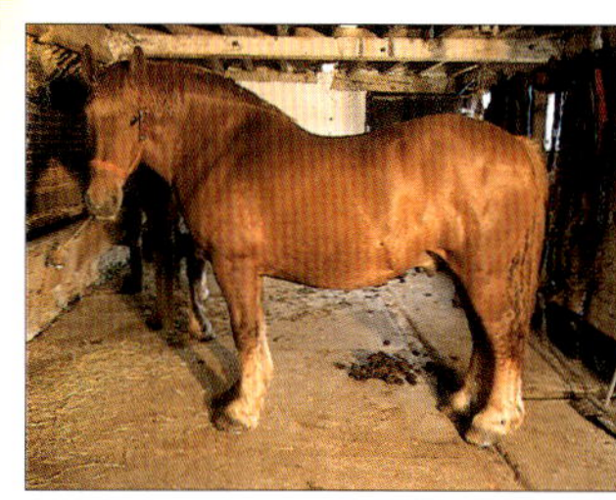

PFERDESTALL
Pferde brauchen einen bequemen Stall, in dem sie fressen und sich ausruhen können.

KUHSTALL
Darin stellt man Kühe im Winter unter, außerdem immer dann, wenn es nötig ist.

DIE ARBEITSKRAFT

ESEL AUF DER WEIDE
Anders als gewöhnlich angenommen, sind Esel nicht preiswerter als Ponys oder leichte Pferde.

Wenn Sie einen großen Hof bewirtschaften, können Sie nicht mehr alles mit Spaten, Gabel, Hacke und Schaufel selbst erledigen. Sie sind gezwungen, wichtige Entscheidungen zu treffen: Wie bearbeite ich das Land und wie bringe ich die Ernte ein? Es mag verlockend sein, sich nach den alten Zeiten zu sehnen, als – wie auf vergilbten Photos – ganze Familien und Dörfer zur Gabel griffen, um Heu zu machen oder Kartoffeln auszugraben. Diese Zeit der zahlreichen und billigen Arbeitskräfte ist vorbei! Sie werden ohnehin feststellen, daß die meiste Arbeit an Ihnen hängenbleibt.

TIER ODER MASCHINE?

Diese Tabelle stellt die wichtigsten Auswahlkriterien für Zugmaschinen und -tiere vor. Im Vordergrund muß die realistische Einschätzung der Bedürfnisse und der anfallenden Arbeiten auf Ihrem Hof stehen. Andererseits müssen Sie mit Ihrer Wahl glücklich sein – Sie werden viel Zeit miteinander verbringen.

	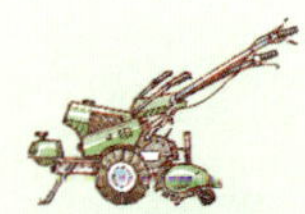 *Einfacher Kultivator*	 *Kleiner Traktor*
Kaufpreis	Am besten aus zweiter Hand: nur für einen Teil des Jahres begrenzt einsetzbar; für moderne Maschinen sind eine Reihe von Zusatzgeräten erhältlich	Kostet soviel wie ein neues Auto; es gibt gebrauchte Maschinen, hören Sie sich um; kaufen Sie keine „imitierten" Traktoren (nicht mehr als herausgeputzte Gartenmaschinen).
Pflege	Routinewartung, wie für alle Geräte mit Benzinmotor	Öl, Schmiermittel und Wasser nachsehen; alles weitere sollten Sie einer Fachwerkstatt überlassen
Kundendienst bzw. Tierarzt	Wagen Sie sich selbst an die Reparaturen	Kompliziert und häufig teuer
Treibstoff bzw. Futter	Braucht etwa soviel Benzin wie ein großer Rasenmäher	Diesel (einige Benzin)
Optimale Verwendung	Vorbereiten des Bodens auf kleinen Höfen	Kann einen leichten Pflug oder Egge, auch einen Anhänger ziehen, Lasten bewegen; eine Baggerschaufel kann angebracht werden
Optimaler Standort	Kleine, ebene Felder	Dank des kompakten Baus ausgezeichnet für kleine Höfe; gut auf steilen Hängen
Fertigkeiten für die Arbeit	Nur wenig; sie brauchen aber Ausdauer	Leicht erlernbar
Fertigkeiten für die Pflege	Wie bei einem Motorrad	Fachmann für alles, was die Routine übersteigt – versuchen Sie es nicht selbst

Ein kleiner Traktor paßt in einen Folientunnel

Kultivator mit Sitz bei der Ernte

MENSCHLICHE ARBEITSKRAFT
Wenn Sie körperlich fit sind und Ihr Hof klein genug ist, kommen Sie ganz ohne Maschinen aus.

Wägen Sie klug ab, wie diese Belastung zu bewältigen ist, sonst halsen Sie sich noch mehr Arbeit auf, statt sie zu mindern. So scheint es, insbesondere auf kleinen Höfen, verlockend zu sein, mit Tieren zu arbeiten. Vielleicht denken Sie an Pferde. Immerhin waren Tiere vor der Motorisierung die wichtigste Kraftquelle. Ein Arbeitspferd am Leben zu halten und zu füttern, erfordert jedoch viel Aufwand und manchmal dauert es einen guten Teil des Tages, bis das Pferd arbeitsbereit ist. Traktoren sind weniger anspruchsvoll. Erlauben Sie mir noch eine Warnung: Sie sind Selbstversorger geworden, weil Sie das Land lieben. Die Verlockung, noch größere Maschinen anzuschaffen, ist groß. Das Zubehör ist eindrucksvoll, wenn Sie jedoch damit arbeiten, werden Sie feststellen, daß Sie sich immer weiter vom Hauptgrund Ihrer Zufriedenheit entfernen – der Arbeit auf dem Land.

TRAKTORGEZOGENER BINDEMÄHER
Wenn Sie alte Arbeitsweisen lieben, warum leihen Sie sich dann nicht einen Bindemäher (siehe S. 146), um das Getreide zu schneiden?

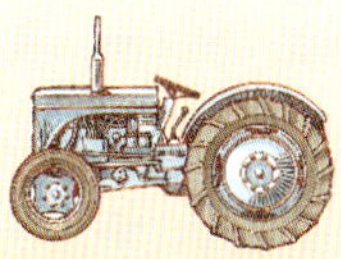 *Normaler Traktor*	 *Leichtes Pferd/Pony/Esel*	 *Schweres Pferd (Kaltblüter)*	 *Ochsen*
Billig bei Auktionen oder gebraucht; geben Sie mehr für einen Traktor mit passendem Zubehör aus	Hüten Sie sich vor billigen Pferden; denken Sie daran, Gebrauchtwagenhändler haben ihre Tricks von den Pferdehändlern gelernt	Zahlen Sie keinen Phantasiepreis für ein Zuchtpferd; sie brauchen ein Arbeitspferd, keines zum Anschauen	Ziehen Sie Ihren eigenen auf; Ochsen sind gut zur Arbeit geeignet, müssen aber von klein auf trainiert werden; liefern nach ihrem Ende gutes Fleisch; leben sehr lange
 Routinearbeiten Regelmäßiger Wechsel von Öl- und Schmiermitteln; Reifen nutzen sich ab	Tägliches Futter im Winter, tägliche Kontrolle im Sommer; Körperpflege, ausmisten; Zaumzeug reinigen	 Kummet und Zaumzeug Wie bei leichten Pferden; Kummet und Zaumzeug reinigen	Weniger anfällig für Fuß- und Beinprobleme als Pferde; gute Selbstversorger auf ordentlichen Weiden
Mechaniker bei größeren Schäden; einfache Routinewartung; ein Schraubenschlüssel paßt auf die meisten Muttern und Bolzen	Tierarzt und Hufschmied; beides kann von einem Laien nicht erledigt werden; bei beiden ist das Geld gut angelegt	Wie bei leichten Pferden; vielleicht sollten Sie für den Anfang einen Fachmann für Zugpferde einstellen, der die Feldarbeit übernimmt	Es ist sehr schwer, fachkundige Lehrer für die Arbeit mit Ochsen zu finden; übliche Fähigkeiten eines Tierhalters
Diesel; etwa 2,25 l pro Stunde bei normalen Arbeiten (z. B. Eggen oder Lasten transportieren)	Rauhfutter: Gras im Sommer, Heu im Winter; Kraftfutter: Getreide (Hafer) und Futtermischungen. Menge und Zusammensetzung hängt von der Arbeitsleistung ab	Hafer, Heu, Gras und (im Winter) Grünfutter	Hafer, Gerste, Gras, Heu, Silage  Ochsengespann zieht einen Pflug
 Traktor zieht im Frühling einen Grubber Bodenbearbeitung und Transporte; für fast alle Arbeiten geeignet	Nur schwere Tiere ziehen schwer, daher haben Ponys und leichte Pferde nur begrenzte Kraft; einige Rassen können jedoch Lasten bewegen, die man ihnen kaum zutraut	Ausgezeichnet für die Feldarbeit; ideal für das Jäten zwischen Pflanzreihen und die Arbeit mit dem Wagen bei begrenztem Raum; außerdem hervorragend beim Heuen und der Getreideernte	Langsame, aber stetige Arbeiter; am besten auf größeren Flächen, denn sie brauchen Platz, um zu drehen
Dank des kompakten Baus ausgezeichnet für kleine Höfe	Brauchbare, widerstandsfähige Tiere für jedes Gelände; einige Ponys besonders gut für Gebirgslagen	Fast alle; arbeitet auf steilen Flächen und in engen Ecken sicherer als ein Traktor.	Ebene, regelmäßige Felder, größer als 2 ha
Ein Traktor für jedermann	Viel, dazu ein Gespür für Tiere	Wie bei leichten Pferden	Große Fertigkeit erforderlich; dazu ein tiefer Sinn für Romantik
Versuchen Sie es ruhig; man kann kaum ernstliche Schäden anrichten	Pferdeverstand  Pferdebürste (Kardätsche) für die Körperpflege	Wie bei leichten Pferden	Sehr groß

Traktoren

Traktoren haben es schwer. Traktoren sind die am meisten mißbrauchten Geräte auf einem Hof. Sie müssen auf Anhieb funktionieren, sollen Arbeiten ausführen, für die sie nicht gebaut wurden, werden getreten, wenn sie nicht funktionieren und verflucht, wenn sie kaputt gehen. Vielleicht haben Sie die besten Absichten, aber schon bald werden auch Sie Ihren Traktor mißbrauchen. Seien Sie nicht zu hart.

DAS „MÄDCHEN FÜR ALLES"

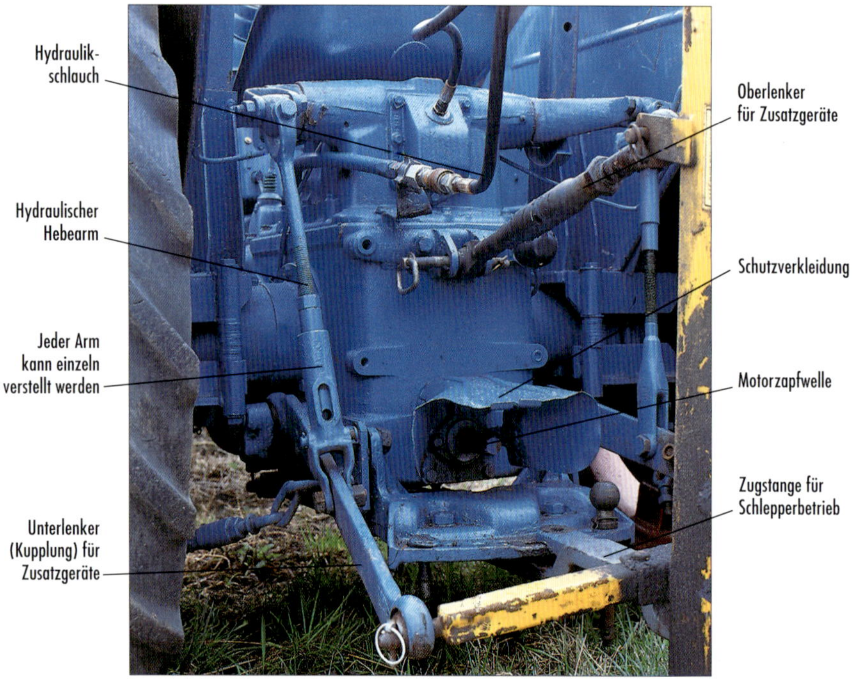

KRAFTÜBERTRAGUNG

Hinter dem Fahrersitz geschieht eine Menge. Hier mündet die Motorzapfwelle und die Hydraulikpumpe, an der Hebearme oder ein Gabelstapler vorn am Traktor angeschlossen werden. Achten Sie zu Ihrer Sicherheit auf ausreichende Schutzverkleidungen.

NEU ODER ALT?

Auf einem kleinen Hof brauchen Sie keinen brandneuen Traktor. Die meisten modernen Traktoren sind zu groß und zu stark für Ihre Ansprüche und „Mini-Traktoren" zu teuer und häufig hübscher als nützlich. Es gibt überall Traktoren, die von der modernen Entwicklung überholt wurden – suchen Sie danach. Gehen Sie mit jemandem einkaufen, der sich mit Traktoren gut auskennt. In vielerlei Hinsicht ist der treue Ferguson-Traktor (rechts) ideal für einen Biohof. Daneben gibt es eine Reihe weiterer guter, alter Modelle. Erkundigen Sie sich!

BRAUCHE ICH EINEN TRAKTOR?

Das richtet sich nach der Größe des Hofes. Auf sehr kleinen Höfen können Sie nur mit Minitraktor oder Kultivator arbeiten. Minitraktoren sind zwar beliebt, eignen sich aber eher dazu, einen Rasen zu mähen, als Land zu bearbeiten und Mist zu transportieren. Mit einem Kultivator können Sie den Boden bearbeiten und die übrigen Aufgaben mit der Hand erledigen. Auf größeren Höfen fallen Arbeiten an, die sich nicht mehr in Handarbeit erledigen lassen, daher brauchen Sie ein Pferdegespann oder einen Traktor. Das Für und Wider hängt von sehr vielen Variablen ab, bedenken Sie aber: Beim Pflügen erledigt ein Traktor die Arbeit von zwei bis drei kräftigen Pferden. Ein gebraucht gekaufter, einfacher Traktor kostet etwa soviel wie ein Pferd. Die Kosten für Betrieb und Kraftstoff machen jedoch nur etwa ein Zehntel der Haltungskosten für ein Pferd aus.

DREI EINSATZGEBIETE

SCHLEPPERBETRIEB

Dieser Traktor im Schlepperbetrieb zieht einen alten Pflug. Zwei Faktoren bestimmen die Zugkraft: Die Stärke der Maschine und die Tiefe der Reifenprofile.

HYDRAULIKBETRIEB

Viele Traktoren verfügen über eine Hydraulik und können als Hebemaschinen eingesetzt werden. Hier wurde eine Gabel angebracht, um Mist oder Stroh zu heben.

MOTORZAPFWELLE

Dieser Traktor steht, und die Kraft seines Motors wird auf die Motorzapfwelle übertragen. Damit lassen sich Maschinen antreiben, wie zum Beispiel dieser Schredder.

DREI EINSATZGEBIETE

Gut ausgebildete Pferde können zahlreiche Arbeiten ausführen, Traktoren sind jedoch meist vielseitiger. Man denkt bei Traktoren zunächst an Schlepper, fast alle haben jedoch eine Hydraulik für Hebearbeiten. Die meisten Traktoren können zudem externe Maschinen über eine Motorzapfwelle antreiben, die über ein Getriebe mit dem Motor verbunden ist. Hydraulik und Motorzapfwelle machen einen Traktor zu einer wirklich vielseitigen Maschine. Sie können pflügen, Mist gabeln, Säcke heben, Sägen antreiben und Stroh und Heu häckseln.

WARTUNG

Ein kleiner Traktor mit Dieselmotor kann viele Jahre lang mit einem Minimum an Wartung laufen, das heißt aber nicht, daß Sie gar nichts tun müssen. Ein Mann, der mehr von Traktoren verstand als ich, sagte mir, man könne sich keinen größeren Gefallen tun, als seinen Traktor gründlich zu waschen. Sonst werden Sie niemals ein Öl- oder Treibstoffleck entdecken, der unter einer dicken Schmutzschicht verborgen ist. Dieselmotoren brauchen für die Verbrennung nur zwei Dinge – Kraftstoff und Luft –, die beide zusammen zur richtigen Zeit im Zylinder sein müssen. Wenn das funktioniert, gibt es keine Probleme. Die meisten Störungen beruhen darauf, daß sich Kraftstoff und Luft zu früh mischen (z. B. in der Treibstoffleitung bei leerem Tank). Verfolgen Sie die Leitungen vom Tank bis zum Zylinder und finden Sie heraus, wo man sie entlüftet, dann läuft die Maschine meist wieder.

TRAKTORSICHERHEIT

Traktoren können umstürzen und Sie unter sich begraben. In manchen Ländern sind Überrollbügel vorgeschrieben, sie fehlen aber oft bei alten Maschinen. Seien Sie auf hügeligem Gelände besonders vorsichtig. Auch bei unsachgemäßem Umgang mit der Motorzapfwelle können sich schreckliche Unfälle ereignen. Eine Hydraulik, die nicht genau paßt und regelmäßig gewartet wird, ist gefährlich. Kinder dürfen nicht auf Traktoren fahren. Machen Sie einen Sicherheits-Kurs!

TÄGLICHE WARTUNG

TANKEN

Es scheint trivial, aber Traktoren brauchen Dieselkraftstoff. Wenn Ihnen auf einem abgelegenen Feld der Treibstoff ausgeht, müssen Sie u. U. weit laufen.

BATTERIE PRÜFEN

Nur wenn Sie regelmäßig den Ladungszustand der Batterie überprüfen, dürfen Sie sicher sein, daß Ihr Traktor auch an frostigen Morgen startet; einmal pro Woche reicht.

ÖLSTAND PRÜFEN

Geht der Maschine das Öl aus, wird sie sich festfressen und schnell kaputt sein. Prüfen Sie häufig den Ölstand; fällt er plötzlich ab, rechnen Sie mit einem Problem.

ÖL NACHFÜLLEN

Maximaler und minimaler Ölstand sind auf dem Meßstab angegeben. Füllen Sie bis dicht unter Maximum auf. Manche Traktoren haben für das Getriebe einen gesonderten Meßstab.

SCHMIEREN

Häufig sind Schmierstellen nicht leicht zugänglich, und es gibt u. U. mehr, als Sie ahnen. Wischen Sie den Dreck von den Schmiernippeln, ehe Sie die Schmierspritze ansetzen.

KÜHLWASSER NACHFÜLLEN

Weiches Wasser ist besser als hartes, Regenwasser besser als Leitungswasser. Prüfen Sie jeden Tag den Wasserstand – beim heißen Kühler ist der Schraubverschluß kaum zu öffnen.

Pferde auf dem Hof

Wenn Sie das befriedigende Gefühl nicht kennen, Ihr Land mit Pferden zu bearbeiten, dann dürfte Ihrer Karriere als Bauer noch etwas fehlen. So habe ich angefangen, hinter einem Zweiergespann Suffolk Punches, einer kastanienbraunen, englischen Zugpferderasse. Sie haben mir beigebracht, wie man pflügt. Zwischen Bauer und Pferd entwickelt sich eine besondere Form des Dialogs. Es wird nicht lange dauern, und Sie brauchen Ihrem Pferd kaum noch ein Kommando zu geben – wenn es ein „richtiges Pferd" ist, dann sind sie ohnehin einer Meinung.

ARBEIT AUF DEM FELD

Es ist schön, mit Pferden seine Tage auf dem Feld zu verbringen. Bei solchen Arbeiten – den Wagen langsam ziehen, alle paar Minuten anhalten, damit die Leute Garben aufladen können – ist ein Pferd viel angenehmer als ein Traktor, und um vieles leiser.

Die Auswahl

In beinahe jedem Land gibt es Pferderassen, die seit vielen Jahren auf Höfen arbeiten. Ich glaube fest daran, daß jedes Tier am besten in seiner Heimat arbeitet. Mit anderen Worten: Wählen Sie das traditionelle Arbeitspferd Ihrer Gegend.

Kümmern Sie sich nicht um den Stammbaum – Eigenschaften und Gesundheit zählen mehr als Aussehen. Die wichtigste Eigenschaft eines Arbeitspferdes ist sein Temperament, denn es soll einen langen Arbeitstag lang Ihren Kommandos gehorchen. Für Pferde mit einem eigenen Kopf ist kein Platz auf einem Hof.

Kaufen Sie kein junges, unerfahrenes Tier, sondern eines, das die Feldarbeit kennt. Lernen Sie von ihm – das ist viel wert.

Die Arbeit mit Pferden

Suchen Sie einen guten Lehrer. In den meisten Ländern der Erde nehmen die Bauern, die noch mit Pferden gearbeitet haben, ihre Geheimnisse mit ins Grab. Versuchen Sie, noch etwas von dieser Erfahrung zu profitieren. Sie brauchen auf jeden Fall ein ausgeglichenes Temperament, müssen erkennen, wann ein Pferd Ruhe braucht, wann es angetrieben werden muß und wann es verwirrt ist, weil Ihre Anweisungen nicht klar waren.

Als ich anfing mit Pferden zu

Guter Körperbau

Wenn Sie planen, mit Zugpferden zu arbeiten, haben Sie eine große Auswahl an Pferderassen, die dafür in Betracht kommen. Am besten wäre die Untersuchung eines in Frage kommenden Tieres durch einen Tierarzt, der Beine, Herz und Augen prüft. In der Tat braucht ein gutes Arbeitspferd aber nur ein gewisses Gewicht, denn der sprichwörtliche Satz „man braucht Gewicht, um Gewicht zu ziehen" hat voll und ganz seine Berechtigung. Ein effektives Zugpferd braucht kräftige, muskulöse Beine und ordentliche Hufe, um Halt zu finden.

Obwohl es so aussieht: das Kummet liegt nicht auf dem Hals, sondern auf Brust und Schultern des Pferdes, hier wirkt die Zugkraft des Pferdes. Suchen Sie nach einem Arbeitspferd mit breiter, starker Brust.

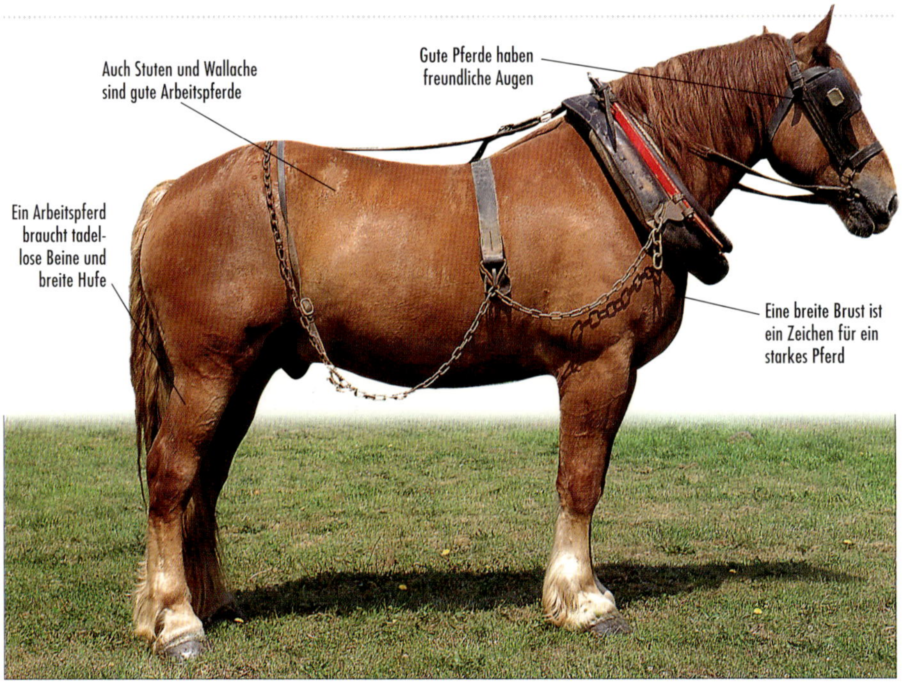

arbeiten, habe ich sie angebrüllt, wenn sie meinen Kommandos nicht folgten. Heute weiß ich, es war mein Fehler: Ich hätte einfach deutlicher und in scharfem Ton sagen sollen, was ich wollte. Reden Sie mit den Pferden bei der Arbeit und sie werden besser arbeiten.

Mit Pferden zu arbeiten, ist eine Fertigkeit, die sich erst mit der Zeit entwickelt. Wenn Sie eine natürliche Scheu vor Pferden haben, kommen Sie nicht weit, denn Pferde spüren das.

Was Pferde können

Pferde können nur ziehen, aber die Ingenieure haben eine Reihe nützlicher Erfindungen gemacht, diese Vorwärtskraft in Arbeit zu verwandeln. Mähmaschine, Heuwender (siehe S. 158) und Kartoffelheber (siehe S. 152) sind gute Beispiele.

Der wichtigste Nachteil von Pferden ist ihre relativ langsame Arbeitsgeschwindigkeit, doch das wirkt sich erst bei großen Höfen aus. Gibt es etwas Schöneres für einen Biobauern, als hinter einem Paar Pferden herzulaufen, die eine Handvoll Morgen Land pflügen?

Ich habe mit Pferden gepflügt, Wiesen und gepflügtes Land geeggt, Mist gefahren, gesät, Kartoffeln gepflanzt, Gras gemäht, Heu gewendet und Getreide geschnitten und transportiert – also alle schweren Arbeiten auf einem Hof.

Sicherheit

Selbst das erfahrenste, sanfteste Pferd sieht manche Dinge anders als Sie und könnte Sie überraschen. Es hat Ängste, von denen Sie nichts ahnen, und läßt sich von Dingen in Panik versetzen, die Sie nicht einmal bemerken. Tragen Sie stets ein Taschenmesser bei sich, damit Sie ein umgefallenes oder in Panik geratenes Pferd aus seinem Geschirr schneiden können. Arbeiten Sie anfangs nur mit einem Pferdekenner zusammen und achten Sie darauf, wie das Pferd angeschirrt, behandelt und zur Arbeit geführt wird. Passen Sie auf, wohin Sie treten – der Huf eines Pferdes ist immer größer und unempfindlicher als der Ihre.

PONYS AUF DEM FELD

In einigen Ländern arbeiten auch kleine und leichte Pferde, u. U. sogar Ponys (wie hier) auf Bauernhöfen. Sie sind sehr effektiv, solange man nichts von ihnen verlangt, was ihre Kräfte übersteigt. Für leichte Böden, die nicht tief aufgebrochen werden, sind sie perfekt.

Lernfähigkeit

Pferde können beeindruckend viel lernen. So hält eine pferdegezogene Hacke das Unkraut in einem Gemüsefeld sehr effizient unter Kontrolle – ohne Gifte. Sind sie an eine Hacke gespannt, laufen Pferde ganz genau auf einer geraden Linie durch die Pflanzenreihen. Selbst große Pferde zertrampeln erstaunlich wenige Pflanzen. Natürlich müssen Sie genauso gut sein wie Ihre Pferde und Ihre Vierbeiner bei der Arbeit vor der Hacke richtig dirigieren.

Pferde genießen die Gesellschaft in einer Herde

Arbeitspferde werden von professionellen Trainern ausgebildet. Ihr natürlicher Gehorsam zeigt sich beim Pflügen: Ein Pferd läuft stets auf der ungepflügten Seite neben dem Pflug, das andere in der frischen Furche. Beigebracht hat man ihnen aber, nicht in eine frische Furche zu treten. Wenn sie jedoch verstanden haben, worum es geht, lassen sie sich nicht mehr verwirren.

Maschinen für Pferde

Ohne Maschinen, die sie ziehen können, nützen Pferde nicht viel. Bevor Sie also auf Pferde zurückgreifen, erkundigen Sie sich genau, welches Geschirr und Geräte für Ihre Pferderasse erhältlich sind. In manchen Regionen werden Sie sicher mehr Glück haben: In einigen amerikanischen Staaten und in Osteuropa gibt es ein breites Angebot an Geräten zusammen mit eindrucksvoll vielen Geschirren. In England und Westeuropa landeten die meisten Geschirre und Zubehörteile auf dem Müll, als sich der Traktor durchsetzte. Nach Zubehör für Pferden zu suchen, besteht häufig darin, in den Ecken alter Scheunen nachzuschauen und jemandem ein Angebot für ein Gerät zu machen, dessen Nutzen er nicht kennt. Oft wußte er nicht einmal mehr, daß er es besaß. Ich habe schon alte, vergessene Pflüge aus Müllkippen gerettet. Natürlich gehen alte Maschinen leicht kaputt, daher müssen Sie ebensogut reparieren wie mit Pferden umgehen können.

Pferde halten

Pferde brauchen mehr Pflege und Zuwendung als andere Nutztiere, vor allem weil sie arbeiten. Pferde müssen bewegt werden, und Hufe und das Fell brauchen regelmäßige und sorgfältige Pflege. „Fit halten und füttern" sollte daher Ihr Motto sein. Pferde mögen Routine; sorgen Sie für regelmäßige Tagesabläufe, dann wird sich jedes Pferd wohlfühlen.

Natürlich sieht die Routine im Winter anders aus als im Sommer: Auf feuchten, winterlichen Wiesen könnten Pferde die Grasnarbe mit ihren Hufen beschädigen, daher gehören sie in dieser Zeit in einen Stall oder in einen mit Stroh ausgestreuten Hofraum. Den Sommer über bleiben sie draußen auf der Weide – außer Sie holen sie zum Füttern, zur Fellpflege oder zum Anschirren auf den Hof.

STALL

Ein guter Pferdestall ist luftig, aber nicht zugig. Pferde fressen am liebsten aus einem Futtertrog, der nicht zu klein sein darf, denn Pferde pusten ihr Futter gerne mit einem kräftigen Luftstoß aus den Nüstern durcheinander. Bieten Sie Ihrem Pferd regelmäßig Heu an. Es zupft sich die Halme entweder, wie hier auf dem Bild, aus einer hohen Raufe oder aus einem Korb, der kopfhoch an der Wand angebracht wird. So kann das Heu nicht verschmutzen.

STALL FÜR EIN ARBEITSPFERD
Im Winter, wenn das Pferd nicht arbeitet, steht es am Futtertrog. Es findet Heu in der hohen Raufe und Futter in dem hölzernen Trog. Ein mit Stroh ausgestreuter Boden ist rutschfest und gibt Sicherheit und Wärme.

GESCHIRR FÜR ZUGPFERDE
Die Geschirre werden griffbereit an eine Wand gehängt, außer Reichweite für Ratten und Mäuse. In der Kiste liegen Bürsten und Striegel, sowie Erste Hilfe für Schnitte und Schürfungen.

PFERDEPFLEGE

„Ohne Fuß kein Pferd". Werden bei der Arbeit beanspruchte Körperteile, z. B. die Füße, nicht sorgfältig überwacht, können sich Probleme einstellen. Pflegen Sie das Fell und reinigen Sie die Hufe. Damit tun Sie etwas für Aussehen und Gesundheit Ihres Pferdes.

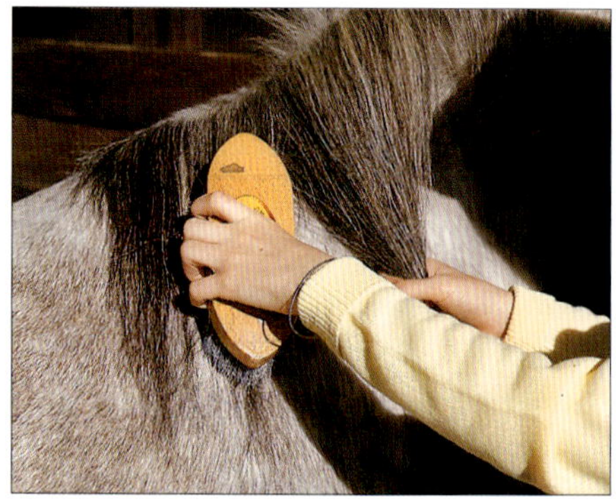

FELLPFLEGE
Das Fell von Arbeitspferden verfilzt leicht. Pflegen Sie es vor allem dort, wo das Kummet aufsitzt, und entfernen Sie Schmutz und Schweiß.

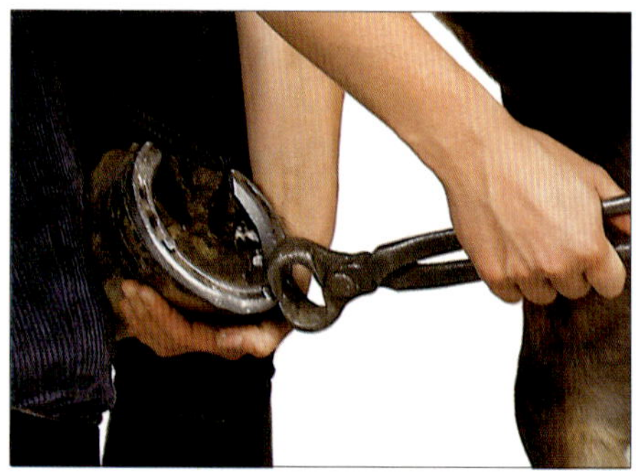

HUFEISEN ENTFERNEN
Lassen Sie nur von einem Hufschmied beschlagen. Ein loses Eisen kann gefährlich werden. Entfernen Sie es und alle Nägel mit der Zange.

HUFE REINIGEN
In den Hufen sammeln sich Schmutz und Steine, die Lahmheiten hervorrufen können. Reinigen Sie die Hufe gründlich mit einem Kratzer.

FUTTER

Wichtig ist, die Futtermenge der Arbeitsbelastung anzupassen. Pferde, die nicht arbeiten, bekommen im Sommer Weidegras, im Winter Heu. Arbeitspferde brauchen Kraftfutter: Getreide und diverse Zusatzfutter. Füttern Sie jeden Tag zur gleichen Zeit und achten Sie darauf, ob etwas übrigbleibt – das könnte auf Krankheiten hinweisen. Lassen Sie das Pferd vorher trinken. Hören Sie mindestens eine Stunde vor der Fütterung mit der Arbeit auf und gönnen Sie ihm Zeit für die Verdauung.

WASSERTROG
Pferde trinken gern Regenwasser. Geben Sie einem schwitzenden Tier nicht zu viel kaltes Wasser.

WINTERFUTTER
Ob sie arbeiten oder nicht, Pferde brauchen viel Rauhfutter; im Winter am besten gutes Heu.

EINFACHE FÜTTERUNGSREGELN

	Grundernährung	*Kraftfutter*	*Zusatzstoffe*
Futter aus eigenem Anbau	Das Rauhfutter ist ein wichtiger Bestandteil des Pferdefutters. Gras wird frisch von der Weide oder als Heu gefüttert; keine Silage. Luzerne und Klee sind sehr nahrhaft; mischen Sie sie unter das Heu, aber nie frisch. Sie können Pferde auch mit gehäckseltem Haferstroh oder getrockneten Maisstengeln füttern.	Im Prinzip Getreide, die die notwendige Energie für die Arbeit liefern. Wenn Sie Hafer anbauen, schroten Sie ihn vor dem Füttern. Gerste wird ganz, aber gekocht verfüttert. Weizenkörner eignen sich nicht, die Kleie dagegen gut. Wenn Sie selbst mahlen, bewahren Sie sie auf, sonst bitten Sie einen Müller, dies für Sie zu tun.	Pferde freuen sich über Möhren und Äpfel. Schneiden Sie Äpfel am besten in Viertel, die Möhren längs, damit das Pferd nicht erstickt. Größere Pferde bekommen frischen Mais im Spätsommer und manche mögen im Winter auch süße, geschnittene Futterrüben.
Zugekauftes Futter	Heu können Sie jederzeit kaufen; eigenes ist natürlich billiger. Auch gehäckseltes Heu oder Stroh, oft mit Melasse oder getrockneter Luzerne vermischt, wird angeboten. Diese Grundernährung ist teuer; nur nötig, wenn Sie keine Alternative haben.	Manche Kraftfutter werden als Würfel oder Pellet angeboten und liefern, zusammen mit Gras und Heu, eine ausgewogene Ernährung. Getrockneter, geschroteter Mais ist auch ein wertvolles Kraftfutter. Zuckerrüben müssen vor dem Füttern 24 Stunden lang eingeweicht werden.	Geben Sie regelmäßig Lebertran zum Futter. Auch Weizenkeimöle versorgen schwer arbeitende Pferde mit Energie. Als Beigabe zu Futter, das Pferde nicht mögen, ist süße Melasse gut geeignet. Legen Sie einen Salzstein in den Stall, den die Pferde nach Bedarf benutzen (verschiedene Formen).

WEIDEN
Eine nährstoffreiche Wiese (s. S. 154) liefert einem nicht arbeitenden Pferd alle Nährstoffe.

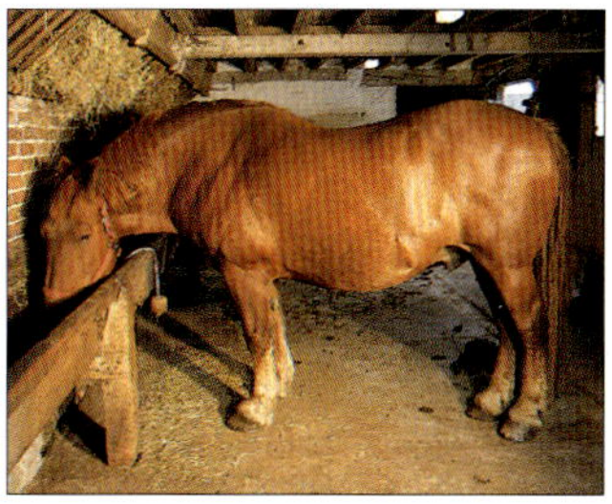

STALLFUTTER
Füttern Sie nach der Uhr; Pferde sind Gewohnheitstiere.

ANSCHIRREN

Die häufigste Unfallursache bei Arbeitspferden sind gerissene Geschirre, sie können das Pferd in Panik versetzen. Überprüfen Sie es jedesmal, wenn Sie das Pferd anschirren: Suchen Sie nach durchgeriebenen Nähten und Rissen im Leder.

Lassen Sie sich als Anfänger beim Anschirren von einem Experten helfen, sehen Sie zu, wie er das Pferd anschirrt. Lernen Sie zu erkennen, wann sich ein Pferd im Geschirr wohlfühlt.

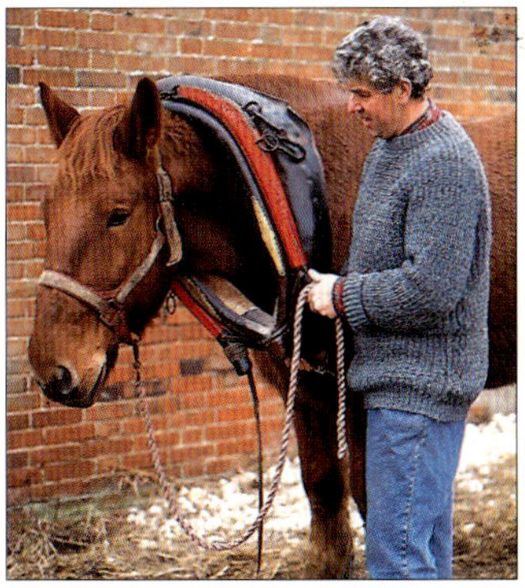

DAS KUMMET ANLEGEN
Legen Sie es verkehrt herum an (oben) und drehen Sie es herum, wenn es auf dem Hals liegt. Halten Sie die Zügel fest.

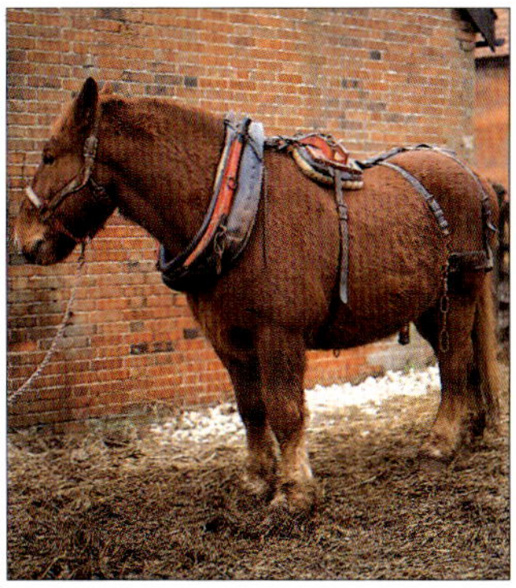

DAS GESCHIRR
Pferde werden mit Ketten angeschirrt, um einen Wagen zu ziehen. Legen Sie das Geschirr über den Rücken und ziehen Sie es stramm.

DAS ZAUMZEUG
Legen Sie zum Schluß den Zaum an. Stecken Sie ihrem Pferd einen Finger in den Mundwinkel, dann öffnet es sein Maul.

Raum für Natur

Wer einen Biohof betreibt, sollte sich nicht nur für seine Nutzpflanzen und -tiere verantwortlich fühlen, sondern auch für all das, was dort lebte, bevor er begann, die Landschaft umzugestalten. Bäume, Hecken, Teiche und alle ihre Bewohner – von dem kleinsten Insekt bis zum größten Säugetier – waren bereits vor Ihnen dort. Lebensräume zu bewahren gehört damit genauso zu Ihrer Arbeit wie Nutzpflanzen anzubauen und Tiere zu halten.

Wiesen

VORGEBIRGSLANDSCHAFT
Randstreifen begrenzen die Felder. Oft liegen sie zu nah an Hecken oder Gräben und können weder gepflügt noch bestellt werden. Überlassen Sie solche Flächen sich selbst! Hier finden Tiere Schutz, und Vögel und Insekten die Pflanzen, von denen sie leben.

TRADITIONELLE MÄHWIESE
In dieser Wiese gibt es zahlreiche Gräser und Kräuter – für Wildtiere viel günstiger als eine einzige Grassorte. Halten Sie ihre Tiere im Frühling fern, damit die Pflanzen blühen und fruchten können, danach dürfen Tiere ruhig dort grasen.

Die Landschaft

Landschaft, wie wir sie kennen, ist ein Produkt der Landwirtschaft: Jahrhundertelang wurden Wälder gerodet, Boden drainiert, Zäune gebaut und moderner Ackerbau betrieben. Man könnte argumentieren, da Bauern die Landschaft gestalten, steht ihnen auch das Recht zu, sie zu zerstören, wenn es ihren Zwecken dient. Dieses Argument ist leicht zu entkräften.

Natürlich haben Bauern vor Jahrhunderten Hecken angelegt, aber seit damals sind Pflanzen und Tiere darauf angewiesen. Bauern haben den Boden gepflügt und Getreidefelder angelegt, aber sie hinterließen abgeerntete Stoppelfelder als Lebensraum für einige nordamerikanische Singvögel wie die Wiesenlerche. Sie haben Teiche gegraben, um Vieh zu tränken, heute laichen darin Frösche und Kröten.

Östliche Wiesenlerche

Es ist irrational, diese und andere Lebensräume zu zerstören, vor allem nicht aus kommerziellen Gründen, denn Tiere helfen dabei, Schädlinge zu bekämpfen: Vögel picken die Raupen vom Kohl, und Frösche fangen Insekten, die Ihre Kühe plagen. In alten Baumstümpfen nisten Eulen, die Jagd auf Mäuse machen.

Zu viel Ordnung

Viele Bauern wollen jedes Fleckchen ihres Hofes „ordentlich“ machen. Sie mähen das Gras, entfernen jedes Unkraut, tote Bäume und herabgefallene Äste. Für Menschen mag dies erstrebenswert sein, die Natur hat sich jedoch nie um unsere Vorstellung von Ordnung gekümmert. Zu viel Ordnung schadet der Natur.

Das soll keine Entschuldigung dafür sein, gar nichts zu tun. Streben Sie einen Mittelweg an: Einen Hof, der bearbeitet werden kann und Ertrag erwirtschaftet und dennoch den Ansprüchen der Wildtiere gerecht wird.

Hecken sind ein gutes Beispiel. Alte, ungepflegte Hecken sind in der Tat schütter; beleben Sie sie schrittweise wieder.

EINEN TEICH SANIEREN

Teiche, die nicht gepflegt werden, „kippen um". Bäche und Gräben führen nicht nur Wasser, sondern auch Schlamm mit sich, der den Teich nach und nach füllt – außer Sie baggern ihn aus.

Beschatten zu viele Bäume am Teichrand die Wasserfläche, wird das Leben im Teich absterben. Hineinfallende Blätter und Zweige ersticken das Wasser. Kleinstlebewesen, die von organischem Abfall leben, vermehren sich und verbrauchen den nötigen Sauerstoff. Das Wasser wird sauer und stirbt ab.

Wenn das für einen Teich auf Ihrem Hof zutreffen sollte, dann verzweifeln Sie nicht – es ist nicht schwierig, ihn zu sanieren und wieder mit Leben zu erfüllen.

VERSCHLAMMTER TEICH
Über die Jahre hat sich dieser Teich mit Schlamm gefüllt. Er liegt im Schatten von Bäumen, die immer größer wurden und deren Blätter hineinfallen.

AUSGEBAGGERTER TEICH
Baggern Sie den Schlamm aus (oder suchen Sie Helfer). Unter dem Schlamm liegt wahrscheinlich eine Tonschicht – beschädigen Sie sie nicht, sonst leckt der Teich später.

SANIERTER TEICH
Ist der Teich erst gefüllt, wird sich, dank sauberem Wasser und Licht, bald wieder Leben einstellen. Schneiden Sie vorbeugend überhängende Äste ab, damit dies so bleibt.

ALGEN ENTFERNEN
Zu viele Algen können zum Problem werden. Werfen Sie dann einen Strohballen hinein.

Heckenpflege

Schüttere Hecken sind keine guten Zäune, auch Wildtiere können damit nichts anfangen. Sie müssen beschnitten und gesäubert werden. Es wäre allerdings ein ökologisches Verbrechen, dies alles auf einmal zu erledigen. Regenerieren Sie jedes Jahr etwa ein Drittel Ihrer Hecken, bis alle in Ordnung sind: Damit wird die Natur problemlos fertig.

Manche Hecken sind so vernachlässigt, daß sie bis auf den Boden zurückgeschnitten werden müssen. Gilt dies für alle Ihre Hecken, dann stellen Sie ein Zehn-Jahres-Programm auf. So richten Sie den geringsten Schaden bei den darin lebenden Wildtieren an.

Behandeln Sie den Unterwuchs von Hecken niemals mit Feuer oder Herbiziden. Es ist ein altes Vorurteil, daß Unkräuter in Hecken nur darauf warten, in Ihre Felder einzuwachsen. Die meisten Unkräuter auf Feldern sind „einjährige Pioniere", d. h. sie besiedeln frisch „gestörte" Böden, wie gepflügte Felder. Viele Kräuter, die unter Hecken und in Randstreifen wachsen, sind mehrjährig – sie dringen nicht in jährlich bestellte Felder ein.

Rückzugsräume schaffen

Wenn der Hof, den Sie übernommen haben, als Folge intensiven Ackerbaus keine „wilden" Bereiche mehr aufweist, warum schaffen Sie dann keine neuen Rückzugsräume? In jeder Gegend gibt es Tiere, die unter der modernen Landwirtschaft leiden. Als Biobauer, der nach ganz anderen Prinzipien wirtschaftet, können Sie sehr wohl eine Ecke Ihres Landes diesen Tieren überlassen.

Die Zahl der Haselmäuse nimmt rasch ab

Erst in den letzten Jahren hat sich gezeigt, wie rasch viele Singvögel aus dem offenen Land verschwinden, weil ihre Lebensräume zerstört und ihre Nahrung durch Insektizide vernichtet wurde. Dazu gehören die Feldlerche in Europa und die Östliche Wiesenlerche sowie die Heuschreckenammer in Nordamerika.

Bereits ein kleines Refugium reicht diesen Vögeln aus. Die meisten Getreidesorten werden im Herbst, nicht mehr im Frühjahr gesät. Damit wurden die Stoppelfelder, die Vögel im Winter brauchen, sehr selten. Bis aufs Äußerste mechanisierte Ernten früh im Jahr haben die Zwergmaus von den Weizenfeldern vertrieben. Wiesen mit Kräutern und Blumen, in denen viele Kleintiere lebten, wurden untergepflügt, um Platz für profitable Nutzpflanzen zu machen. Die Wälder sind verschwunden, und mit ihnen die meisten Haselmäuse. Machen Sie Ihren Hof zu einem Rückzugsraum, indem Sie zur traditionellen Landwirtschaft zurückkehren.

Beginnen Sie jetzt mit dem Einrichten solcher Räume, warten Sie nicht bis zum nächsten Jahr. Bäume brauchen ihre Zeit, und es wird mehrere Jahre dauern, bevor Sie Erfolge sehen. Erwarten Sie aber nicht – nur weil Sie eine oder zwei Hecken gepflanzt haben –, daß sich nun die seltensten Vögel und Schmetterlinge der Erde genau hier einstellen. Man kann sie nicht wie Haustiere anlocken; zeigen Sie ihnen, daß sie willkommen sind, und warten Sie ab.

Hecken – linienhafte Gehölze

Hecken sind eine eigene Welt, in der Pflanzen und Tiere versteckt leben. Aber sie sind auch Zäune für Nutztiere und bieten ihnen Schutz. Es kommt darauf an, Hecken für Nutz- und Wildtiere zu gestalten. Durch diese Hecke dringt kein Weidetier durch und gleichzeitig bietet sie Vögeln und Insekten eine Heimstatt. In diesem Heckenstück wachsen fünf Gehölzarten: Weißdorn, Feldahorn, Holunder, Esche und Eiche – Lebensraum für viele Insekten. Blätter, Früchte, Insekten und die dichte Struktur erfüllen die Bedürfnisse zahlreicher Vogelarten.

Ein Naturschutzplan

Stellen Sie zunächst einen Naturschutzplan für Ihren Hof auf. Dabei helfen Ihnen sicher Naturschutzgruppen in Ihrer Umgebung. Sie haben die notwendige Erfahrung, können Pläne aufstellen und wissen, ob und wo Sie Zuschüsse beantragen können. Wahrscheinlich werden auch Sie erfreuliche Überraschungen erleben: So machte man mich auf einen Teich aufmerksam, von dessen Existenz ich nichts gewußt hatte. Er sah aus wie eine zugewachsene, sumpfige Stelle. Wir baggerten ihn aus und beobachteten, wie er sich langsam wieder erholte und unzählige Tiere anlockte.

Es ist ein guter Anfang, Tiere zu schützen, die schon bei Ihnen leben – andere werden sich von selbst einstellen. Für einige Arbeiten brauchen Sie etwas Mut: Das Zurückschneiden einer Hecke scheint brutal zu sein, da Sie sägen und zerhacken müssen. Für eine langfristige Gesundung dieses Lebensraumes ist es jedoch unbedingt erforderlich und letztlich profitiert jedes Gehölz von dieser Art „freundlicher Behandlung".

Es ist sicher nicht einfach, aber sehr lohnend, mit Wildtieren zu leben. Machen Sie sich als Biobauer diese Aufgabe zu eigen.

WALDPFLEGE

Wälder vergißt man leicht oder überläßt sie sich selbst. Das ist sicher nicht falsch, aber ein gepflegter Wald liefert besseres Holz und bietet Tieren vielseitigere Lebensräume.

Wenn Sie regelmäßig das Unterholz entfernen, bleibt der Wald jung. Fällen Sie jedes Jahr einen Teil der Bäumchen. Sind Sie mit dem letzten Abschnitt fertig, ist der erste schon wieder hochgewachsen. Kopfbäume werden durch völligen Rückschnitt der alten Zweige erzeugt; im nächsten Jahr wachsen junge nach. Beide Maßnahmen sorgen für Licht im Wald und schaffen neue Lebensräume.

GUT GEPFLEGTER WALD
Ein abwechslungsreicher Aufbau mit unterschiedlichen Lebensräumen: Die großen Bäume tragen ein Blätterdach, Licht dringt in frei geschlagene Lichtungen ein, und von Blüten und kleinen Bäumen leben zahllose Schmetterlinge und andere Insekten.

UNTERHOLZ AUSSCHLAGEN
Hier werden die jungen Stämmchen entfernt. Man schlägt sie mit einem kräftigen Hieb durch; aus den Stümpfen treiben neue Triebe aus.

PRODUKTE DES WALDES
Mit den unterschiedlich dicken Stämmchen kann man z. B. Hürden flechten (siehe S. 29), Hecken errichten (S. 31) oder Dächer bauen.

DIE STÜMPFE
Aus diesen frisch geschlagenen Stümpfen treiben rasch neue Triebe aus; spätestens in 5 Jahren können sie wieder geerntet werden.

KOPFBÄUME
Diese Behandlung wirkt zwar brutal, ist aber langfristig das Beste für den Baum. Krankes Holz wird entfernt und so die Lebensspanne des Baumes verlängert. Auf dem vorderen Baum entwickeln sich neue Triebe: Sie werden zu schlanken Stämmchen heranwachsen. Inzwischen bietet der Baumstamm einen hervorragenden Lebensraum für Insekten und andere Wildtiere.

Alte Bäume sind Schlaf- und Nistplätze für viele Vögel, von Eulen bis zu Zaunkönigen.

FRÜCHTE DES FELDES

Der Anblick eines reifenden, sommerlichen Feldes ist unbestreitbar schön. Noch tiefer ist die Befriedigung zu wissen, daß Sie es waren, der den Boden gedüngt

und gepflügt, die Unkräuter gehackt, die Vögel vertrieben und die Pflanzen so lange gepflegt hat, bis sie erntereif waren. Ein Feld zu bestellen erfordert zwar eine größere Anstrengung, ist aber

ebenso eine Kunst, wie den kleinsten Garten zu unterhalten. Beides ist eine lohnende und befriedigende Arbeit, die uns vollwertige, gesunde Nahrung aus eigenem Anbau liefert.

REISFELDER
Reis braucht hohe Temperaturen, lange Sonnenscheindauer und riesige Mengen Wasser.

FELDFRÜCHTE AUSWÄHLEN

Was Sie anbauen, ist abhängig von drei Faktoren. Danach müssen Sie sich auch als Biobauer richten. Auf zwei dieser Faktoren haben Sie nur wenig Einfluß, denn Sie arbeiten aus Liebe zum Land. Die Entscheidung über den dritten liegt jedoch ganz bei Ihnen. Klima oder Boden können Sie nicht verändern. Sie führen ein Eigenleben, mit dem sich manche Pflanzen arrangieren, andere nicht. Sie dürfen nicht erwarten, auf einem Hang in Nordeuropa Mais anbauen zu können; mag der Boden auch noch so fruchtbar und gut bewässert sein – die Vegetationszeit ist einfach zu kurz für die Maisreife. Ebensowenig können Sie Kartoffeln in einen tiefen, klebrigen Tonboden

EINE AUSWAHL VON FELDFRÜCHTEN

	 *Weizen*	 *Gerste*	 *Hafer*	 *Roggen*
Allgemeines	Höchste Ansprüche aller Feldfrüchte in Bezug auf Nährstoffe.	Braucht im Frühling reichlich Nährstoffe; gemäßigte Temperaturen und gleichmäßig verteilte Niederschläge	Vielseitiges Getreide, das mit den meisten Bedingungen zurecht kommt; braucht gemäßigtes Klima; ideal für kühle, feuchte Gebiete.	Widerstandsfähig, leicht anzubauen; unterdrückt Unkräuter; gutes „Pioniergetreide“ für Böden, auf denen vorher kein Getreide stand.
Sorten	Wählen Sie zwischen Winterweizen (Aussaat im Herbst) und Sommerweizen; Winterweizen liefert höhere Erträge; alte Sorten oft besser für den organischen Anbau.	Winter- oder Sommergerste  **Gedroschene Gerste**	Nackthafer ohne Spelzen erleichtert das Mahlen.	Nur wenige Sorten; fragen Sie einen Anbieter in Ihrer Nähe.
Bodenansprüche	Fruchtbare Böden; am besten nährstoffreiche Tonböden.	Verträgt keine sauren oder schlecht entwässerten Böden.	Wächst auf schweren Tonböden, auf sauren Böden und bei feuchteren Bedingungen.	Kommt auch mit ärmeren, leichteren Böden zurecht; trockenresistent.
Krankheiten	Anfällig z. B. für Halmbruchkrankheit, Schwarzbeinigkeit, Getreidenematoden und Mehltau; jedes Jahr werden neue entdeckt.	Halmbruchkrankheit, Schwarzbeinigkeit, Getreidenematoden, Mehltau.	Nicht anfällig für Schwarzbeinigkeit; Fruchtfliegen können zerstörerisch wirken und Schnecken zum Problem werden.	Nur wenige Krankheiten.
Arbeitsaufwand	Pflügen und eggen; Aussaat in Herbst oder Frühling; Ernte im Spätsommer; Unkraut bekämpfen	Wie Weizen, der Boden muß jedoch „leicht wie eine Feder“ sein; braucht von allen Getreidearten die höchste Aufmerksamkeit.	Wie Weizen; Winterhafer muß noch vor Winteranfang gesät werden.	Bodenvorbereitung wie bei anderen Getreidearten; Aussaat 2–3 Wochen vor dem Winterweizen; Roggen reift als erstes Getreide.
Ertrag	4 Tonnen pro Hektar 	3,5 Tonnen pro Hektar	4,2 Tonnen pro Hektar	 **Dachstroh** 4,4 Tonnen pro Hektar
Verwendung	Mehl für Brot und Nudeln, oder als Viehfutter; Sorten mit langem Stroh gut für Dächer	Die beste Gerste geht als Malz an Brauereien; weniger gute auch als Viehfutter.	Sehr nützliches Viehfutter; Mühlen fragen stets organisch angebauten Hafer nach.	Kann als Grünweide angebaut werden; für Knäckebrot; Stroh zum Dachdecken.

pflanzen. Selbst wenn das Wetter zur Pflanzzeit ideal wäre – das Risiko, bei der Ernte im Herbst im regenfeuchten Schlamm zu versinken, wäre zu hoch. Die Bauern in Ihrer Gegend wissen seit Generationen, welche Anbaufrucht gut wächst, daher sollten Sie sich die Felder Ihrer Nachbarn genau ansehen. Sollten Ihre Nachbarn kommerzielle Landwirtschaft betreiben, dann spielt für sie der dritte Faktor eine entscheidende Rolle – Rentabilität. Für sie zählt nur, ob sie eine Feldfrucht mit Profit verkaufen können. Als Biobauer sollten Sie anders denken. In der Tat ist der Anbau von Getreide in kleinem Maßstab oft die Mühe nicht wert. Bauen Sie lieber das an, was Sie für den Unterhalt Ihres Hofes brauchen, und nicht das, was den höchsten Profit verspricht. Säen Sie Hafer und Gerste als Futter für Ihre Pferde, Rinder und Schafe; vergessen Sie, daß Weizen profitabler ist. Rentabilität sollte eine Entscheidungshilfe darstellen, nicht mehr.

„Für kommerzielle Bauern zählt nur, ob sie eine Feldfrucht mit Profit verkaufen können. Als Biobauer sollten Sie anders denken."

 *Triticale*	 *Kartoffeln*	 *Reis*	 *Mais*	 *Sonnenblumen*
Kreuzung zwischen Weizen und Roggen; Erträge so hoch wie bei Weizen, dazu fast so widerstandsfähig wie Roggen	Leicht zu verkaufen oder für den eigenen Bedarf; auf geeigneten Böden leicht zu ziehen.	Grundnahrungsmittel, aber nur in Regionen mit hohen Niederschlägen oder geeigneten Bewässerungsmethoden, um die Felder zu fluten.	Braucht sehr fruchtbare Böden; für den Biobauern ist die Bekämpfung von Unkräutern ein Hauptproblem.	Angebaut wegen der Samen; zur Ölgewinnung oder zum Essen.
Wenige Sorten; fragen Sie einen Anbieter in Ihrer Nähe.  Triticale-Garben	Frühe und späte Sorten (Haupternte im Herbst); wählen Sie nach der Schädlingsresistenz.	Lang-, Mittel- oder Rundkornsorten; manche eignen sich für die Ebene, andere für das Bergland.	Zu den Sorten gehören Zuckermais (siehe S. 100), Puffmais und viele andere kommerzielle Sorten für Speiseöl, Müsli und andere Nahrungsmittel.	Fragen Sie einen Anbieter, welche Sorte sich für Ihre Gegend eignet.
Kommt mit ärmeren Böden als Weizen zurecht.	Nährstoffreiche, feuchte, saure Böden; braucht viel gut verrotteten Mist.	Braucht fünf Monate lang Temperaturen von 20° C und mehr.	Braucht tiefe, nährstoffreiche, leicht zu bearbeitende Lehmböden.	Bei viel Sonne und Wärme gedeihen sie auf fast allen Böden.
Wenige Krankheiten; weniger anfällig als Weizen.	Rotieren Sie mit 4–5 Jahren Abstand, sonst breiten sich Kartoffelnematoden aus; anfällig gegen Älchen und Kartoffelfäule.	 Reisernte	Anfällig gegen Stengelfäule (Pilzerkrankung); aber nicht gegen Krankheiten der übrigen Getreidearten, gut als Zwischenkultur.	Sehr widerstandsfähige Pflanze; die größte Gefahr droht von den Vögeln direkt nach der Aussaat und vor der Ernte.
Wie andere Getreidearten.	Tief bearbeitete, gut gedüngte Böden; pflanzen Sie im Frühling, wenn sich der Boden erwärmt hat; Ernte im Herbst.	Arbeitsintensiv; Sie müssen den Wasserstand in den Feldern kontrollieren.	Bringen Sie während des Wachstums Mist aus; Aussaat im Spätfrühling, wenn sich der Boden erwärmt hat; Unkrautjäten.	Aussaat gleich nach den letzten Frösten; u. U. müssen Sie vor der Ernte das Feld mit Netzen vor den Vögeln schützen.
Fast so hoch wie Weizen.	30 Tonnen pro Hektar.	20 Tonnen (Frischgewicht) pro Hektar.	4 Tonnen Kolben pro Hektar, aber etwa 50 t/ha Blätter und Stengel.	Großzügige Pflanze; viel Ertrag für wenig Aufwand.
Hoher Proteingehalt, daher ein gutes Kraftfutter für Vieh; auch als Weide.	Nahrung für Menschen, Schweine und Rinder; Kartoffeln für das Vieh vor dem Füttern zerkleinern.	Für die menschliche Ernährung.	Vor allem als Viehfutter; die grüne Pflanze wird direkt verfüttert, die Kolben für den Winter gelagert.	Aus den Samen wird Öl ausgepreßt, der Rest geht an die Schweine; gefragt in Bioläden.

Den Boden bewerten

Böden sind lebendig, voller Kraft und Lebensenergie, die Sie sich nutzbar machen. Böden können krank werden und brauchen ggf. Heilmittel. Das geht aber nur, wenn Sie den „Patienten" kennen. Laufen Sie zunächst über den Boden, um ihn zu verstehen und zu erkennen, für was er sich eignet. An manchen Stellen wird er an Ihren Stiefeln kleben, an anderen fühlt er sich so locker an wie Sand auf einem Strand. Nach den Füßen kommt eine chemische Analyse. Danach können Sie Ihre Erkenntnisse nutzen, um eventuelle Unausgewogenheiten zum Nutzen des Landes und der Feldfrüchte auszugleichen.

BODENUNTERSCHIEDE

Auf diesem Feld eines großen amerikanischen Hofes sehen Sie von links nach rechts verlaufende, dunkle Streifen. Sie belegen, daß sich der Boden sehr kleinräumig ändern kann. Bei der Ernte zeigen sich solche Unterschiede in der Qualität der Pflanzen.

WIE TIEF IST DER OBERBODEN?

Der Oberboden ist der Rohstoff, mit dem Sie arbeiten werden. Mit Glück ist Ihrer tief und gut, vielleicht ist er aber direkt unter der Oberfläche felsig. Wie auch immer, der Oberboden enthält die Fruchtbarkeit, die über Jahrhunderte durch verrottende Tiere und Pflanzen entstand.

Der Oberboden ist das Kraftwerk ihres Hofes: Hier laufen geheimnisvolle chemische Reaktionen ab, die Ihre Pflanzen mit den notwendigen Nährstoffen versorgen. Der Boden verdient Ihren ungeteilten Respekt – wird er schlecht behandelt, wird er sich rächen. Wenden Sie den Boden niemals so tief um, daß der Unterboden nach oben gelangt, sonst bringen Sie sich um den erhofften Erfolg.

TONBÖDEN

Leider lassen sich die fruchtbarsten Böden oft auch besonders schwer bearbeiten. Mit Ton versetzte Böden sind schwer – klebrig bei Regen und bei Trockenheit hart wie Eisen. Mit ihnen zu arbeiten ist fürchterlich: Es ist kaum möglich, bei Regen über das Feld zu gehen, ohne mit dem Stiefel steckenzubleiben, und Tonböden sind für Kartoffeln völlig ungeeignet. Aber sie stecken voller Nährstoffe und lassen sich im Garten nach und nach „zähmen". Mischen Sie jedes Jahr etwas mehr gut verrotteten Mist und anderes organisches Material unter.

BODENTYPEN

Ton

Er enthält sehr kleine Bodenteilchen, die das Wasser festhalten. Tonböden sind schwer, fassen sich feucht und kalt an, d.h. sie erwärmen sich im Frühling nur langsam. Dafür sind sie sehr fruchtbar und liefern bei richtiger Auswahl der Feldfrüchte, z.B. Getreide, hohe Erträge.

Lehm

Dieser Bodentyp ist der beste der Welt. Er ist so fruchtbar wie Ton, aber wesentlich „leichter". Lehm fühlt sich nicht so kalt wie eine Handvoll Ton an und ist auch nicht so rauh wie sandiger Boden. Ein solcher Boden läßt sich bei fast jedem Wetter das ganze Jahr über bearbeiten.

Torf

Sofern keine Staunässe entsteht, können auch Torfböden sehr fruchtbar sein. Sie sind der Traum jedes Gemüsebauers. Wegen des hohen Anteils an organischem Material sind Torfböden gewöhnlich schwarz gefärbt und meist sauer. Daher müssen Sie bei bestimmten Feldfrüchten als Ausgleich Kalk zugeben.

Sand

Sandböden fühlen sich stets trocken an, reibt man sie zwischen den Fingern, hat man den Eindruck von Schmirgelpapier. Das größte Problem ist die hohe Durchlässigkeit, daher versickert nicht nur das Wasser, sondern auch die Nährstoffe. Für gute Erträge brauchen Sie große Mengen organischen Materials.

Kalk

Aus kalkhaltigem Grundgestein entstehen kalkreiche Oberböden, d.h. sie enthalten große Mengen an Kalziumkarbonat. Sie sind gewöhnlich dünn und neigen zur Durchlässigkeit, d.h. sie verlieren mit dem Wasser auch die Nährstoffe. Sie sind basisch, was sich nur schwer korrigieren läßt, und häufig steinig.

SANDBÖDEN
Anders als Tonböden lassen sie sich mit Freuden bearbeiten und in glatte Saatbetten verwandeln. Leider wäscht jeder Regenschauer die Nährstoffe aus, daher werden Sie die Bodenfruchtbarkeit nur unter großen Mühen erhalten. Die Böden der meisten Höfe liegen irgendwo in der Mitte zwischen den Extremen tonig und sandig.

SAUER ODER BASISCH?
Prüfen Sie jedes Feld mindestens einmal jährlich, am besten direkt nach der Ernte, dann können Sie für das nächste Jahr korrigierend eingreifen. Sie müssen den pH-Wert Ihres Bodens kennen – ein genaues Maß, wie sauer bzw. basisch Ihr Boden ist. Im nebenstehenden Kasten wird ein einfacher Test vorgestellt, Sie können aber auch eine Probe an ein Institut einsenden, um letzte Zweifel zu beseitigen.

Ist der Boden zu sauer oder basisch, werden zu wenig Mineralien und andere Nährstoffe aus organischem Material freigesetzt und das Pflanzenwachstum gehemmt. Wenn Sie den Boden gründlich bestimmen und Extremwerte korrigieren lernen, erweitern Sie die Palette der möglichen Anbaufrüchte.

Vor allem Torf, aber auch frischer Viehdung, säuert den Boden an. Auch bestimmte Bewirtschaftungen machen den Boden zunehmend sauer, z.B. wenn eine Wiese überweidet wird. Die Tiere fressen die Grasnarbe bis auf die Wurzeln ab und lassen gleichzeitig ihren sauren Dung fallen. Durch die Säure wird das chemische Gleichgewicht des Bodens und die Gesundheit der Bodenorganismen gestört. Unter Normalbedingungen bauen Wurzeln und Bodenorganismen die überschüssige Säure ab. Unter dem Druck der Überweidung versagt dieses Korrektiv jedoch.

BODEN-PH PRÜFEN

Prüfen Sie eine repräsentative Probe. Sammeln Sie mehrere Proben von verschiedenen Stellen des Feldes oder Gartens und mischen Sie sie. Die käuflichen pH-Testbestecke reichen gewöhnlich für die Ansprüche eines Selbstversorgers aus. In den meisten Fällen werden Chemikalien zu der Probe gegeben und die entstandene Farbe mit einer Skala verglichen. Achten Sie darauf, keine Hundeknochen auszugraben.

BODENPFLEGE
Saure Böden basischer zu machen, ist eine einfache Sache. Kaufen Sie Kalk und streuen Sie ihn nach den Angaben des Herstellers auf Ihren Böden aus. Auch für andere Mängel, etwa Kaliumdefizite, gibt es chemische Hilfen, in diesem Fall natürliche Pottasche. Zudem gibt es weitere organische Dünger (siehe S. 101). Sie sind zwar sehr wirksam, aber teuer.

Basische Böden anzusäuern, ist weitaus schwieriger. Frischer Dung und Kompost sind zwar sauer, aber ein gut bearbeiteter Boden kann die Säure abbauen. Daher müssen Sie regelmäßig größere Mengen an Dung aufbringen.

Im Garten können Sie Kästen setzen, um einen Bereich von einer stark basischen Umgebung zu isolieren. Füllen Sie solche Beete mit saurem Boden. Der Kasten schützt ihn einigermaßen vor dem basischen Abflußwasser der Umgebung.

KRÜMELPROBE

EINE KUGEL FORMEN
Greifen Sie eine Handvoll Erde; Sie spüren, ob sie schwer oder leicht ist, sich warm oder kühl anfühlt. Rollen Sie sie und versuchen Sie, eine Kugel zu formen.

LEICHTER, SANDIGER BODEN
Selbst wenn Sie sich anstrengen: aus diesem Boden können Sie keine Kugel formen. Sie wird zerfallen, da die Bodenteilchen zu groß sind. Solche Böden fühlen sich warm an.

GUTER BODEN
Dieser Zwischentyp ist für die meisten Zwecke sehr gut geeignet. Vielleicht formen Sie daraus keine ideale Kugel, denn die organischen Bestandteile sind zu grob.

SCHWERER, TONIGER BODEN
Aus solchen Böden formen Sie durch Rollen rasch eine feste Kugel, die ihre Form behält. Eine Stunde in der Sonne und dieser kalte, feuchte Boden wird hart.

Fruchtwechsel

Wenn Sie auf einem Feld Jahr für Jahr dieselbe Frucht anbauen, wird bald gar nichts mehr wachsen. Das Land laugt aus, die Nährstoffe werden ausgewaschen, und Krankheiten und Schädlinge, die immer wieder ihren bevorzugten Wirt vorfinden, verseuchen den Boden. Natürlich können Sie mit Dünger und Pestiziden dagegen angehen, für Biobauern ist dies aber keine Lösung – es wäre „mit Kanonen auf Spatzen geschossen". Planen Sie eine gute Fruchtfolge (Fruchtwechsel), und diese Probleme treten gar nicht erst auf.

LUZERNE UNTERPFLÜGEN

Nachdem das letzte Heu des Jahres gemäht wurde, wird die Luzerne untergepflügt. Die Wurzeln verbleiben im Boden und setzen langsam den in der Pflanze gespeicherten Stickstoff frei.

LEGUMINOSEN ALS FUTTER

Manche Früchte, wie Luzerne, werden als Heu geschnitten; andere, wie Weißklee, dienen als Weide. Auch Erbsen und Bohnen sind Leguminosen, sie dienen als Nahrung für Mensch und Tier.

WACHSENDE KARTOFFELN

Sie brauchen nährstoffreiche Böden, aber die aufwendige Bearbeitung wie intensives Pflügen, Auslegen der Knollen und das Anhäufeln lassen Unkräutern kaum eine Chance.

FRUCHTFOLGE

Eine typische Fruchtfolge, wie hier dargestellt, müssen Sie an Ihre Bedingungen anpassen. Das Prinzip ist immer dasselbe: Auf hungrige Pflanzen folgen solche, die die Bodenfruchtbarkeit wieder herstellen.

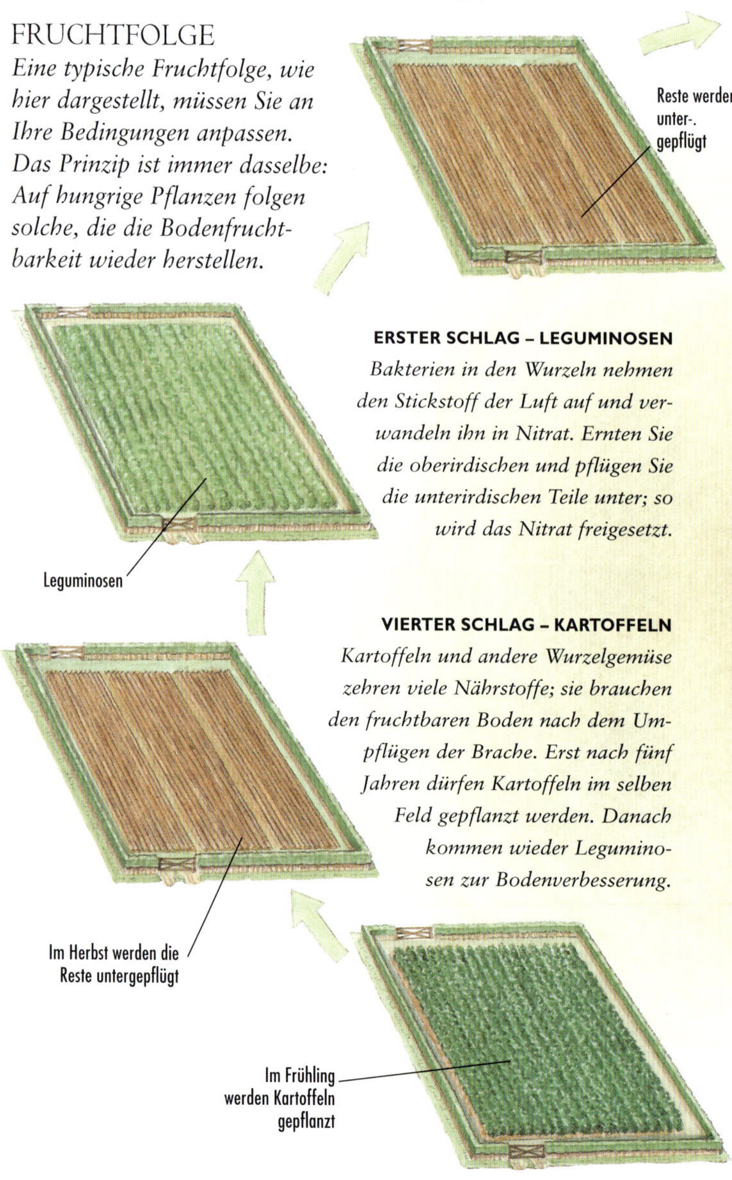

ERSTER SCHLAG – LEGUMINOSEN

Bakterien in den Wurzeln nehmen den Stickstoff der Luft auf und verwandeln ihn in Nitrat. Ernten Sie die oberirdischen und pflügen Sie die unterirdischen Teile unter; so wird das Nitrat freigesetzt.

VIERTER SCHLAG – KARTOFFELN

Kartoffeln und andere Wurzelgemüse zehren viele Nährstoffe; sie brauchen den fruchtbaren Boden nach dem Umpflügen der Brache. Erst nach fünf Jahren dürfen Kartoffeln im selben Feld gepflanzt werden. Danach kommen wieder Leguminosen zur Bodenverbesserung.

VORTEILE DER FRUCHTFOLGE

Dank der Fruchtfolge bleibt der Boden lebendig und der Biobauer kann alle natürlichen Möglichkeiten ausschöpfen, um die Fruchtbarkeit des Hofes zu erhalten. Es gilt dasselbe Prinzip wie bei der Rotation von Nutzvieh (siehe S. 156): Da die Wirte (Vieh oder Nutzpflanzen), von denen sie abhängig sind, ständig abwandern, haben Schädlinge und Krankheiten schlechte Überlebenschancen. Außerdem ändern und verbessern sich mit jeder Fruchtfolge die Eigenschaften und der Chemismus des Bodens.

GETREIDE

Getreide verbraucht den Stickstoff, den die Leguminosen angereichert haben. Säen Sie im Herbst Getreide oder lassen sie das gepflügte Land bis zum Frühling liegen; die Winterfröste werden den Boden zerkleinern.

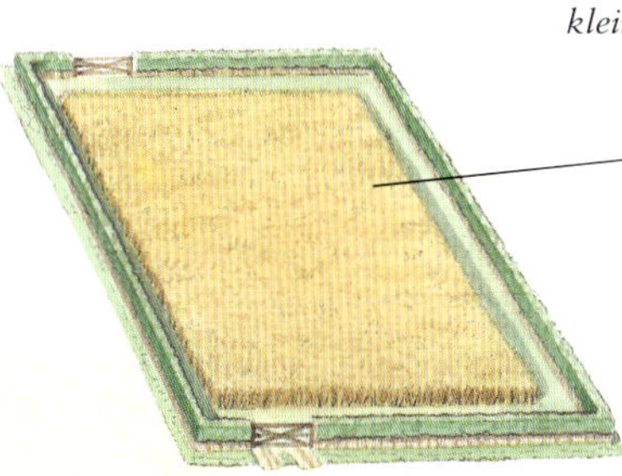

ZWEITER SCHLAG – GETREIDE

Getreide braucht Stickstoff für einen hohen Ertrag; daher folgt es auf die Leguminosen. Planen Sie ruhig verschiedene Getreide: z.B. zuerst den gierigen Weizen, dann Roggen oder Hafer.

DRITTER SCHLAG – WEIDE

Diese Stufe wird auch Brache genannt. Tiere beweiden das Land und ihr Dung wird den Boden düngen. Pflügen Sie das Gras anschließend unter, um den Boden mit organischem Material anzureichern. Vielleicht können Sie auch gelegentlich Heu mähen.

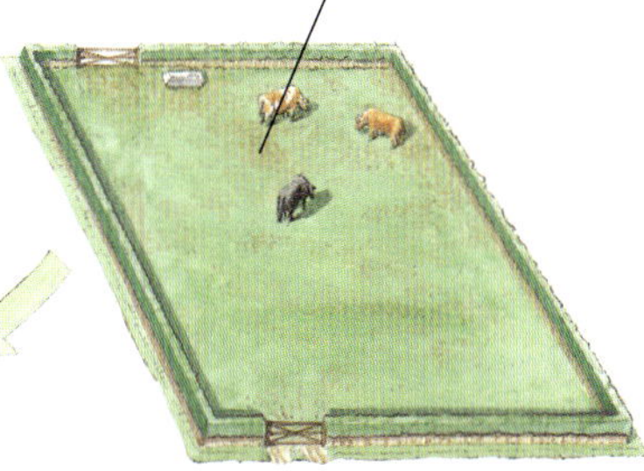

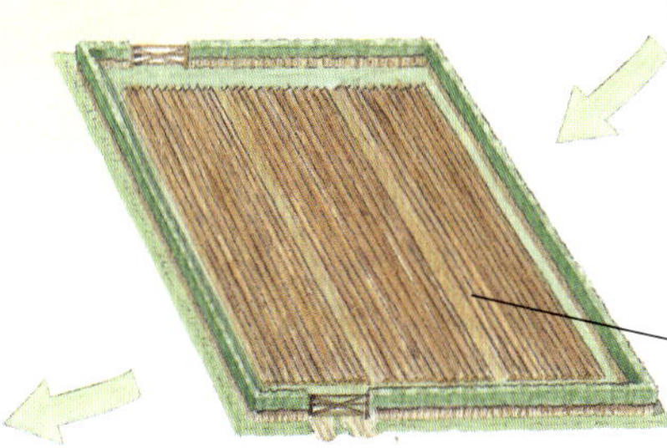

WEIDEGRAS

Sobald das Getreide 30 cm hoch ist, wird Gras gesät. Zunächst wächst es langsam; ist das Getreide geerntet (im Bild) bildet sich jedoch innerhalb von 6 Wochen eine Wiese.

WEIDE

Wenn es in Ihre Pläne paßt, kann eine Weide mehrere Jahre bestehen bleiben. Das Vieh verbreitet seinen Dung und verbessert damit die Bodenfruchtbarkeit.

Den Boden düngen

Jeder Anbau ist eine Form von Diebstahl. Mit jeder Ernte rauben Sie dem Boden etwas seiner kostbaren Fruchtbarkeit. Wenn Sie keine Sorge tragen, die Nährstoffe zu ergänzen, wird er sich eines Tages rächen und gar keine Früchte mehr tragen. Es gibt große öffentliche Proteste gegen Tierquälerei, auf Bodenfrevel dürfen wir jedoch genausowenig stolz sein.

Die moderne Landwirtschaft verwendet Kunstdünger, um die Bodenfruchtbarkeit zu erhalten. Damit werden zwar Nährstoffe zugefügt, aber weder die Bodenstruktur verbessert noch die Vermehrung nützlicher Bodenorganismen angeregt. Boden lebt und muß am Leben gehalten werden, um gesund zu bleiben. Wie können wir gesunde Pflanzen ernten, wenn der Boden krank ist?

Tierischer Dung ist die Grundlage des besten Düngers. Auch wenn Sie nur ein paar Hühner oder eine Ziege halten, werfen Sie niemals den Dung fort, denn er gehört in der Tat zu den wertvollsten Produkten des Hofes. Greifen Sie auf pflanzlichen Kompost (siehe S. 94) oder Gründünger zurück, wenn Sie keine Tiere halten.

GUTER BODEN
Würmer wissen genau, ob der Boden gut ist: Zählen Sie die Regenwürmer, um Veränderungen der Bodenqualität festzustellen.

MISTHAUFEN BAUEN

Misthaufen sind keine Abfallhaufen, sie müssen regelrecht „gebaut“ werden. Sie dürfen weder austrocknen, noch darf der Regen ihre Nährstoffe auswaschen. Außerdem brauchen sie Luft, denn ohne Luft findet keine Kompostierung statt.

HOFSTREU
Im Frühling wird aus dem Pferdehof Stroh und Dung ausgemistet; es bildet die Basis für einen nährstoffreichen Kompost.

DIE REIFUNG
Wenn organisches Material verrottet, entsteht Wärme: aufsteigender Dampf ist ein sicheres Zeichen, daß Ihr Misthaufen gesund ist.

ZWEI METHODEN, EINEN MISTHAUFEN ANZULEGEN

ERSTE METHODE
Sie funktioniert nach der „mache-einen-großen-Haufen-und-hoffe-daß-es-klappt“-Methode. In den meisten Fällen geht es gut, aber die Kompostierung kann ungleichmäßig sein. Decken Sie alles mit einer Plane ab. Sonst werden die Nährstoffe ausgewaschen, und aus dem konzentrierten Rest können Giftstoffe austreten.

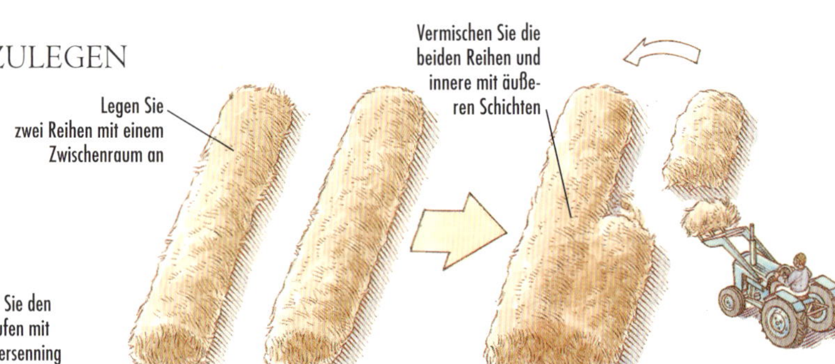

ZWEITE METHODE
Legen Sie zwei lange Reihen aus Mist an und lassen Sie sie verrotten. Nach einigen Monaten Reife werden die Reihen geöffnet und beide in einer neuen, mittleren Reihe miteinander vermischt. Die Mischung vertauscht innere und äußere Schichten, so daß ein gleichmäßigerer Kompost entsteht.

KOMPOSTIERTEN MIST AUFBRINGEN

Das ist harte Arbeit, und wenn es um große Flächen geht, sollten Sie einen (geliehenen) mechanischen Düngerstreuer verwenden. Planen Sie die Düngung sorgfältig: Wenn Sie den Mist im Herbst verteilen und ihn liegenlassen, wird der Regen die Nährstoffe auswaschen. Düngen Sie Wiesen am besten im Frühling, damit die Nährstoffe dem wachsenden Gras zur Verfügung stehen. Wird der Mist untergepflügt, kommt er erst unmittelbar vor dem Pflügen aufs Feld.

KOMPOSTIERTEN MIST EINGRABEN
Im Garten liegt ein Haufen nährstoffreicher, dunkler, kompostierter Mist, der zwischen den Pflanzen verteilt werden kann. Er stammt aus einem einjährigen Komposthaufen. Durch den Rotteprozeß wurde der Mist zerlegt und in eine feinkörnige Struktur verwandelt.

EIN DÜNGERSTREUER
Ein mechanischer Düngerstreuer (oben) sorgt für eine gleichmäßige, regelbare Verteilung des Mistes. Mit einer Schaufel (rechts) kann man diese Arbeit ebensogut erledigen, wenn auch mit mehr Schweiß. Der Mist wird weniger gleichmäßig verteilt, dafür sind die Kosten geringer.

JUNGER SENF
Diese Gründüngung wächst sehr schnell, liefert viel organisches Material und unterdrückt wirkungsvoll das Unkraut.

BEREIT ZUM PFLÜGEN
Bildet Senf erst einmal Samen, könnten Sie Probleme bekommen, ihn wieder loszuwerden. Pflügen Sie den Senf unter. Er ist eine gute Gründüngung vor Kartoffeln, denn er befreit den Boden von Fadenwürmern.

GRÜNDÜNGUNG

Das Prinzip der Gründüngung besteht darin, eine schnellwüchsige, grüne Frucht anzubauen, die man unterpflügt und verrotten läßt. Auf diese Weise gelangen die Nährstoffe der Pflanzen zurück in den Boden. Sprosse und Blätter lockern den Boden und verbessern Durchlüftung und Drainage, die die biologische Aktivität des Bodens positiv beeinflussen. Leguminosen reichern den Boden mit Stickstoff an (siehe S. 134).

Nacktes Land wird von Unkräutern besiedelt, die ihm Nährstoffe entziehen. Gründüngung bedeckt die Erde, hält den Boden zusammen und ist eine Konkurrenz für die Unkräuter. Wicken, Senf, Bohnen, Klee, Luzerne und Lupinen sind bekannte Gründüngerpflanzen.

Pflügen

Pflugmesser (Sech), Pflugschar und Streichblech

Die gute Ernte beginnt mit gutem Pflügen – ein weiser Spruch. Pflügen wendet die Erde um, damit kommen Wind, Regen, Sonne und Luft an die frische Erde. Unkräuter und die Reste der vorigen Nutzpflanzen werden untergegraben, außerdem gelangen Mist oder Dünger in tiefere Schichten, wo ihre Nährstoffe von den Wurzeln aufgenommen werden. Ein Pflug muß die Schollen gleichmäßig umwenden, es dürfen weder Löcher noch Beulen entstehen, und er muß die richtige Tiefe für die nächste Nutzpflanze haben.

Richtiges Pflügen, mit Pferd oder Traktor, gehört zwar zu den schwierigsten Arbeiten auf einem Hof, ist aber andererseits höchst befriedigend. Sie verwandeln ein altes in ein neues Feld, und die Zeit, die Sie mit Lernen verbringen, zahlt sich aus. Es gibt regionale Unterschiede in der Art, wie man pflügt und die erste Furche zieht. Ich beschreibe es so, wie ich es gelernt habe – und es funktioniert. Es gibt keinen besseren Weg, mit seinem Land vertraut zu werden, als einem Pflug zu folgen.

PFERD ODER TRAKTOR?

Ob Sie mit einem Traktor (siehe S. 118) oder mit Pferden pflügen, die Technik ist dieselbe. Beide können parzellenweise pflügen (siehe Nebenseite). Der Vorteil eines Traktors besteht darin, daß er zweischarige (Nebenseite) oder sogar dreischarige Pflüge ziehen kann. Pferde sind ruhiger, verläßlich und gute Partner.

ARBEITSWEISE EINES PFLUGES

Drei Teile sind für die schneidende Funktion des Pfluges verantwortlich: Das Pflugmesser schneidet senkrecht in den Boden. Die Pflugschar schneidet unterhalb dieses Schnittes horizontal. Das Streichblech wendet die Scholle um, während sich der Pflug nach vorn bewegt.

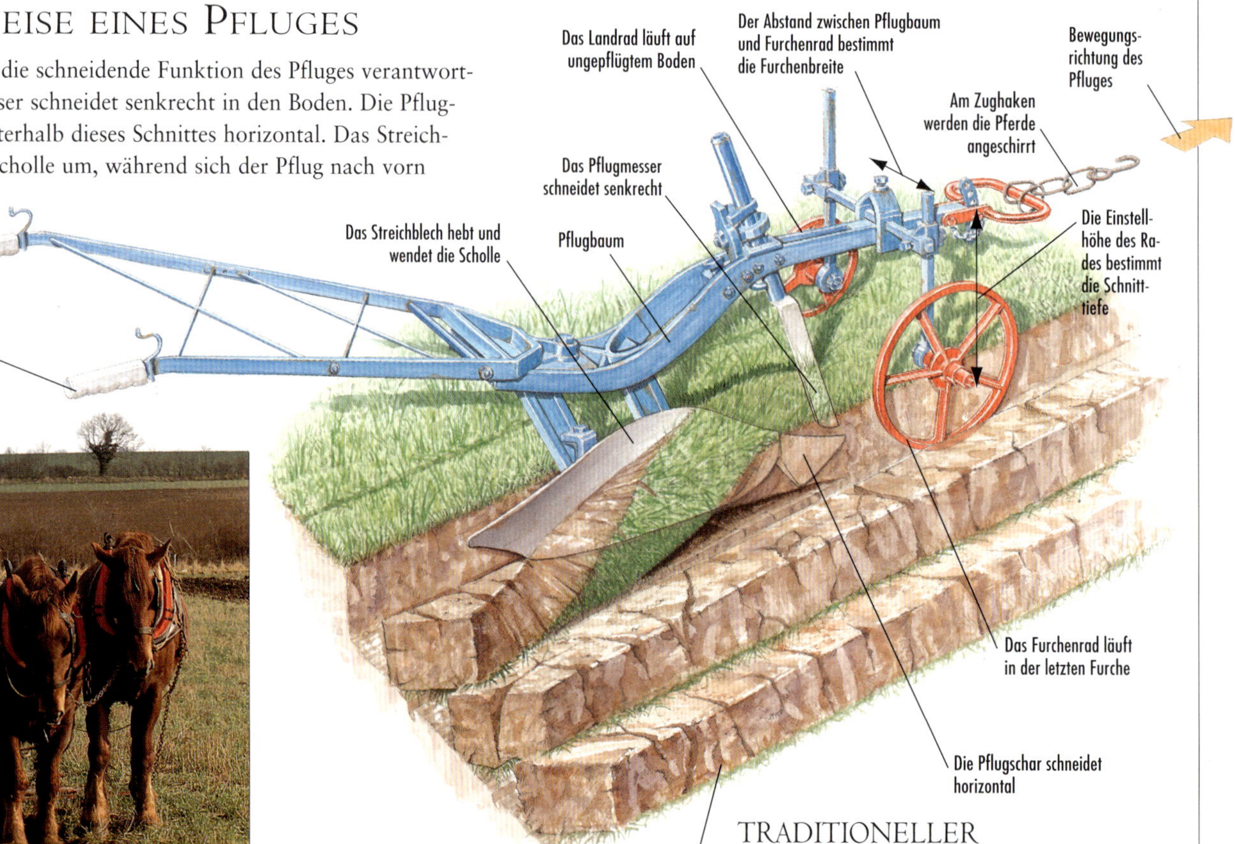

TRADITIONELLER PFERDEPFLUG

Der Pflüger läuft hinter diesem, von zwei Pferden gezogenen Pflug her. Mehrere Pflugteile, wie die Räder, lassen sich verstellen, um eine optimale Furche zu ziehen.

AUF ZWEI EBENEN

Für eine gerade Furche muß ein Pferd in der letzten Furche gehen, das andere auf dem ungepflügten Boden.

PARZELLEN PFLÜGEN

Pflüge werfen die Schollen immer nur in eine Richtung, es sei denn, Sie besitzen einen Drehpflug (siehe S. 141). Daher wird der Pflug rund um das Feld geführt – in immer größer werdenden Rechtecken um einen Mittelstreifen. Da schließlich das Wenden mehr Zeit erfordert als das Pflügen, teilt man große Felder in eine Reihe von Parzellen, jede mit einem etwas erhöhten Mittelstreifen.

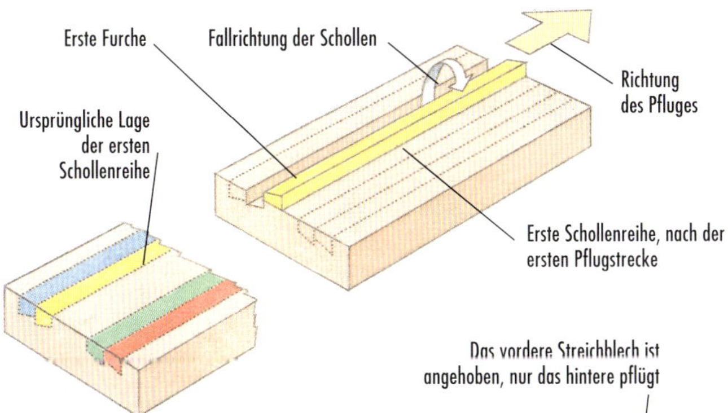

1 ERSTE FURCHE *Entscheiden Sie sich für eine Richtung. Hangauf- und abwärts ist meist besser als quer. Markieren Sie eine gerade Linie, parallel zum Feldrand, mit zwei Stangen. Pflügen Sie dazwischen Ihre erste Furche. Stellen Sie den Pflug auf eine schmale Furche ein. Mit einer guten, schnurgeraden ersten Furche haben Sie das Schwerste hinter sich.*

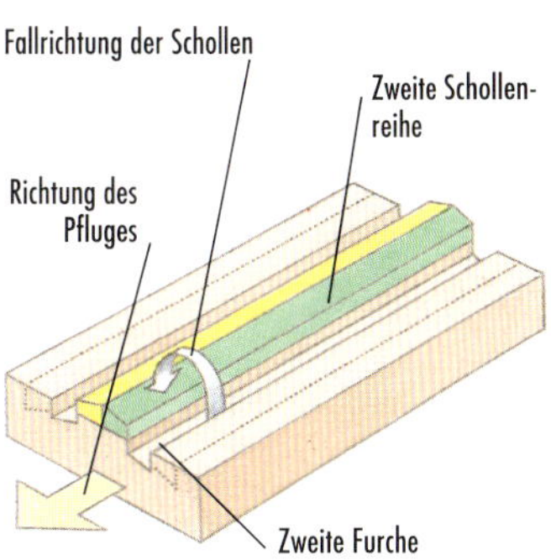

2 ZWEITE FURCHE *Drehen Sie am Ende der ersten Furche nach rechts um, so daß Sie in die Richtung schauen, aus der Sie gerade kommen. Stellen Sie das Furchenrad so ein, daß die zweite Furche etwas tiefer wird. Stellen Sie den Pflug so ein, daß die Schollen genau an die erste Schollenreihe stoßen und alles Gras bzw. die Reste der Vorkultur unter sich begraben. Stellen Sie nach jeder Furche den Pflug etwas tiefer, bis zur endgültigen Furchentiefe.*

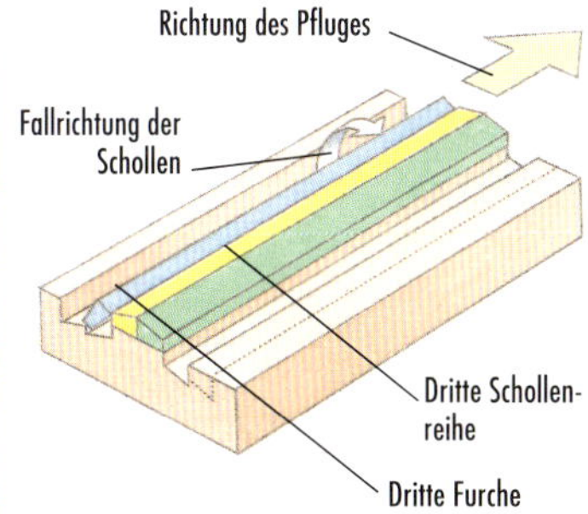

3 DRITTE FURCHE *Drehen Sie sich nach rechts, setzen Sie das Furchenrad an den Rand der 1. Furche und pflügen Sie die 3. Furche neben die 1.*

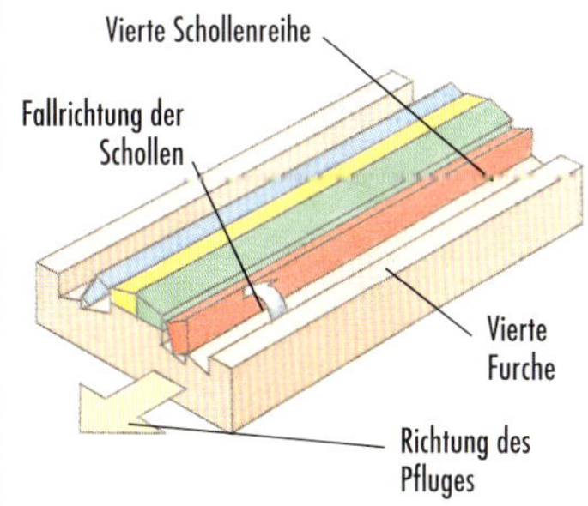

4 VIERTE FURCHE *Drehen Sie wieder um und pflügen Sie die 4. Furche, um die mittlere Schollenreihe abzuschließen. Pflügen Sie nun immer rund um diesen Mittelstreifen.*

5 GRÖSSE DER PARZELLE *20 m zwischen zwei Mittelstreifen sind ein guter Abstand. Teilen Sie das Feld vor Beginn der Arbeit gut ein, sonst bleiben zum Schluß winzige Reststücke übrig, die sehr frustrierend sein können.*

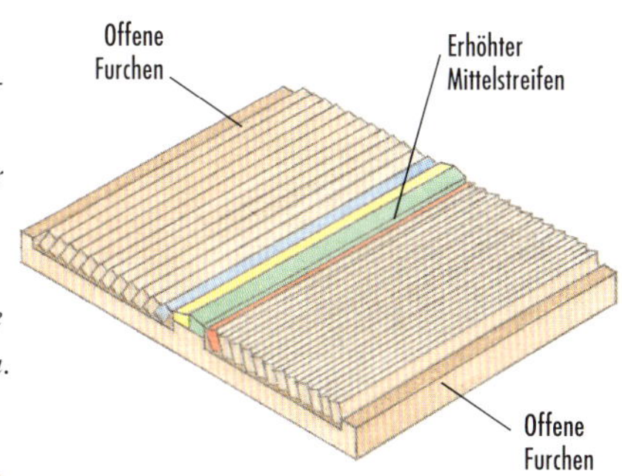

6 DAS FERTIGE FELD *In Ihrem Feld werden sich zum Schluß Mittelstreifen und Furchen abwechseln, die weder zu tief noch zu hoch sein dürfen. Hier wurden zur Verdeutlichung die Mittelstreifen enger und die Parzellen kleiner gezeichnet als in Wirklichkeit.*

Verschiedene Pflüge

Die Grundlagen des Pflügens – was ein Pflug ist und wie er funktioniert – wurden auf den vorangegangenen Seiten erklärt. Hier finden Sie nun einige Arten von Pferde- und Traktorpflügen, die weltweit auf Bauernhöfen eingesetzt werden. Das Grundproblem eines einfachen Pfluges besteht darin, daß er die Schollen nur in eine Richtung umwendet. Die Lösung dieses Problems ist ein Drehpflug, von dem sich mehrere Formen entwickelt haben. Er zieht eine oder mehr Furchen und kann von Pferden oder Traktor gezogen werden. Ein weiteres Problem ist es, kilometerweit hinter dem Pflug herzugehen – und sei es auch noch so befriedigend, einem pferdegezogenen Pflug zu folgen. Nordamerikanische Bauern haben auch dafür eine Lösung gefunden.

DER SULKY-PFLUG

Die Form pferdegezogener Pflüge ist überall auf der Welt verschieden. In Europa läuft man gewöhnlich hinter dem Pflug her, in den USA sind solche Sulky-Pflüge üblicher.

Traktorgezogene Pflüge

Traktorgezogene Pflüge arbeiten schneller als Pferdepflüge und können bei einem Arbeitsgang mehr als eine Furche ziehen. In sandigem Boden pflügt selbst ein kleiner Traktor drei Furchen gleichzeitig. Auf modernen, hochtechnisierten Höfen kann man Pflüge im Einsatz beobachten, die 14 Furchen auf einmal ziehen. Zu einem Biobauern paßt weit besser ein Pflug aus einer einfacheren, weniger intensiven Ära. Traktorgezogene Pflüge können auf zweierlei Weise mit dem Traktor verbunden werden: sie werden entweder gezogen (frühe Methode) oder an das Hydrauliksystem angeschlossen.

ANBAUPFLUG

Pflug und Traktor bilden eine Einheit, der Fahrer kann mit der Hydraulik die Schnittiefe vom Sitz aus einstellen; ein solcher Pflug ist ideal für den Biobauern.

DREHPFLUG

Man benutzt die beiden Pflugsysteme wechselweise; nach jeder Furche wird der Pflug gedreht. Die Streichbleche einer Seite werfen die Schollen nach rechts, die der anderen nach links.

ANHÄNGEPFLUG

Alle verstellbaren Teile des Pfluges werden vom Fahrersitz aus bedient. Da Schar und Streichblech nicht verstellbar sind, muß das Feld in Parzellen untergliedert werden (siehe S. 139). Die Räder bestimmen die Furchentiefe und erleichtern das Wenden am Furchenende.

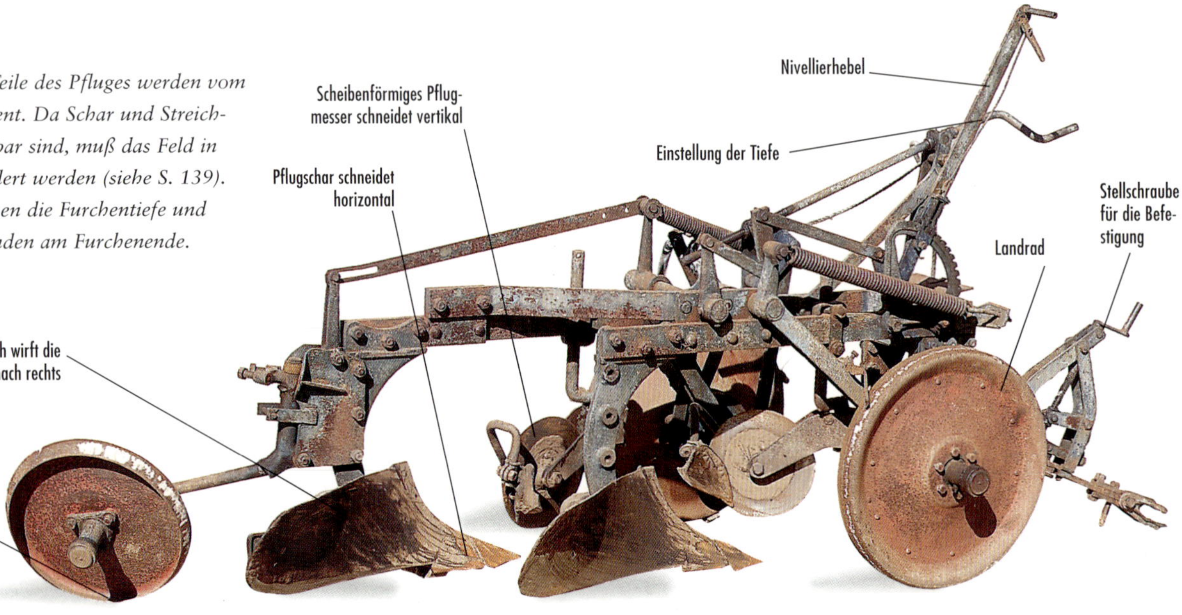

PFERDEGEZOGENE PFLÜGE

Sie sind leichter als traktorgezogene Pflüge und ziehen in der Regel nur eine Furche. Pferdepflüge sind in vielen Formen, je nach Art der Felder und der benötigten Furchen, gebaut worden. Es gab Zeiten, da ein Hersteller 20 oder mehr Streichbleche für jeden Pflug anbot. Heute dürfen Sie sich glücklich schätzen, wenn Sie überhaupt einen ordentlichen Pferdepflug finden. Kaufen Sie einen, der Ihnen gefällt und zu Ihren Pferden paßt – Sie werden viele Stunden miteinander verbringen. Schon bald werden Sie den Pflug als ein Teil Ihrer selbst empfinden.

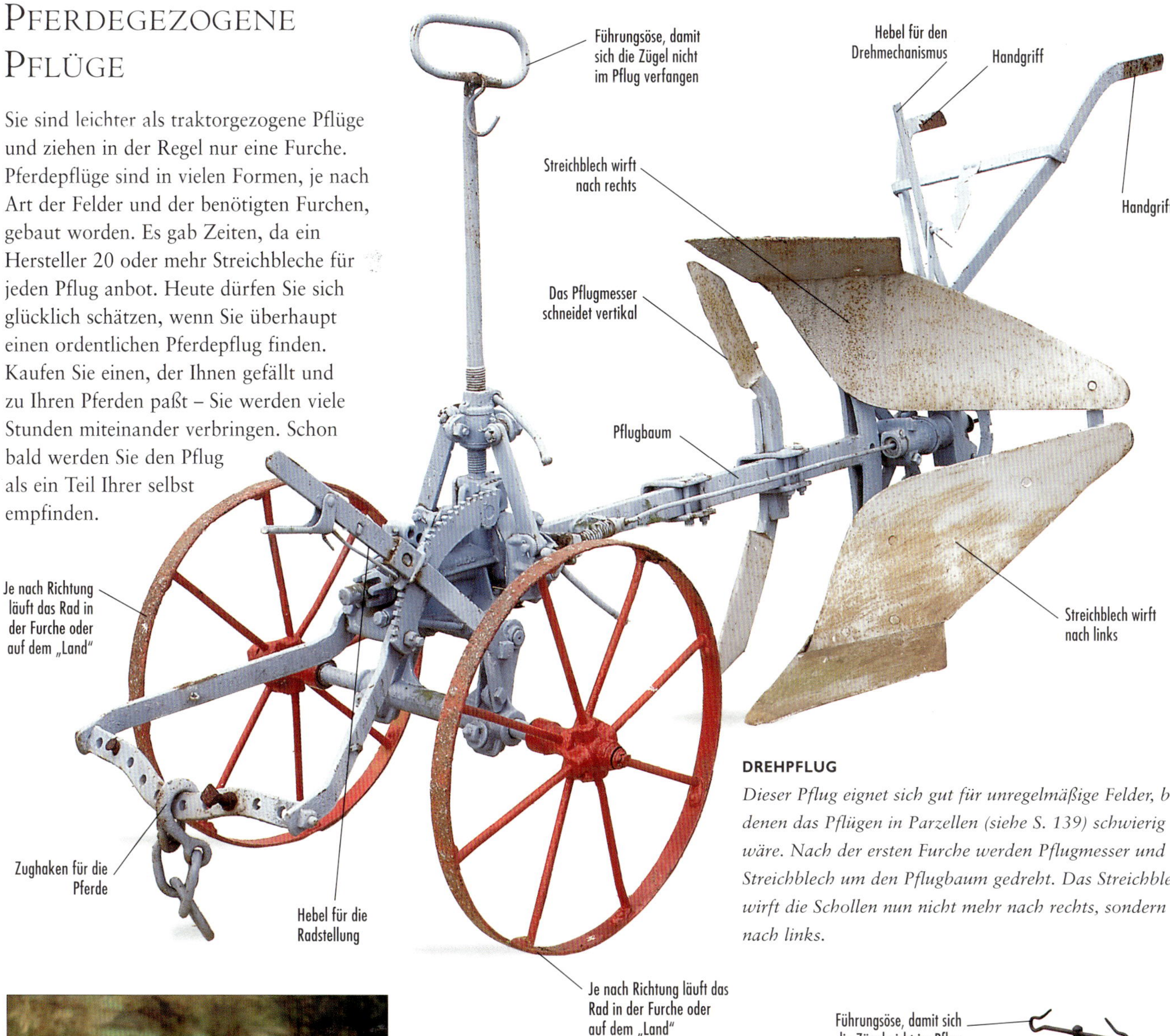

DREHPFLUG

Dieser Pflug eignet sich gut für unregelmäßige Felder, bei denen das Pflügen in Parzellen (siehe S. 139) schwierig wäre. Nach der ersten Furche werden Pflugmesser und Streichblech um den Pflugbaum gedreht. Das Streichblech wirft die Schollen nun nicht mehr nach rechts, sondern nach links.

SULKY-PFLUG

In den USA ist dieser Pflug sehr beliebt. Mit dem oberen Hebel wird das Streichblech bei der Drehung am Ende einer Furche angehoben. Da man bei einem Feld von 0,4 ha etwa 18 km weit laufen muß, ist ein solcher Sulky-Pflug sicher eine angenehme Alternative.

PONY-PFLUG

Dieser leichte Pflug mit geringer Tiefe und geringerem Zug kann problemlos von einem Pony oder Esel gezogen werden. Erwarten Sie nicht, damit besonders tiefe Furchen ziehen zu können, für einen begrenzten Raum reicht er aber aus.

TRADITIONELLER PFLUG

Dieser Pflug wird von zwei Pferden gezogen; er ist als Pferdepflug in Europa weit verbreitet. Er kann eine Reihe von Böden tief bearbeiten und liefert in der Hand des erfahrenen Bauers sehr gute Ergebnisse. Wenn Sie nur einen einzigen Pflug wollen, wählen Sie diesen.

Saatbett vorbereiten

Nur Unkrautsamen keimen fast überall aus – für Nutzpflanzen müssen Sie Arbeit investieren und den Boden vorbereiten. Ein perfektes Saatbett herzustellen, erfordert sowohl Intuition als auch Technik. Sie müssen nicht nur wissen, wie man es macht, sondern auch, wann der richtige Zeitpunkt ist. Ich mußte das auf sehr handfeste Weise lernen: Als ich mir gegen Ende des Winters mit zwei Pferden und einer Egge ein gepflügtes Feld vornahm, standen meine Pferde nach der Hälfte der Arbeit bis zu den Knöcheln im Matsch. Es wäre besser gewesen, eine Woche zu warten.

Hier werden zwei Methoden beschrieben, ein Saatbett vorzubereiten. Bei der ersten wird ein Feld bearbeitet, das bereits vor Monaten gepflügt wurde. Die zweite wird angewandt, wenn Sie auf einem Feld unmittelbar nach der Vorbereitung säen möchten – oder zumindest innerhalb von 14 Tagen. Wenn es nur um eine winzige Fläche geht, können Sie die Arbeit natürlich mit Spaten und Rechen erledigen. Dennoch lohnt es sich, die Arbeitsgänge auf einem Feld nachzuvollziehen, so verstehen Sie besser, worauf es ankommt.

ANBLICK EINES FELDES
Auf einem frisch gepflügten Stück sehen Sie die glänzenden Schollen, nach dem Eggen sieht es matter aus.

Gepflügtes Feld

Wenn Sie vor dem Winter mit dem Pflügen fertig geworden sind, hat der Frost die großen Erdschollen zerlegt, und Wind und Regen haben die übrigen Brocken aufgeweicht. Das Wetter hat Ihre Arbeit erledigt, und Sie haben Pferdefutter bzw. Kraftstoff gespart.

Wenn Sie Ihr Feld nach dem Pflügen eine Zeitlang brach liegen lassen, müssen Sie alle zwei bis drei Monate mit dem Federzinken-Kultivator darüber gehen. Danach ist Ihr Boden in so gutem Zustand, daß Sie ihn nur mit einem Rotationskultivator bearbeiten brauchen; ein Walzenkrümler glättet den Boden endgültig.

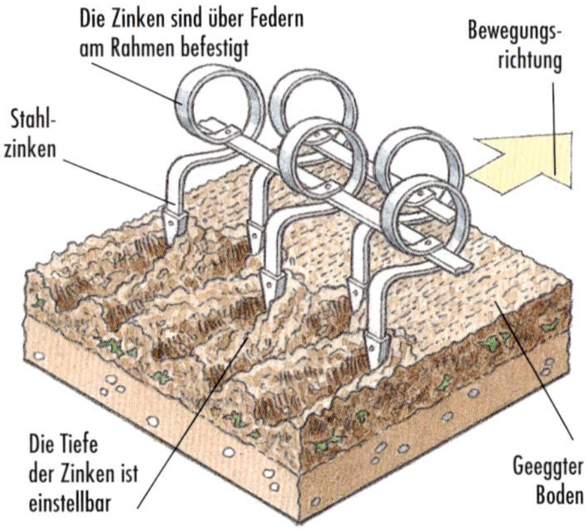

1 **FEDERZINKEN-KULTIVATOR** *Mit diesem Gerät werden auch andere Arbeiten ausgeführt, hier dient es dazu, den Boden aufzubrechen und Unkräuter zu entfernen. Es reißt die unterirdischen Wurzeln von Quecken und Disteln heraus, die an der Oberfläche verdorren. Da die Zinkentiefe einstellbar ist, kann dieses Gerät sehr vielseitig eingesetzt werden: So können Sie beispielsweise Stoppeln umpflügen.*

2 **ROTATIONSKULTIVATOR** *Manche Rotationskultivatoren sind kleine Handgeräte (siehe S. 114), auf Feldern brauchen Sie aber ein größeres, vom Traktor gezogenes Gerät. Diese Maschine ist sehr wirkungsvoll: Wenn Sie die Walzen zu tief einstellen, können Sie den fruchtbaren Oberboden begraben und den unfruchtbaren Unterboden nach oben holen. Die Messer graben sich schneidend in den Boden ein und schneiden Unkräuter ab, die den vorigen Schritt überlebt haben. Der anschließende Walzenkrümler befestigt den feinen Boden des Saatbettes und zerkleinert eventuell entstandene Brocken.*

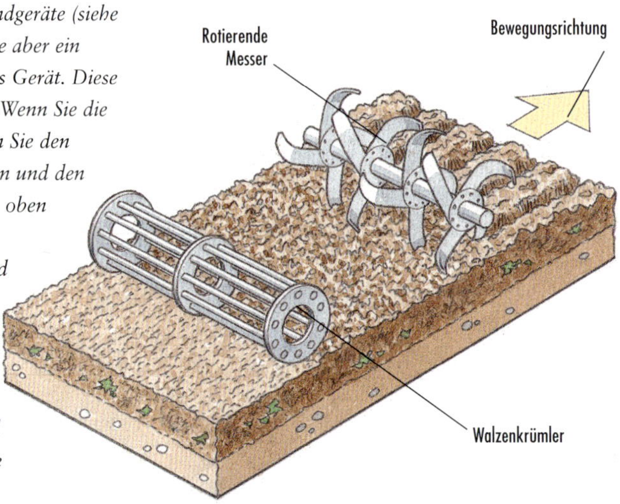

FRISCH GEPFLÜGTES FELD

Bei geeigneten Bedingungen kann ein frisch gepflügtes Feld sofort in ein Saatbett verwandelt werden. Eine Ausnahme bilden nur feste Böden mit hohem Tonanteil, die ein bis zwei Wochen ruhen sollten. Leichte, sandige Böden können Sie sofort unter die Egge nehmen. Es kommt wiederum auf das Timing an: Fangen Sie bei zu feuchtem Wetter gar nicht erst an.

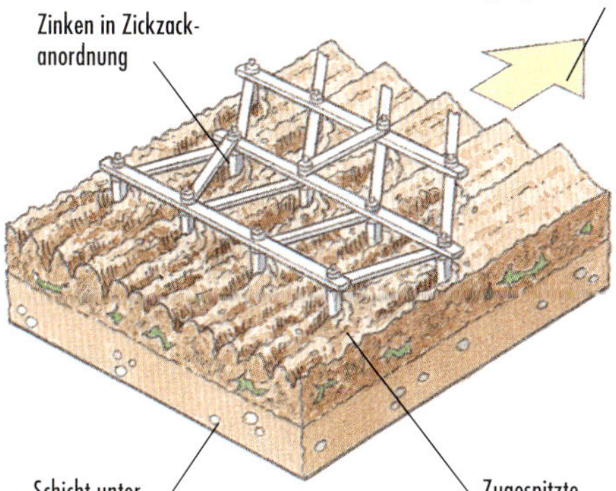

ZINKENEGGE

Mit diesem preiswerten und einfachen Gerät wird der Boden nach dem Pflügen besonders einfach bearbeitet. Die Zinken sind im Zickzack angebracht. Jede Zinke teilt den Boden in zwei Wellen, die von den nächsten Zinken jeweils wieder geteilt werden. Halten Sie die Zinken scharf, damit sie die Schollen zu feinem Boden zerkleinern. Diese Egge ist ideal für leichte, aber zu klein für schwere Böden.

SCHEIBENEGGE

Dieses Gerät schneidet sich wie ein Küchenmesser durch die Schollen. Es ist sehr schwer – keine leichte Arbeit für zwei Pferde. Hinter einem Traktor werden meist zwei Scheibeneggen hergezogen, die im Winkel zueinander stehen. Sie zerkleinern selbst größere Schollen, wobei der Winkel der Scheibeneggen zueinander den Krümelgrad bestimmt.

Scheibeneggen bringen kein Material an die Oberfläche. Nachdem Sie eine Wiese gepflügt haben, um Getreide auszusäen, wären nach oben beförderte Grassoden das Letzte, was Sie sich wünschen.

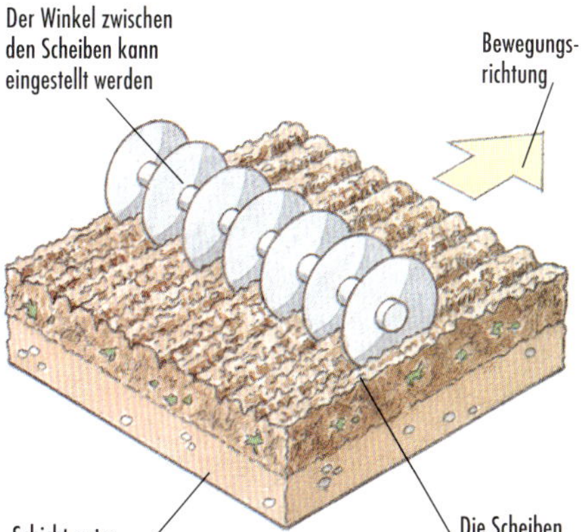

WALZEN

Walzen schließen die Bearbeitung des Saatbettes ab. Es gibt glatte und rauhe Walzen (Cambridge-Walze). Rauhwalzen eignen sich besser zur Herstellung des Saatbettes, da Glattwalzen dazu neigen, den Boden zu „verschließen“ (siehe S. 145). Es kommt sehr auf das richtige Timing an. Mit der Walze über zu feuchten oder zu trockenen Boden zu gehen, wäre vergeblich. Ideal ist der Zeitpunkt nach einem Regen, während der Boden trocknet. Dann zerkleinern Sie auch widerspenstige Brocken zu Krümeln. Mit Hilfe der Rauhwalze lassen sich selbst hartnäckige Schollen zerkleinern.

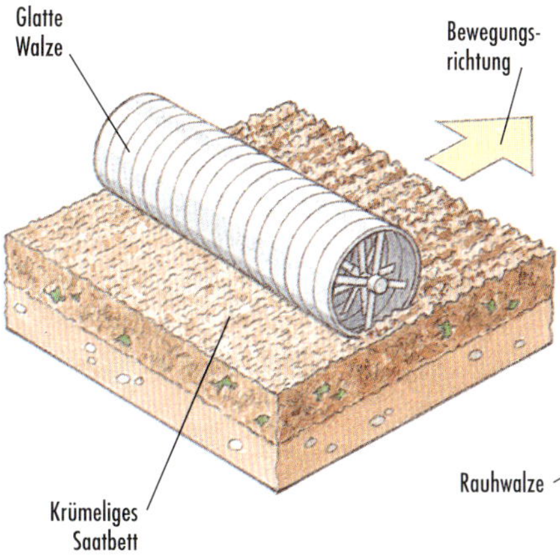

Rauhwalze

Die Aussaat

Durch Bewegen des Bogens wird der Samen ausgestreut

Samen auf ein Feld zu streuen und dann die Ernte zu erwarten, ist reine Vertrauenssache. Das beste, was Sie tun können, ist auf das „Wohlergehen" der Samen zu achten. Dazu müssen Sie die Bedürfnisse eines frisch auskeimenden Saatkorns kennen. Es braucht Luft, Feuchtigkeit und Nährstoffe und wird nicht auskeimen, wenn der Boden zu kalt ist. Traditionell prüft man die Bodentemperatur, indem man seine Hose herunterzieht und sich aufs Feld setzt: Fühlt es sich kalt an, ist es auch zu kalt für die Aussaat. Versorgen Sie die Samen mit genügend Feuchtigkeit, indem Sie nach oder kurz vor einem Regenschauer säen. Für Luft und Versorgung ist das Saatbett entscheidend, denn die Samen gedeihen nur in engem Kontakt mit dem Boden. Bei zu grobem Saatbett sind die Lücken zwischen den Erdbrocken zu groß. Kleine Samen sind nicht allseits von Erde bedeckt und nehmen daher nicht genug Nährstoffe auf. Große Samen, wie Bohnen, brauchen ein gröberes Saatbett, während winzige Samen, wie Klee, Krümel brauchen. Ein feines Saatbeet wird durch die Arbeit von Pflug und Egge mit Luft durchsetzt.

Vogelscheuchen

Vögel sind die größten Feinde eines neu ausgesäten Feldes. Sie warten ab, bis die Samen kurz vor dem Auskeimen stehen – und schlagen zu. Bauen Sie Vogelscheuchen, die sich beim leichtesten Luftzug in Bewegung setzen oder rasseln, dann werden Ihre Samen überleben und zu einer guten Ernte heranwachsen.

Breitwürfig säen

Auf einem Feld zu säen, das im Herbst gepflügt wurde und den Winter über brachlag, ist die einfachste Technik. Die Erde ist oberflächlich zu Krümeln zerfallen, obwohl die Furchen noch immer sichtbar sind. Die Samen fallen meist in die Furchen und werden mit einer leichten Egge eingearbeitet.

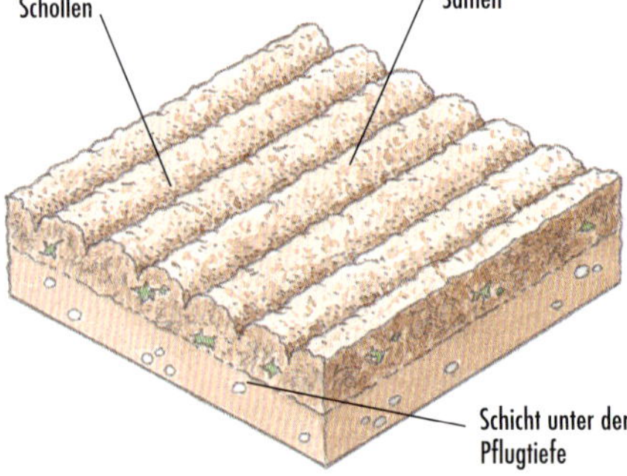

Eine leichte Egge genügt, um die Furchen zu schließen

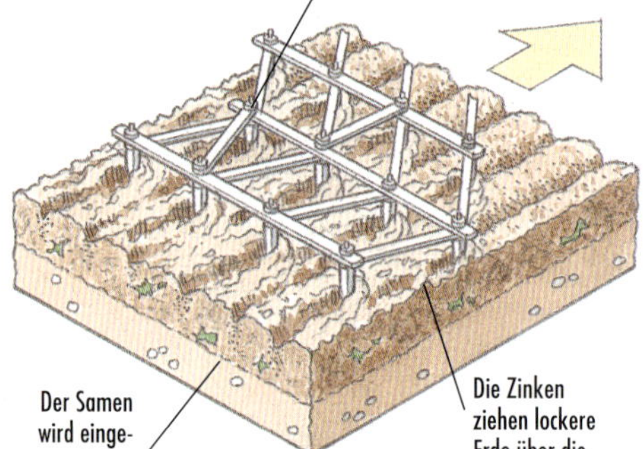

1 **SÄEN** *Hängen Sie sich einen Beutel aus Sackleinen über die Schulter und füllen Sie die Samen ein. Greifen Sie abwechselnd mit den Händen hinein und streuen Sie wenige Samen beim Vorwärtsgehen aus. Passen Sie Ihre Armbewegungen den Schritten an. Fällt der Samen zu dicht, senkt sich der Ertrag, aber mit etwas Übung wird er gleichmäßiger verteilt. Rechnen Sie mit 40 Jahren, ehe Sie die Technik vervollkommnet haben. Bei der ganz oben in der Abbildung gezeigten sogenannten Saatgeige setzt der Bogen eine Scheibe in Bewegung; die Samen fallen auf die Scheibe und werden gleichmäßig nach außen geschleudert.*

2 **EGGEN** *Nach dem Säen fährt man mit der Egge über das Feld, um die Samen mit Erde zu bedecken. Eine leichte Egge, die über einen von Frost verwitterten Boden gezogen wird, reicht völlig aus. Je kleiner der Samen, desto leichter die Egge, sonst wird der Samen zu tief eingearbeitet und keimt nicht.*

Drillmaschine

Wenn Sie eine bestimmte Samenmenge in geraden Reihen säen möchten, damit Sie später mit der Hacke durchgehen können, brauchen Sie eine Drillmaschine. Sie wird entweder von einem Traktor oder von Pferden gezogen. Für diese Technik reicht ein vom Frost verwittertes Beet nicht aus. Ein genügend feines, tiefes Saatbett erzeugen Sie nur mit Egge und Walze (siehe S. 142).

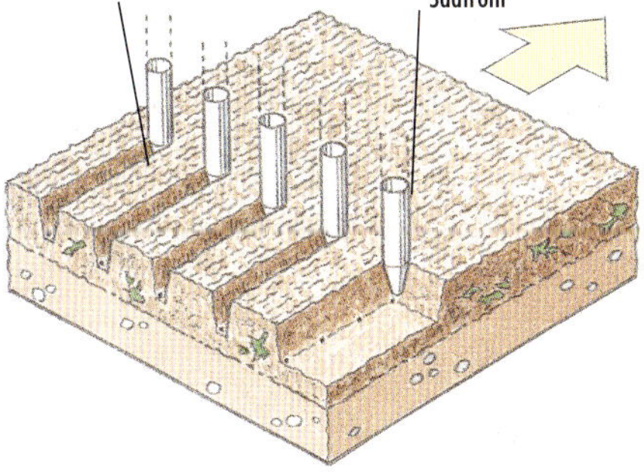

Einer kontrolliert, ob die Drillmaschine gut funktioniert

1 **DRILLMASCHINE** *Damit können Sie zwar präzise säen, brauchen aber ein sehr feines Saatbett, so daß alle Samen gleich tief fallen. Die Maschine muß für richtigen Reihen- und Samenabstand genau eingestellt werden. Obwohl es Abweichungen gibt, arbeiten alle Drillmaschinen nach demselben Prinzip: Während sich die Maschine vorwärts bewegt, heben Schaufeln den Samen aus dem Säkasten. Das Schaufelrad bewegt den Samen bis zu einem Saatrohr. Eine Säschar schneidet eine Kerbe in den Boden, in die der Samen fällt.*

Hochspritzende Erde kann die Öffnungen verstopfen; wenn Sie nicht sorgfältig aufpassen, entstehen Lücken zwischen den Samen. Noch schlimmer ist es, wenn kein Saatgut mehr im Säkasten liegt, ohne daß Sie es merken. Ihren Irrtum bemerken Sie erst dann, wenn alle anderen Samen keimen!

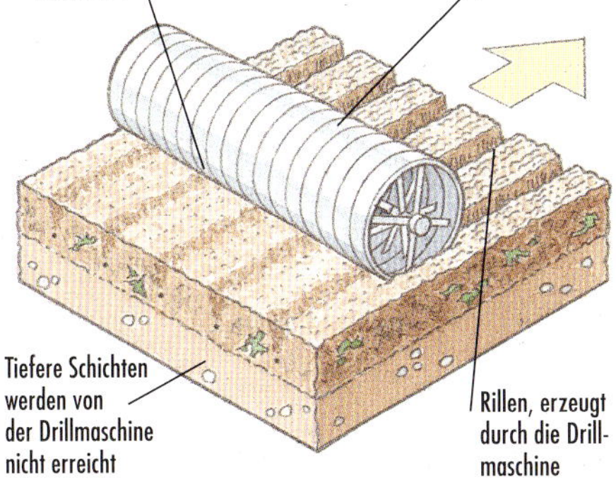

2 **WALZEN** *Die Walze zerkleinert die Erdteilchen weiter und sorgt für engen Kontakt zwischen der Erde und den Samen. Allerdings können Glattwalzen den Boden „verschließen", das heißt zu einer glatten Kruste walzen. Das Regenwasser fließt dann oberirdisch ab und dringt nicht bis zu den Samen vor.*

Getreide ernten

Reifende Getreideähren

Gegen Ende des Sommers werden Sie durch Ihre reifenden Getreidefelder laufen und Mut fassen für den letzten und entscheidenden Arbeitsgang. Wann geerntet werden soll, gehört zu den schwierigsten Entscheidungen des Jahres. Hier meine Entscheidungshilfe; sie ist zwar grob, hat sich aber bewährt: Zerbrechen Sie eine Gersten-, Weizen- oder Roggenähre und spalten Sie ein Korn mit dem Daumennagel. Fühlt es sich milchig bis käsig an, ist es noch nicht reif; es sollte sich hart wie eine Nuß anfühlen. Reift der Hafer zu lange, fallen die Körner heraus und sind verloren, und das Stroh wird zu faserig für Viehfutter. Schneiden Sie daher den Hafer etwas früher und lassen Sie ihn in den Garben ausreifen. Wenn Sie Weizenstroh als Dachdeckmaterial brauchen, müssen Sie – auf Kosten der Körner – das Stroh bereits in grünem Zustand schneiden.

SCHNITTBEREIT

Reiben Sie einige Ähren zwischen den Handflächen, um die Körner herauszulösen. Sobald sich die Körner nicht mehr teilen lassen – mit Daumennagel oder Zähnen – ist das Getreide erntereif.

Der Schnitt des Getreides

Ein Mähdrescher ist die schnellste, aber auch die zerstörerischste Methode, die Ernte einzubringen. Das Stroh eignet sich nur noch als Streu, und die Spreu, die eine gute Grundnahrung für das Vieh ergibt, wird verworfen. Auf kleinen Flächen können Sie ihr Getreide mit Sense oder Sichel schneiden, auf größeren Höfen ist dies eine Arbeit für Helden. Für Biobauern kann ein Bindemäher durchaus noch nützlich sein, sofern Sie einen alten auftreiben können. Diese Maschine schneidet das Getreide, bündelt es und bindet eine Schnur darum, so daß eine Garbe entsteht. Der Bindemäher geht schonend mit dem Getreide um, ist aber eine komplizierte Maschine; Sie werden Geduld brauchen.

SCHNEIDEN MIT DER SENSE
Mit einer Sense oder Sichel können Sie täglich höchstens 0,2 ha schneiden. Diese Sense fängt das geschnittene Korn auf, das sich so leichter zu Garben binden läßt.

ERNTE MIT PFERDEN
Einen Bindemäher zu ziehen, ist harte Arbeit für Pferde. Sie sollten zwei Stunden arbeiten und zwei Stunden ruhen. Halten Sie ein scharfes Ersatzmesser bereit und wechseln Sie die Messer stündlich. Dann wird die Maschine auch geölt. Stellen Sie sich auf Schwierigkeiten ein, aber bleiben Sie ruhig.

GARBEN UND HOCKEN

Wenn Sie das Getreide mit der Hand schneiden, muß es zu Bündeln (Garben) gebunden und zu Hocken oder Stiegen zusammengestellt werden. Dabei werden acht bis zehn Garben zu einer Art Zelt zusammengestellt. In Sonne und Luft trocknet das Getreide und reift aus.

1 **DIE SCHNUR** *Drehen Sie fünf lange, kräftige Halme zusammen. Ist das Stroh brüchig, wird es mit Wasser weich gemacht.*

2 **DIE GARBE BINDEN** *Nehmen Sie ein Bündel Halme auf, wickeln Sie die Schnur darum und stecken Sie sie fest.*

3 **DIE HOCKE BEGINNEN** *Tragen Sie die Garben unter dem Arm. Stellen Sie die Schnittenden alle auf den Boden und neigen Sie die Ähren aneinander.*

Es macht weniger Mühe, die Garben mit den Ähren voran zu tragen

4 **DIE HOCKE BEENDEN** *Lehnen Sie weitere Garben an und drücken Sie die Ähren aneinander. Achten Sie darauf, daß Luft von unten eindringen kann.*

Ein gelegentlicher Schauer richtet keinen Schaden an

ABTRANSPORT UND SCHOBERBAU

Das geschnittene Getreide bleibt bis zur Vollreife auf dem Feld, erst danach wird es abtransportiert. Nach altem Brauch soll Hafer „dreimal die Kirchenglocken hören", d.h. mindestens zwei Wochen auf dem Feld bleiben. Roggen, Weizen und Gerste können früher abgefahren werden. Suchen Sie nach einem geeigneten Platz für den Heuschober. Wenn Sie eine Dreschmaschine einsetzen wollen, brauchen Sie eine Zufahrt.

TRANSPORT

Machen Sie es an einem trockenen Tag, wenn der Wind noch die letzten Reste von Nässe trocknet. Laden Sie sorgfältig, damit der Wagen nicht bei einem Schlagloch seine Ladung verliert.

AUFBAU DES SCHOBERS

Einen Schober zu errichten, ist eine Kunst. Machen Sie ihn in der Mitte höher als außen, damit das Wasser ablaufen kann. Ihr erster Schober wird noch ziemlich formlos ausfallen.

DAS DACH

Wenn der Schober etwas gesackt ist, bekommt er ein Dach. Keine Plastikfolie, sonst schwitzt er und wird modrig! Ein gutes Dach hält Wetter ab und erlaubt den Austritt von Feuchtigkeit.

Nach der Ernte

Es gibt eine Falle, in die man leicht hineinstolpert. Glauben Sie nicht, nur weil Sie Ihre Feldfrüchte von der Aussaat bis zur Ernte gebracht haben, daß Sie sich nun ausruhen dürfen. Die Ernte ist erst beendet, wenn Sie die Ähren Ihres Getreides in Nahrung für sich und Ihre Tiere verwandelt haben. Ich schreibe das aus bitterer Erfahrung. Ich habe einmal ein Haferfeld angelegt, abgeerntet und die Garben in einem schönen Schober aufgestapelt. Nach sechs Monaten mußte ich feststellen, daß die Ratten jedes Korn gefressen hatten. Nach der Ernte ist die Gefahr eines Unglückes bei den nächsten Schritten – Dreschen und Worfeln (Reinigen) – nicht mehr so groß. Dann müssen Sie Ihr Korn mahlen oder mahlen lassen.

Dreschen mit der Hand und Worfeln

1 **DRESCHEN** *Schlagen Sie fest und häufig auf die Halme ein. Prüfen Sie die Ähren von Zeit zu Zeit. Dreschen Sie so lange, bis alle Körner herausgefallen sind. Diese Arbeit macht man am besten zu zweit mit abwechselnden Schlägen.*

2 **WORFELN** *Nehmen Sie die Mischung aus Korn, Spreu und Strohfetzen auf. Werfen Sie sie in die Luft oder lassen Sie sie durch die Finger gleiten. Der Wind bläst die leichten Teile weg, die Körner fallen nach unten.*

Achten Sie auf Ihr Getreide

Es ist sehr schwierig, Ratten und Mäuse völlig vom Getreide fernzuhalten, insbesondere, wenn Sie es im Winter lagern. Ein Schober ist ideal für Ratten und Mäuse: Er ist warm und gemütlich und das Futter liegt bereit. Was will ein Nagetier mehr? Es gibt Gift und Fallen, versuchen Sie Ihr Glück. Außerdem werden Hunde und mutige Katzen mit Ratten fertig. Ermuntern Sie Eulen, Ihre Mäuse zu jagen. Wenn Sie eine natürliche Lösung, wie Eulen oder Katzen, anstreben, dürfen Sie kein Gift einsetzen, sonst töten Sie u.U. das falsche Tier.

Die beste Lösung ist, Ratten und Mäuse von vorneherein auszuschalten. Lagern Sie gedroschenes Getreide in rattensicheren Behältern und umwickeln Sie einen Schober unmittelbar, nachdem Sie ihn gebaut haben, mit feinem Maschendraht. Gute Futterquellen sprechen sich bei Schädlingen schnell herum.

Dreschen des Getreides

Bevor Sie das Getreide nutzen können, müssen Sie das Korn vom Stroh und der Hülle (Spelze) trennen, die es umgibt. Ein Mähdrescher erledigt das alles auf einmal – mit hohen Kosten. Bei geringen Mengen, die mit der Sense geschnitten und zu Garben gebündelt wurden, müssen Sie entweder eine alte Dreschmaschine auftreiben – man braucht zehn Menschen, um sie anzutreiben – oder das Korn mit einem Dreschflegel bearbeiten. Dabei werden Sie Muskeln entwickeln, von denen Sie keine Ahnung

Lagerung von Getreide

Reife Körner haben einen Wassergehalt von bis zu 15%, d.h. ohne Luftzufuhr werden sie verfaulen. Nehmen Sie einen feinmaschigen Behälter, der die Luft zirkulieren läßt und Schädlinge ausschließt. Prüfen Sie regelmäßig die Temperatur mit einem Metallstab in der Mitte des Behälters. Ist die Metallspitze nach einigen Minuten warm, beginnt ihr Getreide zu verfaulen. Wenden Sie es sofort um, damit die Luft wieder zirkulieren kann.

hatten. Ein Dreschflegel ist ein sehr einfaches Gerät: Er besteht aus zwei starken Stöcken, die mit einem Stück Seil oder Leder verbunden sind. Legen Sie das trockene Getreide auf ein Tuch auf eine feste Unterlage und schlagen, schlagen, schlagen Sie zu. Ist es reif, lösen sich die Körner. Entfernen Sie das Stroh, und Sie haben Ihre Ernte.

WORFELN UND SIEBEN

Nach dem Dreschen bleibt eine Menge Spreu übrig (Strohstücke, Spelzen). Breiten Sie an einem windigen Tag erneut Ihr Tuch aus. Werfen Sie alles in die Luft und achten Sie darauf, wie der Wind die leichte Spreu davonweht; die schweren Körner fallen zu Boden. Wiederholen Sie den Vorgang mehrmals und sieben Sie Ihr Korn, dann ist es so sauber wie aus der Maschine. Dreschen und Worfeln sind gute Gelegenheiten für ein kleines Fest – das erleichtert die Arbeit.

MEHL MAHLEN

Es ist eine wundervolle Erfahrung, ein Brot zu essen, daß von der Aussaat des Weizens bis zum Backofen nur durch Ihre Hände gegangen ist.

In der eigenen Küche zu mahlen macht Spaß. Mit einer Handmühle (siehe S. 168) dauert es etwa 15 Minuten, um die Menge für ein Brot zu mahlen. Elektrische Mühlen sind schneller. Wie sie auch mahlen, sie bekommen immer Vollkornmehl; nichts geht verloren. Daraus wird ein kräftiges, schmackhaftes Brot.

Feineres Mehl, z.B. für Kuchen, bekommen Sie, wenn Sie die Mahlscheiben enger stellen – ein deutlich höherer Arbeitsaufwand. Spätestens jetzt werden Sie merken, ob Ihr Korn wirklich reif war, als Sie es ernteten: Reifes Korn läßt sich viel leichter mahlen als unreifes. Die Mühlsteine verkleben und das Brotbacken wird zur harten Arbeit.

Ich habe mein Korn immer in eine Windmühle gebracht, die ein begeisterter Müller restauriert hatte. Dort beobachtete ich, wie die riesigen Mühlsteine und der Wind die Arbeit für mich erledigten. Natürlich können auch Sie weißes Mehl gewinnen, indem Sie die braune Kleie mit feinen Sieben heraussieben, aber Müller können das besser. Ehrliche Müller sammeln die Kleie als Pferdefutter für Sie.

MAHLEN FÜR DAS VIEH

Früher warf man den Tieren ungedroschenes Haferstroh vor und ließ sie es mit den Zähnen zermahlen. Haferstroh ist fast so nahrhaft wie Heu: Warum also erst mühsam das Korn vom Stroh trennen?

Die Verdauung von Getreide fällt Tieren jedoch viel leichter, wenn die Körner grob zerkleinert werden (walzen oder schroten). Getreideschrot aus einer Walzenmühle eignet sich hervorragend für Rinder und Schafe. Die Walzenmühlen funktionieren wie eine Mangel: die Körner werden je nach Einstellung grob oder fein geschrotet.

Manchen Nutztieren ist geschrotetes Getreide immer noch zu grob, es passiert unverdaut den Darm. Gerste für Schweine muß beispielsweise fein gemahlen werden. Diese Art Mahlwerk gibt es z.B. in Windmühlen: sie zermahlen Getreide zwischen rotierenden Steinen zu Mehl. Hühner picken zwar das ganze Korn, auch sie verdauen jedoch geschrotetes Getreide weitaus besser.

DAS KORN VOR DEM MAHLEN
Jedes Korn ist von der schützenden Spelze und der Kleieschicht bedeckt. Im Vollkornmehl bleibt die Kleie erhalten, im weißen Mehl wird sie nach dem Mahlen ausgesiebt.

TIERFUTTER MAHLEN

WALZENMÜHLE
Je nach Stellung der Walzen werden die passierenden Körner leicht oder stark geschrotet. In einer Mühle werden die Körner zwischen zwei Metall- oder Steinscheiben sehr fein und mehlig zerrieben.

GETREIDE
Gerste eignet sich besonders gut als Tierfutter, weil sie rohfaserreich ist. Vor dem Verfüttern wird sie am besten geschrotet.

Reis anbauen

Reis wächst noch in 3000 m Höhe – so etwa im Himalaja; in der Regel baut man ihn jedoch auf Meereshöhe in sumpfigen Gebieten an, vor allem in der Nähe von Flußmündungen. Er verträgt zwar recht unterschiedliche Standorte, hat aber ganz spezielle Bedürfnisse. Reis braucht hohe Temperaturen und mehr Sonnenschein als andere Getreidearten. Er ist berühmt für seinen hohen Wasserbedarf: Wenn die Regenmenge nicht gerade Regenwaldausmaße erreicht, müssen Sie die Reisfelder fluten. Daher kann man Reis nur in einer eng begrenzten geographischen Zone anbauen. Sollte Ihr Hof dort stehen, seien Sie beruhigt: Reis wird nicht im Fruchtwechsel angebaut. Es gibt belegte Beispiele, daß Reis 2000 Jahre lang in denselben Feldern gepflanzt wurde.

REISSORTEN

Reis wird in vielen Ländern und Sorten angebaut, z.B. lang-, mittel- oder kurz-(rund-)körnige Varietäten. Nach dem Mahlen ist brauner Reis noch von der Kleie umgeben (siehe S. 148), die dem weißen Reis fehlt.

Langkornreis — Rundkornreis

WIE MAN REIS ANBAUT

Investieren Sie Zeit und Arbeit in den Bau von zwei flutbaren Reisfeldern – ein kleineres für die Anzucht und ein größeres für den Anbau. Wenn Sie nicht einen Teich o.ä. umwandeln können, müssen Sie Erde ausheben, um den Feldboden abzusenken. Befestigen Sie die Ufer und legen Sie Wasserkanäle an. Zu Beginn der Wachstumsperiode wird der Boden umgegraben oder gepflügt und von Unkraut befreit. Ist der Reis erst gepflanzt, ist das nicht mehr möglich.

REISFELD
Die Pflänzchen wachsen gut; schon bald wird der Bauer den Wasserspiegel anheben – etwa halb so hoch wie die Stengel. Erwachsene Pflanzen bilden eine dichte Schicht, die den nächtlichen Wärmeverlust des Wassers verhindert und Wärme hält, die Reis zur Reife braucht.

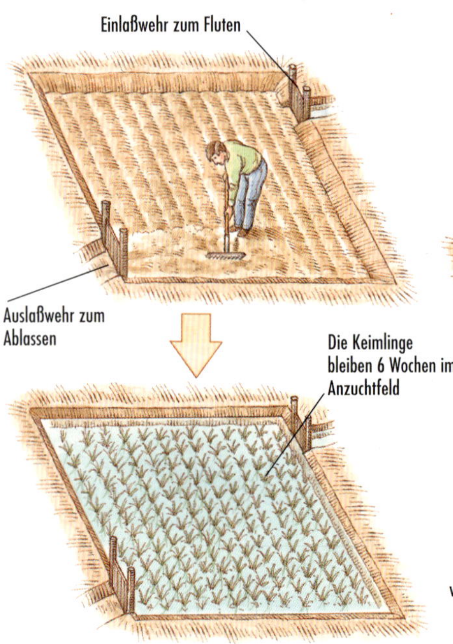

1 **ANZUCHTFELD** *Glätten Sie die Oberfläche sehr fein und entfernen Sie Unkräuter. Die Samen kommen in den warmen Boden. Öffnen Sie das Einlaßwehr und fluten Sie das Feld; so schaffen Sie die Bedingungen für die Keimung.*

2 **AUSPFLANZEN** *Sechs Wochen alte Setzlinge werden in ein höchstens 3 cm tief geflutetes Feld eingesetzt. Bohren Sie Pflanzlöcher mit dem Finger oder einem Stock. Erhöhen Sie die Wassertiefe mit den wachsenden Pflanzen.*

3 **ERNTE** *Lassen Sie das Wasser ab und schneiden Sie den Reis mit einer Sichel. Die Körner werden maschinell, mit Dreschflegel (s.S. 148) oder durch Schlagen gegen eine Leiter ausgedroschen und geworfelt (s. S. 148).*

Mais anbauen

Für den lohnenden Anbau von Mais sind keine tropischen Temperaturen nötig. Aber er braucht nährstoffreichen Boden und Wärme – Mais keimt erst bei Temperaturen von 10 °C und mehr. Es gibt kein größeres Vergnügen, als an einem Sommermorgen zwischen Reihen hoher Pflanzen zu gehen, die sich unter dem Gewicht schwerer Kolben biegen. Ich habe häufig einige Stengel abgeschnitten und sie frisch an meine Pferde verfüttert, die das sehr genossen. Alle Farmtiere fressen gern Mais; gemahlener Mais, der an die Hühner verfüttert wird, gibt den Eidottern eine schöne gelbe Farbe.

TROCKNEN UND LAGERN
Mais läßt sich gut in der Sonne trocknen; die Kolben gehören dann in eine schädlingssichere Scheune. Diese Kolben trocknen vor einem traditionellen Kornspeicher in der Türkei.

Wie man Mais anbaut

Versorgen Sie Ihr Land ordentlich mit Mist. Warten Sie mit der Aussaat unbedingt, bis keine Fröste mehr drohen. Unkräuter bedrohen die frischen Maiskeimlinge, daher müssen Sie das Feld so lange jäten, bis die jungen Pflänzchen eine gewisse Höhe erreicht haben – dann bilden sie ein dichtes Dach und unterdrücken weiteres Unkrautwachstum. Die größte Gefahr für die Saat geht von Vögeln aus, insbesondere von Saatkrähen, die sich durch die Reihen arbeiten, bis kein Samen mehr übrig ist. Eine wirklich narrensichere Vogelscheuche muß noch erfunden werden, aber eine tote, an einem Baum hängende Krähe scheint eine gute Abschreckung zu sein.

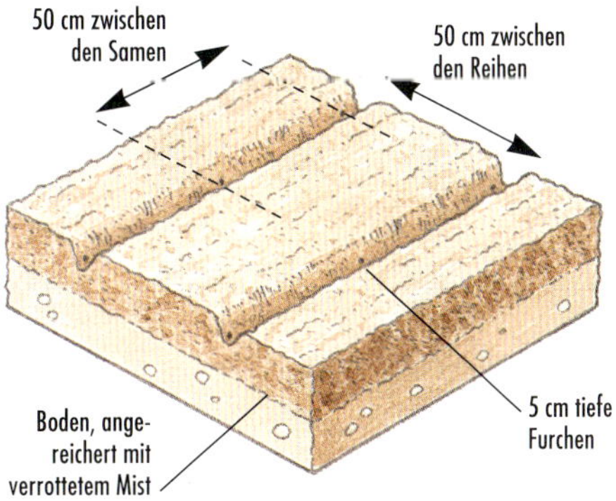

1 **ABSTAND** *Säen Sie die Samen mit 50 cm Abstand in allen Richtungen ein. Gerade Furchen erleichtern das Jäten. Mais wird vom Wind und nicht von Insekten bestäubt. Wird er in angemessen großen Blöcken und nicht in einzelnen Reihen gesät, ist die Windbestäubung effektiver.*

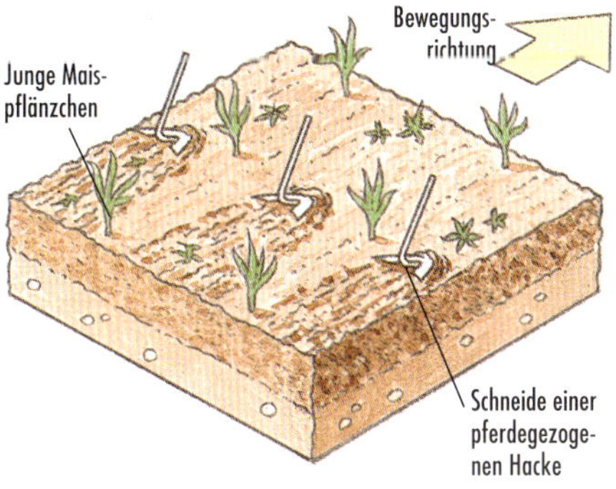

2 **JÄTEN** *Unkräuter konkurrieren mit den jungen Maispflänzchen um Licht und Nahrung. Hier tut eine pferdegezogene Hacke gute Dienste, vorausgesetzt, die Reihen sind gerade gesät worden. Ist der Mais erst 30 cm hoch, stellen Unkräuter keine große Gefahr mehr für ihn dar.*

Verwendung von Mais

Mais enthält sehr viel Protein und ist, außer als Nahrung für Menschen, ein hervorragendes Futter für alle Nutztiere. Ich halte ihn am Ende des Sommers für besonders wertvoll. Dann liefern die Weiden kaum noch Gras, die Tiere kommen aber noch nicht in den Winterstall. Dann schneide ich die gesamte Maispflanze in Stücke und lege sie auf der Weide aus. Sowohl Rinder wie Schafe mögen diese Kost gern.

FUTTERMAIS
Auf großen Höfen wird Mais oft zu Silage verarbeitet oder frisch an die Tiere verfüttert. Selbstversorger trocknen häufig die Kolben und mahlen die Körner als Viehfutter für den Winter bzw. trocknen die Stengel als Heu.

MAIS FÜR DIE KÜCHE
Die Maissorten für den menschlichen Verzehr heißen Süßmais; und sie sind in der Tat süßer als Futtermais.

Kartoffeln anbauen

Ein traditioneller Kartoffelkorb aus Weide

Im richtigen Boden gedeihen Kartoffeln prächtig. Sie brauchen Land, das sich leicht bearbeiten läßt, d.h. weder zu schwer noch zu klebrig ist. Felder sollten leicht zu pflügen, zu eggen und im Frühling zu bepflanzen sein. Sie dürfen die Herbstregen nicht so stark aufsaugen, daß die Erntemaschinen im Schlamm steckenbleiben. Perfekt ist sandiger Lehm; alle schwereren Böden machen Ärger. Kartoffeln brauchen reichlich Sommerregen, wenn sie gute Ernte liefern sollen. Denken Sie bei Kartoffeln nicht nur an Ihren eigenen Genuß, auch Tiere essen sie im Winter gerne (vorher kleinschneiden). Geflügel wird mit gekochten Kartoffeln gefüttert, auch Schafe knabbern gerne daran – nichts wird verschwendet.

Kartoffeln für den Selbstversorger

	Frühe Sorten	*Haupternte*	*Spezialitäten*
Typische Sorten	'Ulster Sceptre', 'Maris Bard', 'Pentland Javelin'	'Cara', 'Wilja', 'Désirée'	'Charlotte', 'Pink Fir Apple', 'Le Ratte'
Pflanzzeit	Mitte bis Ende des Winters, in klimatisch günstigen Gebieten	Früher bis mittlerer Frühling	In der Regel wie die Haupternte, um Fröste zu vermeiden
Erntezeit	15 Wochen nach dem Setzen	Bis 20 Wochen nach dem Setzen	16–18 Wochen nach dem Setzen
Verwendung	Bei Käufern sehr begehrt; neue Kartoffeln garantieren gute Gewinne.	Diese Sorten sind die Hauptstütze des Kartoffelgeschäftes.	Manche sind schwierig anzubauen; gute Nachfrage nach ungewöhnlichen Kartoffeln.

Kartoffeln setzen

Pflügen Sie das Feld tiefgründig und bringen Sie reichlich Mist auf. Sobald Fröste keine Bedrohung mehr darstellen, können Sie mit dem Setzen beginnen. Frühe Ernten sind ein Segen, für Ihren Tisch und für die Kunden. Versuchen Sie daher, die Saatkartoffeln möglichst früh zum Keimen zu bringen. Breiten Sie die Saatkartoffeln an einem frostsicheren Ort in der Wintersonne aus, dann beginnen sie früh zu keimen. Wenn Sie solche vorgekeimten Kartoffeln setzen, achten Sie darauf, die empfindlichen neuen Sprosse nicht zu beschädigen.

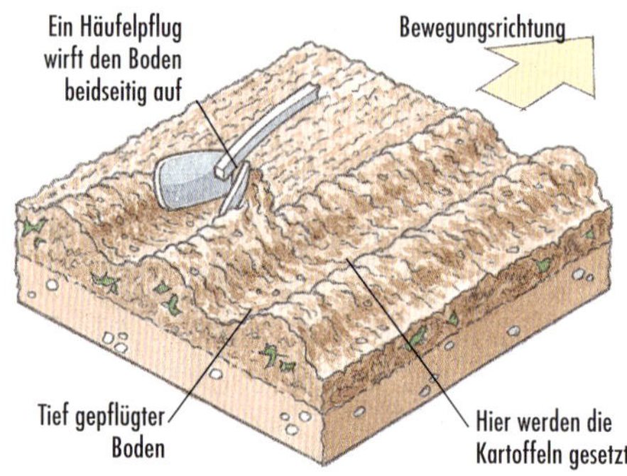

1 **PFLÜGEN** *Der Boden wird mit einem speziellen Kartoffelpflug (Häufelpflug) gepflügt, der den Boden beidseitig aufwirft. Er hinterläßt parallele Hügel- und Furchenreihen. Manche Bauern pflügen unmittelbar nach der Ernte und nutzen die Winterfröste, die den Boden fein krümeln. Gleichzeitig geben sie frischen Mist zu, der im Winter verrottet, denn Kartoffeln brauchen reichlich Nährstoffe für eine gute Ernte.*

2 **KARTOFFELN SETZEN** *Dazu brauchen Sie keine Maschinen. Gehen Sie die Furchen entlang und legen Sie die Saatkartoffeln mit 30 cm Abstand in die Furchen. Nehmen Sie anschließend ein heißes Bad, um Ihren Rücken zu pflegen.*

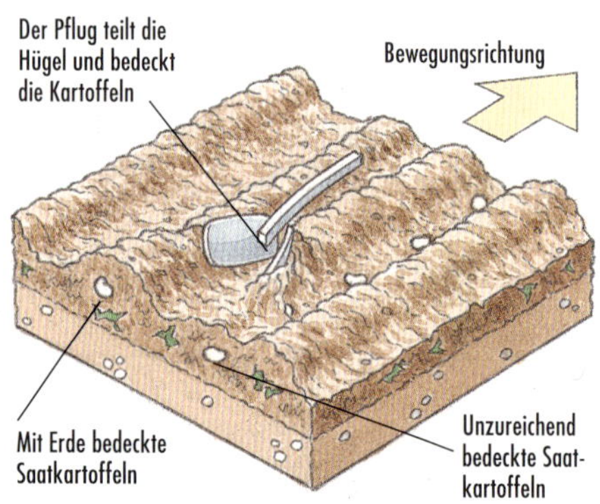

3 **ÜBERPFLÜGEN** *Teilen Sie nun die Hügel mit demselben Pflug, dabei werden die Kartoffeln mit Erde bedeckt. Hacken Sie das Feld, um Unkräuter fernzuhalten, bis sich die Kartoffelsprosse zeigen. Während des Wachstums werden die Kartoffeln angehäufelt: Ziehen Sie die Erde an den Sprossen hoch. Wenn Sie das mehrmals wiederholen, halten Sie das Licht fern (im Licht werden Kartoffeln grün und giftig).*

KARTOFFELERNTE

Natürlich können Sie Ihre Kartoffeln mit der Forke ausgraben, aber vielleicht ziehen Sie auch eine Maschine vor. Hier wird diese Arbeit von einem pferdegezogenen Kartoffelroder erledigt, entsprechende Maschinen gibt es auch für Traktoren. Pferde bieten den Vorteil, daß sie ihre Arbeit auch dann noch tun, wenn ein Traktor im weichen Boden versinken würde.

Wenn Sie die Wahl haben, warten Sie, bis das Wetter einige Tage lang trocken bleibt, dann sind die Kartoffeln viel sauberer.

Ein Brett fängt die Kartoffeln auf

1 **RODEN** *Während der Kartoffelroder die Reihen entlangfährt, wirft er die Erde mit rotierenden Armen beiseite und schleudert damit die Kartoffeln auf die Seite. Ein Brett verhindert, daß sie zu weit fliegen.*

2 **SAMMELN** *Die übrige Arbeit bei der Ernte ist Handarbeit; die Kartoffeln werden aufgesammelt und kommen in Säcke oder werden in einer Miete gelagert. Versuchen Sie, viele Helfer zu finden – es ist harte Arbeit.*

MIETEN

Nach der Ernte werden die Kartoffeln hauptsächlich von Frost und Schädlingen bedroht. Eine gut aufgebaute Miete hält sie den Winter über frisch. Man legt die Kartoffeln im Freien auf den Boden und deckt sie zum Schutz mit Dachstroh und Erde ab. Bauen Sie Mieten nicht in einer Senke, dort sammelt sich Wasser oder es entstehen Fröste. Der beste Platz liegt meist direkt neben dem Feld.

1 **DIE GRUNDLAGE** *Schichten Sie als Isolation für die Kartoffeln in der Miete eine dicke Strohschicht auf. Sie sollte hoch genug sein, damit Luft zirkulieren kann.*

2 **FORMEN UND STROHDECKE** *Schichten Sie die Kartoffeln nicht zu Haufen, sie sollten flach liegen. Legen Sie bei großen Mengen eine lange Miete an. Decken Sie sie mit Stroh ab.*

3 **ABDECKEN** *Werfen Sie Erde aus der Umgebung der Miete auf das Stroh, gerade genug, damit das Stroh nicht wegfliegt. Auf diese Erdschicht kommt als Isolation eine weitere Strohschicht.*

4 **FERTIGSTELLEN** *Decken Sie mit mehr Erde ab, um Schädlinge fernzuhalten und als Ballast. Lassen Sie oben ein mit Stroh gefülltes Loch für die Luftzirkulation offen (mehrere bei langen Mieten).*

WIESEN FÜR HEU

ÜPPIGE WEIDE

Eine gut geplante Wiese versorgt eine Milchkuh mit allem, was sie braucht, um gesund zu bleiben und reichlich Milch zu geben.

Vergessen Sie die Landwirtschaft: Wenn Sie eine Wiese planen, denken Sie wie ein Koch. Immerhin ernähren sich Ihre Tiere eine große Zeit des Jahres allein von Gras. Da Sie die Tiere auf die Weide lassen, sind Sie so etwas wie ihr Küchenchef. Wählen Sie daher das „Menü" sorgfältig aus. Widerstehen Sie der Versuchung, eine ganze Wiese mit einem neu gezüchteten Gras zu säen. Zugegeben, solch ein Gras wächst prächtig, aber es braucht sehr viel Dünger. Betrachten Sie die Angelegenheit einmal von Seiten der Tiere: Möchten Sie gerne jeden Tag dasselbe essen? Denken Sie daran, wenn Sie Rinder bis zu den Knien in prachtvollem Gras stehen sehen, die ihre Köpfe über den Zaun recken, um vom Randstreifen zu fressen. Vielfalt ist das Salz des Lebens, und das gilt um so mehr für eine Wiese. Sehen Sie sich die Rezepte an und fügen Sie, ganz nach Belieben, Kräuter zu. Kräuter sorgen für zusätzliche Mineralien im Speiseplan des Viehs. Wenn Sie jemand für verrückt hält, weil Sie „Unkraut" aussäen, dann schlagen Sie ihm vor, doch einfach das Vieh zu fragen, was es bevorzugt.

WIESENREZEPTE

Für Pferde und Rinder, jedes Klima

Rinder mögen hohes Gras; sie wickeln ihre Zunge um ein Büschel, reißen es aus und fressen die Weide Maul für Maul leer. Pferde kommen ebensogut damit zurecht, da sie jedoch die Zähne einsetzen, können sie auch kurzes Gras fressen.

5 kg mittleres Englisches Raygras
5 kg spätes Englisches Raygras
3 kg Roter Schwingel
2 kg Wiesen-Lieschgras

Säen Sie 37 kg/ha

Für Schafe und Ziegen, jedes Klima

Ziegen fressen gerne Kräuter, geben Sie einige dazu. Schafe brauchen kürzeres Gras, lassen Sie, wenn möglich, zunächst die Kühe auf die Weide. Weißklee ist besser für Schafe als Rotklee – (geringere Blähungsgefahr).

2 kg frühes Englisches Raygras
4 kg mittleres Englisches Raygras
5 kg spätes Englisches Raygras
2 kg Wiesen-Lieschgras
1 kg Weißklee

Säen Sie 35 kg/ha

Für Geflügel, jedes Klima

Diese Mischung eignet sich für alle Geflügelarten. Der Rote Schwingel hat kriechende Wurzeln; zwar übersteht er Trockenperioden, fühlt sich aber in kühlen Regionen am wohlsten. Diese Mischung eignet sich auch für schattige Bedingungen.

10 kg spätes Englisches Raygras
5 kg Roter Schwingel
3 kg Wiesen-Rispengras

Säen Sie 43 kg/ha

Für alle Tiere, kühles, feuchtes Klima

Wiesen-Schwingel übersteht harte Winter und kommt auch gut auf feuchten, tief liegenden Wiesen zurecht, die sich im Frühling nur langsam erwärmen.

Weißklee

10 kg Wiesen-Schwingel
3 kg Wiesen-Lieschgras
1 kg Weißklee

Säen Sie 35 kg/ha

Für alle Tiere, warmes Klima

Raygräser sind die wohl wichtigsten landwirtschaftlichen Gräser. Sie bilden die Grundlage einer hervorragenden Weide und ertragen ohne Schwierigkeiten trampelnde Rinder. Diese Mischung bietet den Tieren eine Reihe von nahrhaften Gräsern unterschiedlicher Höhe, die nach und nach reifen und somit über die jährliche Weidezeit zur Verfügung stehen.

4 kg frühes Englisches Raygras
4 kg mittleres Englisches Raygras
3 kg spätes Englisches Raygras
2 kg Wiesen-Knäuelgras
1 kg Wiesen-Lieschgras
1 kg Weißklee

Säen Sie 37 kg/ha

„Gewürze"

Fügen Sie Ihrer Grasmischung einige der folgenden Kräuter bei. Damit erhöhen Sie nicht nur den Nährwert, sondern machen die Weide auch interessanter für das Vieh.

200 g Wiesenkerbel – medizinisch wertvoll, viel Eisen und Vitamine
300 g Wiesenknopf – holt Kalzium aus den tiefen Bodenschichten nach oben
100 g Spitzwegerich – das mineralreichste Kraut; wächst in üppigen Pulks
100 g Schafgarbe – hoher Proteingehalt, wächst aber nur an trockenen Standorten
300 g Wegwarte – enthält Mineralien, Spurenelemente und Vitamine; Schafe drängen sich danach!

Säen Sie 2,5 kg/ha Gras

ALPENWIESE IM FRÜHLING

Zu den besten Weidegründen gehören natürliche Wiesen mit Gräsern, Kräutern und Blumen, wie hier in den Alpen. Die Kräuter und Blumen geben der Milch Geschmack, und das Heu bewahrt die berauschenden Düfte des Sommers.

Wiesen süß erhalten

Wenn man eine Wiese betrachtet, auf der das Vieh weidet, Schmetterlinge fliegen, Vögel singen und wilde Blumen blühen, ist man versucht zu glauben, all dies sei natürlich, ohne Zutun des Bauern, entstanden. Das ist leider ein Trugschluß. Wie bei jeder anderen Feldfrucht kostet es Zeit und Mühe, eine Wiese produktiv zu erhalten. Die Pflege einer Wiese bedeutet ganzjährige Arbeiten, die sich um Pflege von Boden und Grasnarbe, Zugangsregelungen und Unkrautkontrolle drehen.

QUALITÄT IST ALLES

GUTE UND SCHLECHTE WEIDEN

Auf dieser Wiese (oben) wachsen zahlreiche Gräser und Pflanzen. Die Wiese rechts ist nutzlos, hier wuchert der Ampfer.

Wenn nichts unternommen wird, nimmt Ampfer überhand

GRAS- UND BODENPFLEGE

Die Arbeit beginnt im Frühling, wenn Sie eine Egge über die Wiese ziehen, um das im Winter abgestorbene, verdichtete Gras zu entfernen. Diese Arbeit ist besonders reizvoll; Sie sitzen in der warmen Luft, umgeben von dem Duft frischen Grases. Die Zinken der Egge kratzen die Grasnarbe auf, Luft und Wärme gelangt bis zu den Wurzeln und fördert das Wachstum. Außerdem werden Maulwurfshügel und Dung verteilt.

Dann kommt die Walze dran. Fröste haben den Boden aufgebrochen, Gras braucht aber dicht gepackte Erde um seine Wurzeln, damit es wachsen kann.

Messen Sie dann den pH-Wert des Bodens (siehe S. 133). Sollten Sie dem Ergebnis nicht trauen, lassen Sie eine Bodenanalyse durchführen.

Ist Ihre Wiese nicht zu sauer, dann könnten Sie Mist als Dünger aufbringen. Der Frühling ist dafür die beste Zeit, denn nun beginnt die Hauptwachstumsperiode der Gräser.

Ist die Wiese jedoch zu sauer – zum Beispiel nach zu langer Beweidung–, sorgt Kalk für die Lösung des Problems. Warten Sie damit aber bis zum Herbst, denn Kalk muß mehrere Monate vor Beginn der Wuchsperiode in den Boden eingearbeitet werden.

Ein weiteres Mittel, die Grasnarbe zu pflegen, ist die Aufstellung eines Beweidungsplanes. Jede Viehsorte beweidet, eine nach der anderen, nacheinander dasselbe Stück Wiese.

BEWEIDUNGSFOLGE

Dieses Bild zeigt viermal dasselbe Stück Wiese in vier Phasen der Beweidung. Durch den Wechsel des Weideviehs wird eine Weide optimal genutzt: Pferde grasen das lange Gras ab; da sie keine Kräuter mögen und ihre Äpfel immer auf bestimmten Stellen fallen lassen (Düngung), hinterlassen sie eine „unordentlich" wachsende Wiese. Dann weiden die Kühe das restliche Gras ab und anschließend räumen die Schafe auf. Die kurze Grasnarbe ist immer noch gut für Gänse.

ZEITLICH BEGRENZTE WEIDENUTZUNG

Dank der Rotation können sich Viehparasiten nicht so leicht auf den Wiesen vermehren. Außerdem etablieren Sie damit für jede Parzelle eine zeitlich begrenzte Nutzung durch das Vieh. Diese Rotation zu Ihrem Vorteil zu planen, gehört zu den wichtigen Fähigkeiten eines Viehzüchters (siehe links).

Die hygienischen Vorteile der Rotation beruhen auf folgendem Prinzip: Parasitische Würmer legen Eier, die mit dem Kot ins Freie gelangen. Mit dem Gras werden die Eier aufgenommen, im neuen Wirt wachsen die Tiere heran, legen weitere Eier, die wiederum von anderen Tieren verschluckt werden – ein unendlicher Kreislauf.

Da Parasiten nur selten mehr als eine Tierart befallen, durchbricht die Rotation den Vermehrungszyklus, wenn Sie eine Tierart regelmäßig durch eine andere ersetzen.

Am einfachsten ist es, den Befall mit Eingeweidewürmern regelmäßig zu kontrollieren. Bringt die Rotation nicht den gewünschten Erfolg, müssen Sie die Tiere auf eine saubere Wiese treiben. Dort bleiben sie solange, bis Sie der Würmer mit medizinischen Mitteln Herr geworden sind. Danach dürfen sie für mehrere Jahre nicht mehr auf die infizierte Weide.

UNKRAUTBEKÄMPFUNG

Einige Wildkräuter bieten Vorteile, andere sind lästig und wenige sind giftig. Eine Weide ist nicht schlecht, nur weil Wildkräuter darauf stehen. In der Tat setzt sich immer mehr die Erkenntnis durch, daß bestimmte Kräuter sogar die Vielfalt des Nahrungsangebotes verbessern. Sie holen mit Hilfe ihrer Wurzeln Mineralien tief aus dem Boden nach oben.

Zu den wirklichen Unkräutern gehören Ampfer, Nesseln und Disteln. Sie haben nur geringen Nährwert, breiten sich aber enorm aus. Nesseln und Disteln können Sie mit der Mähmaschine kontrollieren (regelmäßig „köpfen"), aber Ampfer müssen Sie ausgraben.

Einige wenige Kräuter wie Schierling und Kreuzkraut (mehrere Arten) sind giftig. Kreuzkraut wird sogar noch giftiger, wenn es aus Versehen abgemäht und ins Heu gemischt wird. Achten Sie darauf und vernichten Sie es.

PFLEGE DER WEIDEN

UNKRAUTBEKÄMPFUNG

Alle Unkräuter lassen sich zwar mit Herbiziden bekämpfen, doch es gibt eine bessere Alternative. Dies ist ein tödlich wirkender Schierling. Graben Sie ihn vor dem Samenansatz aus, sonst breitet er sich aus. Entfernen Sie die Pflanze samt Wurzeln und verbrennen Sie sie.

GUTER BODEN, GUTES GRAS

Beziehen Sie Weiden in die Fruchtfolge ein. Hier wurde Gras zwischen das Getreide gesät (s. S. 134), um der Wiese einen guten Start zu geben.

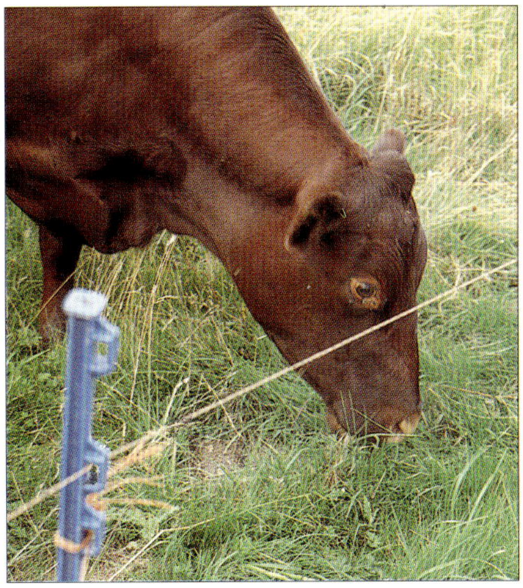

ZEITLICH BEGRENZTE WEIDENUTZUNG

Durch streifenweises Abweiden nutzen Sie Wiesen optimal. Setzen Sie jeweils einen elektrischen Zaun zur Abgrenzung ein (s. S. 43).

Heu machen

Heumachen ist eine Kunst – oft eine schweißtreibende. Heu ist gemähtes, getrocknetes und gelagertes Gras, das ans Vieh verfüttert wird, wenn die winterlichen Wiesen nichts mehr hergeben. Für gutes Heu brauchen Sie die richtigen „Zutaten“ und genau die richtige Temperatur. Kurz vor der Blüte ist das Gras am besten, mähen Sie, wenn möglich, zu diesem Zeitpunkt. Oft spielt aber das Wetter nicht mit. Achten Sie auf den Wetterbericht, suchen Sie den Himmel nach Vorzeichen ab und hoffen Sie auf mindestens eine Woche schönes, gleichmäßiges Wetter. Wenn Sie bis zur Grasblüte warten müssen, ist noch nichts verloren: Ihre Ernte ist zwar sperriger, aber weniger nahrhaft. Fürs Heuen brauchen Sie keinen andauernden, strahlenden Sonnenschein. Besonders gutes Heu hatte ich, wenn das Gras langsam in einer frischen Brise trocknen konnte oder nach mehreren bewölkten Tagen mit niedriger Luftfeuchtigkeit. Bleichen im starken Sonnenlicht verdirbt das Heu. Bei wirklich gutem Heu kann man noch die grüne Grasfarbe erahnen, und es hat den warmen Duft des Sommers eingefangen, der Sie an den trüben Wintertagen erfreut.

LUZERNE STATT HEU

Aus Luzerne oder Klee wird ein sehr proteinreiches Heu, das zweimal jährlich geschnitten werden kann. Mischen Sie die Samen zu einem aufrechten Gras, sonst brechen diese Kräuter unter ihrem eigenen Gewicht zusammen und sind nur schwer zu mähen.

Wiesen-Knäuelgras stützt die Luzerne

HEU MÄHEN

Wer gut mit der Sense umgehen kann, schafft täglich etwa 0,4 ha. Jede Sense muß, abhängig von der Größe, individuell auf ihren Benutzer eingestellt werden. Normalerweise kann man den Winkel des Sensenblattes verstellen, bei manchen Sensen verhindert ein Haltedraht, daß sich das Blatt bei der Arbeit verbiegt. Ohne ein messerscharfes Blatt ist die ganze Mühe jedoch vergebens. Sensen müssen alle 15 Minuten geschärft werden. Eine scharfe, gut geölte Mähmaschine erleichtert die Mühe erheblich.

DER UMGANG MIT DER SENSE

Stellen Sie sich breitbeinig hin, das Sensenblatt horizontal. Schwingen Sie die Sense in einem breiten Bogen um Ihre Hüften; am Ende des Schwunges muß sie sich Ihrem Körper nähern. Halten Sie das Blatt schräg, schlägt es in den Boden oder über das Gras. Je schärfer die Schneide, desto weniger Schweiß brauchen Sie für die Arbeit.

UMGANG MIT DER MÄHMASCHINE

Pferde- oder traktorgezogene Mähmaschinen arbeiten wie Scheren. Sie schneiden das Gras zwischen starren Fingern und beweglichen Schneiden oder Messern.

HEU WENDEN

Gras muß umgewendet werden, bis es trocken ist, nicht öfter. Wird es zu stark bewegt, brechen die Blätter ab (vor allem bei Luzerne und Klee) und das Beste verbleibt auf dem Feld. Beginnen Sie mit dem Wenden, sobald das Gras welk wird. Dabei werfen Sie es gleichzeitig auf trockenen Boden. Frisches Gras neigt dazu, Feuchtigkeit vom Boden aufzusaugen, je früher es welkt, desto besser. Versuchen Sie, das Gras locker zu schichten, damit eine trocknende Brise eindringen kann.

HEU WENDEN MIT DER HAND

Natürlich kann Heu mit der Hand gewendet werden. Warten Sie auf einen windigen Tag, wenn der Wind durch die Halme bläst und das Trocknen beschleunigt.

MECHANISCHER HEUWENDER

Heuen ist immer ein Rennen gegen die Uhr, daher ist eine solche Maschine sehr hilfreich. Drehende Zinken nehmen das Heu auf und werfen es zur Seite.

Stellen Sie den Rechen so ein, daß kein Heu liegenbleibt

HEUREIHEN

Nach dem Wenden bleibt das Heu in ordentlichen Reihen („Schwaden") liegen, was weitere Arbeiten (Wenden, Aufladen, Ballen binden) sehr erleichtert.

Heuen bei Schlechtwetter

Es kommt immer wieder vor, daß das Wetter zur Zeit des Heuens nicht mitspielt. Es gibt kein entmutigenderes Geräusch als Regen, der auf gemähtes und gewendetes Heu fällt, das fast, aber noch nicht ganz abfuhrbereit ist. Damit beginnt nicht nur die ganze Arbeit wieder von vorn, sondern mit jedem Regenguß verliert Ihr Heu an Nährwert.

Lassen Sie sich davon nicht entmutigen. Es gibt Möglichkeiten, Heu in nur zwei guten Tagen zu trocknen. In den Breiten, in denen man auf sonniges Wetter nicht rechnen kann, kennt man Methoden, die Heuernte zu sichern. Sie können eine Reihe von Mini-Heuhaufen bauen, indem Sie das Heu einfach zusammenrechen. Diese Methode ist jedoch arbeitsintensiv und Sie müssen die Heuhaufen bei Sonnenschein wieder ausbreiten.

Die beste Methode, Heu bei feuchtem Wetter zu trocknen, sind Dreibockreuter. Für langsam trocknende Leguminosen, wie Luzerne und Klee, sind solche Reuter die einzige Garantie für Heu in ungünstigen Regionen. Reuter und Heuhaufen sind allerdings nur vorübergehende Hilfsmittel, ggf. müssen Sie Heuschober errichten.

HEU AUF DREIBOCKREUTERN
Das Heu dieser Wiese in den Tiroler Alpen (Österreich) liegt auf Dreibockreutern. Darauf ist es sicher vor Wettereinflüssen und kann beliebig lange gelagert werden – wenn es sein muß, sogar bis zum Winter.

Dreibockreuter errichten

Der Reuter sollte etwa 180 cm hoch sein; Stangen aus Esche sind besonders geeignet. Binden Sie die Stangen an der Spitze mit Draht zusammen. Klammern Sie im Abstand von 60 cm zwei Drähte um den Reuter. Für einen Hektar brauchen Sie etwa 35 Reuter (Faustregel).

Das Geheimnis des Erfolges ist, das Heu so sorgfältig um die Stangen anzuordnen, daß die Luft frei zirkulieren kann. Frisches Gras ist zu feucht und dicht. Es bietet der Luft zuviel Widerstand und darf daher nicht gleich aufgehängt werden. Warten Sie, bis das Gras verwelkt ist; zwei Tage Trockenheit reichen bereits aus.

1 **VORBEREITUNGEN** *Rechen Sie das Heu um den Reuter zusammen. Wenn alles schnell gehen muß – etwa, weil ein Wetterumschlag erwartet wird – sollte einer rechen, ein anderer das Heu aufladen. Achten Sie darauf, daß die Stangen stabil stehen, sonst kippt der Reuter um.*

2 **AUFLADEN** *Legen Sie das Heu mit der Heugabel auf den unteren Draht. Es sollte locker geschichtet sein, und der Wind muß von unten durchwehen können. Schichten Sie das Heu locker rund um das Gestell auf. Lassen Sie die Mitte frei (Kaminwirkung).*

3 **HÖHER SCHICHTEN** *Sobald der untere Draht voller Gras hängt, kommt der obere an die Reihe. Lassen Sie sich nicht verleiten, die Drähte dicht und voll zu packen, sonst wird der Luftstrom unterbrochen – schließlich „macht" er das Heu.*

Die Seiten sollten möglichst steil sein, damit Regen abfließt

4 **ABSCHLUSS** *Obenauf kommt eine letzte Gabel mit Heu. Dann werden die Seiten mit der Heugabel „gekämmt", damit das Regenwasser leicht abfließt.*

Heu lagern

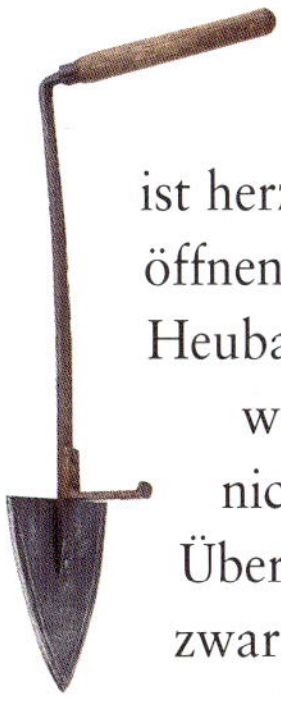

Ein Heumesser, um den Schober zu zerschneiden

Ihre Ernte ist erst dann sicher, wenn das Heu wettergeschützt gelagert ist. Jede Heuernte ist mit viel Mühe verbunden und es ist herzzerreißend, wenn Sie sechs Monate später den Heuschober öffnen, nur um feststellen zu müssen, daß Ihr Heu verrottet ist. Heuballen lassen sich leichter lagern. Lockeres Heu braucht mehr Platz; wenn Sie nicht über eine sehr große Scheune verfügen, bleibt Ihnen nichts anderes übrig, als einen Heuschober im Freien zu errichten. Überlegen Sie sich genau, wo Sie ihn bauen. Ein Schober im Feld heißt zwar kürzere Fahrwege im Sommer, dafür sind Sie aber im Winter länger unterwegs, um Ihre Tiere mit Heu zu versorgen. Leider ist ein Schober viel schwieriger zu bauen als man denkt. Er soll am besten wie ein Laib Brot aussehen: Das Dach sollte rund sein, damit der Regen frei abfließen kann, und die Basis schmal, damit herablaufendes Wasser nicht die Seiten durchfeuchtet. Das hört sich einfach an, man braucht aber viele Jahre Übung.

EINE STROHBALLENPRESSE

Mit der Presse zu Ballen geformtes Heu spart viel Arbeit, vor allem wenn Sie zu wenig Heu für einen großen Schober haben. Ballenheu muß aber trockener lagern als lockeres Heu. Feucht gewordene, dicht gepackte Ballen trocknen nur schwer und verrotten leicht.

EINEN HEUSCHOBER BAUEN

Fahren Sie das Heu vom Feld an den Ort, wo der Schober gebaut wird. Nun können Sie mit dem Bau beginnen.

Schichten Sie zunächst ein Strohbett auf, um die Feuchtigkeit abzuhalten. Beginnen Sie in der Mitte, das Heu mit der Gabel aufzuschichten. Wenn Sie einen ordentlichen Haufen errichtet haben, können Sie mit dem Aufschichten des Randes beginnen. Achten Sie darauf, daß die Mitte nicht einsinkt – ein idealer Platz, an dem sich Regen sammeln könnte.

HEU EINFAHREN

Beladen Sie den Wagen besonders sorgfältig, ehe Sie losfahren. Frisches Heu lebt sozusagen; ein einziges Schlagloch reicht aus, und Ihre Ladung landet auf der Erde.

SCHOBER BAUEN

Schichten Sie das Heu sorgfältig auf, damit die Seiten glatt werden. Rechen Sie es anschließend mit einem Rechen glatt. In 6 Monaten sinkt der Schober auf die Hälfte zusammen.

GUTES UND SCHLECHTES HEU

Feuchtigkeit ist der Feind des Heus. Heu wird schlecht, weil Feuchtigkeit während der Lagerung eindringt, oder weil es beim Heumachen auf dem Feld nicht genügend austrocknen durfte.

Gutes Heu, gut gemacht und gelagert

Verrottetes Heu; Regen ist eingedrungen

DEN SCHOBER NUTZEN

Schneiden Sie das Heu mit dem Heumesser scheibenweise aus dem Schober. Bringen Sie ein ballengroßes Stück mit der Gabel zu den Tieren. Bei feuchtem Wetter werden die offenen Stellen mit einer Persenning abgedeckt.

Wurzel- und Blattgemüse

Pflanzen Sie Blatt- und Wurzelgemüse im Sommer und füttern Sie Ihre Tiere damit im Winter – Sie werden es nicht bereuen. Diese Futterpflanzen sind besonders leicht anzubauen, und aus der Sicht der Tiere sorgen sie im Winter für eine willkommene köstliche und saftige Abwechslung in der mageren Winterkost aus Heu und Getreide.

Für Selbstversorger kommen als Wurzelgemüse Runkel-, Weiße und Steckrüben und als Blattgemüse Kohl und Blattkohl in Frage. Alle sind weit mehr als billiges Winterfutter für das Vieh. Ich bin überzeugt, daß sie mehr zur Gesundheit der Tiere beitragen als alle Zusatzstoffe.

Wurzelgemüse für die Winterfütterung

SCHAFE FRESSEN RÜBEN

Sparen Sie sich Arbeit, indem Sie die Tiere zum Futter bringen und nicht umgekehrt. Diese Schafe „weiden“ Rüben. Mit einem Elektrozaun halten Sie die Tiere auf einer bestimmten Fläche. Die Schafe nehmen Ihnen nicht nur Arbeit ab, sie sind außerdem wirkungsvolle Dungverbreiter, die den Boden für die nächste Feldfrucht düngen.

RUNKELRÜBEN

Als Beimischung für anderes Winterfutter – sie werden ganz verfüttert oder mit der Hand zerkleinert.

KARTOFFELN

Kartoffeln, die sich nicht zum Verkauf eignen, sind gutes Winterfutter (für Kühe roh, für Schweine gekocht).

STECKRÜBEN

Futter für Schafe; Scheiben von Steck- und Weißen Rüben kann man auch anderen Tieren ins Futter mischen.

Wurzelgemüse anbauen

In die Kategorie der als Tierfutter angebauten Wurzeln fallen vor allem Weiße-, Steck- und Futterrüben, davon wieder sind Runkelrüben die wichtigste Sorte. Sie stammen aus Deutschland und sind auch als Rübenmangold bekannt. Alle Wurzelgemüse werden im Spätfrühling, wenn sich der Boden erwärmt hat und Keimung und rascher Wachstumsbeginn sichergestellt sind, in Reihen direkt ins Feld gesät.

Weiße und Steckrüben werden besonders groß, wenn man sie per Hand mit einer Hacke vereinzelt, d.h. auf einen Abstand von 20 cm ausdünnt. Diese Arbeit ist zwar zeitaufwendig, verschafft dem Gemüse aber genügend Raum, und Sie können bei der Gelegenheit gleich das eine oder andere Unkraut entfernen. Später jätet man zwischen den Reihen mit einer pferde- oder traktorgezogenen Hacke.

Aus den Samen der Runkelrüben entwickeln sich zumeist mehrere Pflänzchen, die bis auf das stärkste entfernt werden müssen. Reife Runkelrüben enthalten viel Wasser und Zucker, und ich möchte das Tier sehen, das diese Winterkost ablehnt.

Es gibt moderne Varietäten von Futterrüben, die nur einen Keimling ausbilden. Lassen Sie sich nicht einreden, diese seien besser; Runkelrüben sind hervorragende Wurzelgemüse, die fast überall wachsen und kaum anfällig für Krankheiten sind.

Rüben lagern

Die wichtigsten Feinde gelagerter Rüben sind Frost und Ratten. Den Frost hält man mit einer Miete aus Stroh und Erde fern (siehe S. 153). Spätestens wenn Sie darin Rattenlöcher entdecken, brauchen Sie eine Katze.

FÜTTERN UND LAGERN

Manche Rüben brauchen nicht gelagert zu werden. Weiße Rüben bleiben den Winter über im Boden. Lassen Sie Ihre Schafe jeweils auf einen kleinen Teil des Feldes. Die meisten Schafe knabbern sie bis zum Boden ab und lassen den Rest übrig, obwohl ich ein Mutterschaf hatte, das wußte, wie man den Rest ausscharrt. Andernfalls lohnt es sich, durch die Reihen zu gehen und die Reste mit einem Stock herauszuholen.

Runkelrüben müssen geerntet werden, denn sie zerfallen bei Frost zu Brei. Ziehen Sie sie heraus und drehen Sie die Blätter ab; sie sind giftig und werden nicht verfüttert. Lagern Sie Runkelrüben in einer Miete (siehe S. 153).

Achten Sie darauf, Runkelrüben nicht anzustoßen, sonst verfaulen sie. Eine einzige verrottende Rübe kann die ganze Miete verderben.

BLATTGEMÜSE

Blatt- oder Kuhkohl ist der bekannteste Winterkohl. Diese hohe Pflanze hat breite, grüne, gefiederte Blätter, sie ist bemerkenswert frostresistent und wächst überall, außer auf sehr sauren Böden. Im Frühling oder Frühsommer werden die Keimpflänzchen in Reihen ins Feld gesetzt; sie verwandeln das Feld in eine wogende Masse dichter Blätter.

Blattkohl muß nicht unbedingt geschnitten werden. Lassen Sie Ihre Rinder das Feld ruhig abweiden, sofern der Boden trocken genug ist. Trennen Sie mit einem Elektrozaun (siehe S. 43) das Feld streifenweise ab. Ist der Boden jedoch zu feucht, werden ihn die Tiere mit den Hufen stark aufwühlen. In diesen Fällen müssen Sie den Kohl schneiden und zum Hof transportieren.

Wenn Sie die Rinder früh auf das Kohlfeld lassen und wieder abtreiben, bildet der Kohl manchmal neue Blätter aus, gerade genug für Schafe. Die Strünke könnten zum Problem werden, hier helfen die Schweine.

Auch die anderen Kohlsorten gehören zur botanischen Gattung *Brassica*. Man pflanzt sie für Schafe an, die sie am besten direkt vom Feld fressen (Blattkohl ist zu hoch für die meisten Schafe); es lohnt sich nicht, ihn zu ernten und in den Stall zu schaffen.

BLATTKOHL, EINE GUTE WINTERNAHRUNG

GESCHNITTENEN KOHL FÜTTERN
Diese besonders blattreiche Varietät wird morgens geschnitten und direkt verfüttert. Dann ist der Kohl frisch und hat den höchsten Nährwert.

WEIDEN IM KOHLFELD
Wenn Sie die Rinder auf das Feld lassen, sparen Sie sich die Arbeit des Schneidens und den Transport. Vieh, das im Stall oder auf dem Hof überwintert, freut sich über die frische Luft.

Häusliche Genüsse

Wenn die Tage im Herbst kürzer werden und die Wintervorräte eingebracht werden müssen, beginnt eine besonders kreative Zeit auf einem Selbstversorgerhof – in der Küche, nicht draußen.

Hier verwandelt sich hart erarbeitetes Getreide, Früchte, Gemüse und Fleisch in die besten Lebensmittel, die Sie jemals probiert haben. Ob Brot, Käse, Marmelade, Eingemachtes, Cidre oder Wein – nun können Sie den unvergleichlichen Geschmack und die Qualität von Nahrung und Getränken genießen, für die Sie lange arbeiten mußten.

FRUCHTJOGHURT
Ein Cocktail nur aus eigenen Produkten: Joghurt, Erdbeeren und geschnittene Honigmelonen.

DIE FRÜCHTE DER ARBEIT

Um so weit zu kommen, haben Sie hart gearbeitet, und Sie dürfen stolz auf das Erreichte sein. Wie groß oder klein Ihr Land ist, spielt dabei keine Rolle. Nur Ihr Wille, sich der Herausforderung zu stellen, zählt: Sie haben sich ein Stück Land ausgesucht, gekauft und es bezogen. Sie haben Hochbeete gegraben oder die Felder gepflügt. Sie haben Kompost geschaufelt oder Mist ausgebreitet, um den Boden zu düngen. Sie haben den Boden glattgeharkt oder ein Feld mit Egge und Walze als Saatbett vorbereitet.

Sie sind mit Dürren, Wolkenbrüchen und Unkräutern fertiggeworden, und dem Auf und Ab von Krankheiten und Schädlingen. Trotz aller Widrigkeiten waren Sie mit Vieh und Pflanzen erfolgreich. Nun ernten Sie den Lohn Ihrer Mühen. Die Erfahrungen rund

WIEVIEL PRODUZIERT IHR HOF?

	Kleines Nutzvieh	*Große Nutztiere*
Garten (siehe S. 14) 	Ein Bienenstock liefert 13,5 kg Honig pro Jahr; aus einem Teil können Sie Met herstellen. Sechs Enten, die Sie in einem kleinen Teich halten, legen monatlich rund 150 Eier. Stattdessen können Sie auch Hühner oder ein paar Kaninchen halten.  **Überprüfung des Bienenstocks im Herbst**	In einem Garten ist kein Platz für große Nutztiere, außer Sie pachten ein Stück Wald oder Ödland und halten dort ein Schwein oder eine Ziege. Ein fettes Schwein liefert, je nach Rasse, 23–36 kg Fleisch, das Sie in Schinken oder Würste verwandeln können.
Kleiner Hof (siehe S. 16) 	 **Nudeln mit eigenen Eiern** Hier kann man leicht ein Dutzend Hühner und sechs Gänse halten. Hennen legen rund 270 Eier, ein Gänsepaar 20 pro Jahr. Daneben könnten Sie noch einige kleine Nutztiere halten.	Hier können Sie zwei bis drei Ziegen oder ebenso viele Schweine bzw. Schafe halten. Eine gute Milchziege gibt etwa 3,5 l Milch täglich. Sie muß alle zwei Jahre trächtig werden, wegen des Milchflusses.  **Nach dem Buttern wird die selbstgemachte Butter gewaschen**
Mittelgroßer Hof (siehe S.18) 	Bei 1,2 ha müssen Sie sich entscheiden, wieviel Platz Sie für welche Nutztiere einplanen wollen; vielleicht Kaninchen für den Verzehr. Mit zwei Häsinnen und einem Böckchen erzeugen Sie jährlich 20 Kaninchen für sich selbst oder den Verkauf. Bereits sechs Monate alte Kaninchen können geschlachtet werden.	Jetzt können Sie an eine Kuh denken. Eine gute Milchkuh gibt im Jahresdurchschnitt 18 l Milch pro Tag. Je nach Käseart werden Sie etwa 4,5 l Milch für 350 g selbstgemachten Käse brauchen; für 0,5 kg Butter rechnet man etwa 10–15 l Milch.
Großer Hof (siehe S. 20) 	Bei einem Hof dieser Größe kommen vorwiegend größere Nutztiere in Frage. Berücksichtigen Sie aber, daß Geflügel, Kaninchen und Bienen guten Ertrag bei wenig Arbeit liefern. Und warum sollten Sie auf frische Eier, Fleisch und Honig verzichten?	 **Kleine, elektrische Melkmaschine** Sie können eine kleine Kuhherde halten; sie liefert mehr Milch oder Fleisch als eine Familie braucht. Kühe können ein Kalb jährlich bekommen, das nach 18 Monaten 300 kg Rindfleisch liefert.

um den Küchentisch können die fruchtbarsten der ganzen Arbeit sein: Genießen Sie den unvergleichlichen Geschmack frisch geernteter Kartoffeln, oder schneiden Sie ein Brot an, dessen Mehl aus Weizenkörnern stammt, die Sie selbst gesät und mit der Hand geerntet haben. Keine Scheibe Brot wird jemals besser schmecken. Diese Nahrung haben Sie aus der Erde auf den Tisch gebracht.

Frische Produkte in ein schmackhaftes Nahrungsmittel zu verwandeln, kann ebenso schwierig zu erlernen sein, wie die Arbeit auf dem Feld. Da Sie aber schon so weit gekommen sind, werden Sie diese letzte Hürde sicher auch noch nehmen. Gerade Kreativität und Experimentierlust unterscheidet den Biobauern von allen anderen Landwirten.

Die nun folgenden Rezepte sind viel häufiger geprüft und ausprobiert worden als moderne Rezepte. Die Menschen auf dem Land verwenden sie seit Jahrhunderten. Unzählige Generationen von Bauern, mit großen und kleinen Höfen, sind mit dieser entzückenden, lockeren und gesunden Haushaltsführung sehr gut zurecht gekommen.

„Keine Scheibe Brot wird jemals besser schmecken. Diese Nahrung haben Sie aus der Erde auf den Tisch gebracht."

Obst und Gemüse	*Feldfrüchte*	*Lagerung*
 Pastinakenernte Ein Garten kann eine vierköpfige Familie mit Obst und Gemüse versorgen. Damit ganzjährig Nahrung zur Verfügung steht, müssen Sie neben den wichtigsten Gemüsen auch Kartoffeln anpflanzen. Erwarten Sie etwa 8 kg aus einer 3 m langen Reihe.	Ohne Feld keine Feldfrüchte. Auf dem Land können Sie aber Wildfrüchte und -pflanzen von Ödland, Straßengräben oder Randstreifen sammeln – vielleicht auch nur für Kaninchen und Hühner.	Manche Gemüse lassen sich den Winter über einlagern, sofern sie vor Frost geschützt werden. Ein einfacher Holzschuppen reicht aus, um fast alle Produkte eines Gartens zu lagern.  Zwiebeln kann man 9 Monate lagern
Dieser Hof liefert mehr Obst und Gemüse, als Sie und Ihre Familie essen können. Ein Strauch Schwarzer Johannisbeeren trägt z.B. 5–7 kg Früchte; ein paar davon, und Sie werden die beste Johannisbeermarlade herstellen, die Sie jemals probiert haben. Selbst wenn Sie dann noch etwas für den Eigenbedarf einfrieren, bleibt genug für den Verkauf übrig.	Auf diesem Hof gibt es zwar noch keine richtigen Felder, Sie können aber bereits einen Streifen Weizen anpflanzen, der genug Korn für Brot oder Geflügelfutter liefert. Erwarten Sie etwa 0,5 kg Körner pro m^2. Als Alternative können Sie auch Luzerne als Viehfutter aussäen.	 Eingelegtes Gemüse Beerenfrüchte lassen sich auf vielerlei Weise lagern: Einfrieren, als Marmelade und Chutneys, Einwecken und Trocknen. Zitrusfrüchte kommen in eine Sandkiste. Äpfel und Birnen werden in Papier eingeschlagen und in Holzkisten gelagert.
Bauen Sie etwas Obst und Gemüse im Feldmaßstab an, entweder zum Verkauf oder als Viehfutter. Einen Teil der Ernte können Sie direkt vermarkten, etwa „Erdbeeren zum Selbstpflücken". Damit reduzieren Sie Ihr Einkommen, sparen aber die Zeit, die Sie für das Pflücken brauchen. Gemüse und Obst für den Eigenbedarf liefert der Küchengarten.	 Ein fast fertiger Heuschober Es ist schwer, die Heumenge pro Fläche abzuschätzen, denn der Ertrag hängt vom Klima ab. Ein Ballen wiegt jedoch etwa 13–22 kg, und 0,4 ha gutes Grasland liefern 20 Ballen. Bereits ein Zehntel ha Getreide reicht aus, um das Brotgetreide für eine vierköpfige Familie zu liefern.	Milch läßt sich am besten und schmackhaftesten in Form von Käse lagern. Auch Milcheis ist hervorragend lagerbar, vor allem, wenn Sie Früchte zum Aromatisieren benutzen. Fleisch, das Sie nicht gleich aufessen, wird eingefroren oder eingemacht. Warum trocken Sie nicht einen Teil Ihres Rindfleisches oder räuchern ein paar Hühnchen? Wenn Sie Schweine haben, brauchen Sie Platz, um die Schinken reifen zu lassen.
Mit so viel Land können Sie eine größere Vielfalt von Obstbäumen anpflanzen, etwa Oliven und Wein, sofern es das Klima zuläßt. Eine Reihe mit 20 Weinstöcken liefert 50 kg Trauben für rund 25 l Wein.  Eine Wagenladung Chardonnay-Trauben	Dieser Hof liefert höchstwahrscheinlich genügend Futter für Ihre Tiere. Ob Sie in warmem Klima Mais und Reis oder in kühleren Regionen Blatt- und Wurzelgemüse anbauen – auf dieser Fläche erzeugen Sie eine erstaunliche Menge davon. So beträgt der Ertrag von einem gut gedüngten Rübenfeld bis zu 20 t pro 0,4 ha.	Sie brauchen für alle Feldfrüchte geeignete Lagerräume. Halten Sie das Getreide trocken und geschützt vor Schädlingen. Achten Sie auf trockenes Heu – feuchtes Heu wird rasch verfaulen.  Alte Scheune auf Steinstützen, um Ratten fernzuhalten

Brot backen

Sie wollen ein Handwerk erlernen und merken bald, daß Brotbacken eine Kunst ist. Schon seit Jahrtausenden wird Brot gebacken. Es besteht aus den einfachsten Zutaten, benötigt nur bescheidene Hilfsmittel, und eigentlich sollte jeder ein ideales Brot backen können. Das Geheimnis liegt in der Erfahrung. Erst wenn Sie ein Gefühl für den Teig bekommen, wissen Sie, wie er sich anfühlen muß, um genau zu dem Brot zu werden, das Sie bevorzugen. Probieren Sie ein paar Mehlsorten mit unterschiedlichem Mahlgrad und Geschmack aus, oder halten Sie am traditionellen Vollkornmehl fest – am besten selbst gemahlen. Sie können zwar eine Küchenmaschine benutzen, doch damit verpassen Sie die Hälfte des Spaßes und bringen sich um eine wertvolle Erfahrung. Eigene Brote sollten in Handarbeit entstehen.

ZUTATEN

Für einen Grundteig brauchen Sie nur drei Zutaten: Mehl, Wasser und Hefe. Dazu kommen verschiedene Samen, Früchte, Nüsse, Gewürze und Kräuter. Fügen Sie etwas Öl zu, um den Teig leichter zu kneten. Aus schlechtem Mehl, das seit Monaten in Beuteln lag, Feuchtigkeit, Hitze usw. ausgesetzt war, was seine Qualität vermindert, werden Sie nie ein gutes Brot backen. Auch die Hefe muß leben. Wurde frische Hefe nicht gekühlt oder konnte sie austrocknen, stirbt sie ab.

VOLLKORNBROT

1 **MAHLEN** *Wenn Sie eigenes Getreide anbauen, können Sie es mit der Hand mahlen. Es dauert 15 Minuten, um 340 g Mehl zu mahlen, das man für einen großen Laib braucht. Je trockener die Körner, desto leichter fällt das Mahlen.*

2 **HEFE ANSETZEN** *Frische Hefe ergibt einen festeren Teig. Trockenhefe (hier) wird mit Zucker und lauwarmem Wasser aktiviert. Sie ist fertig, wenn sie aufschäumt.*

MEHL FÜR BROTE

Die meisten Mehlsorten lassen sich zu Broten verbacken; es macht Spaß, unterschiedliche Zusammensetzungen auszuprobieren. Der Hauptunterschied besteht im Klebergehalt. In Verbindung mit Wasser wird der Kleber zu einer elastischen Masse, die im Backofen aufgeht. Durch das Kneten wird der Kleber aktiviert. Kleberarme Mehlsorten werden zu flachen Broten, je nach der zugegebenen Hefemenge.

Roggenmehl sorgt für „guten Biß" | Mehl aus verschiedenen Körnern | Handgemahlenes Weizen-Vollkornmehl | Weißes Mehl ohne Kleie

3 **TEIG MISCHEN** *Geben Sie Mehl und Hefe in eine Schüssel und vermischen Sie alles. Geben Sie nach und nach Wasser zu, bis der Teig griffig ist und nicht mehr an den Händen klebt. Genau die richtige Konsistenz zu erzielen, ist eine Frage der Übung.*

4 **KNETEN** *Durch gründliches Kneten sorgen Sie dafür, daß der Teig aufgeht, andernfalls bleibt das Brot flach. Wird er zu stark geknetet, bilden sich Luftlöcher im Brot. Bearbeiten Sie den Teig mit Fingern, Daumen und Ballen rhythmisch zu einer dehnbaren Masse (etwa 8 Minuten).*

5 **AUFGEHEN LASSEN** *Läßt man den Teig zu warm, geht er nicht auf. Decken Sie die Schüssel mit einem Tuch ab und stellen Sie sie an einen ruhigen Ort ohne Zugluft. Es sollte sein Volumen während des Aufgehens höchstens etwa verdoppeln, sonst fällt er beim Backen zusammen.*

6 **DER FERTIGE LAIB** *Drücken Sie den Teig etwas flach, kneten Sie ihn nochmals leicht durch, formen Sie einen Laib oder geben Sie ihn in eine Form. Vor dem Backen sollte er noch einmal kurz gehen. Das Brot ist fertig, wenn der Boden beim Draufklopfen hohl klingt.*

HOHE BROTE

Nicht alle Brote „gehen“ mit Hefe. Mit Natron (Backpulver) entstehen Gase, die den Teig gehen lassen. Manche Brote werden mit Hilfe von natürlich vorkommenden Bakterien fermentiert. Solche Sauerteigbrote gehen gleichfalls.

Natronbrot

Roggenbrot

Mehrkornbrot

Weißbrot mit sonnengetrockneten Tomaten

FLADENBROTE

Manche Fladenbrote (Pitta) enthalten zwar Hefe, werden aber sehr rasch gebacken. Sie gehen und fallen wieder zusammen. Andere Brote (Chapatis) werden ohne Hefe zubereitet und bleiben flach.

Fladenbrot (Pitta) aus Vollkorn- und weißem Mehl

Chapati aus Vollkornmehl

Getreidespeisen

In den westlichen Kulturen wird das meiste Getreide zu Brot verbacken. Danach folgen Nudeln, außerdem wird Weizen für Pfannkuchen, Knödel, Biskuits, Couscous, Weizenbier und andere Getränke verwendet. Für einen kreativen Koch, der sich in der traditionellen Küche auskennt, eröffnen sich darüber hinaus zahlreiche weitere Möglichkeiten. So werden Brote erst seit jüngster Zeit vorwiegend aus Weizen gebacken. Vor der Revolution des Ackerbaus hat man vor allem Roggenbrote hergestellt. Gerade für einen Biobauern ist es sehr lohnend, eine Reihe unterschiedlicher Getreide auszuprobieren, um festzustellen, welches auf seinem Land am besten gedeiht. Unterschätzen Sie niemals die traditionellen Methoden, daraus Speisen herzustellen.

WAS IST GETREIDE?

Für den Bauern ist Getreide „ein eßbarer Samen für Mensch und Tier, der auf einer grasartigen Pflanze entsteht". Die gebräuchlichsten Getreide des gemäßigten Klimas sind Weizen, Gerste, Roggen und Hafer. Reis und Mais sind ebenfalls Getreide, gehören aber zu einer anderen Pflanzengruppe. Manche Früchte sehen aus wie Getreide – und werden auch so zubereitet – gehören aber in eine andere Pflanzenfamilie. So ist zum Beispiel der Buchweizen ein Knöterichgewächs.

ANDERE KÖRNER

Wenn Sie Getreide für den Verzehr anbauen, dann bedenken Sie, daß viele Sorten mehr Aufwand erfordern als Futtergetreide. Vieh kann Gerste mit den Spelzen verzehren; für Menschen muß Gerste leicht gemahlen und dabei die Spelzen entfernt werden (geschliffene Gerste).

Auch Hafer muß von den Spelzen befreit werden. Hafer für einen Brei (Porridge) zu Mehl zu mahlen, ist eine recht komplizierte Angelegenheit.

Buchweizen wird entweder wie Weizen gemahlen oder als Ganzes wie Reis gekocht. Er ist in manchen Eintöpfen enthalten.

GERSTE

Geschliffene Gerste paßt zu Hühnersuppen und Eintöpfen, denn sie schmeckt am besten nach langem, langsamem Kochen. Brote aus Gerste werden meist schwer und dick.

REIS-PILAW

Der Reis wird gekocht, mit Safran oder anderen Zutaten gefärbt und getrocknet. Reis kann auch gebraten, zu Keksen gebacken oder als Pudding gekocht serviert werden.

POLENTA: GEMAHLENER MAIS

Polenta ist Maismehl, das unter Rühren langsam in Wasser gekocht wird. Daraus entsteht eine feste Masse als Beilage. Sie kann auch wie hier in Scheiben geschnitten und gegrillt werden.

HAFER-PORRIDGE

Hafer wird sehr fein für spezielle Haferplätzchen und manche Brote gemahlen. Aus Haferflocken macht man Brei, und noch gröbere Stücke kommen in ein Vollkornmüsli.

BUCHWEIZEN

Buchweizen gedeiht auf weniger fruchtbaren Böden. Die „grünen" Sorten können statt Reis verwendet werden. Buchweizenmehl liefert mit Melasse ein leckeres dunkles Brot.

NUDELN HERSTELLEN

1 SIEBEN *Etwa 250 g Mehl wird gesiebt, um Klümpchen zu vermeiden. Klassische Nudeln werden aus Hartweizenmehl hergestellt; Sie können aber auch normales Mehl verwenden.*

2 EIER UND ÖL *Für diese Mehlmenge brauchen Sie drei Eier und einen Eßlöffel Öl. Formen Sie einen Krater, schlagen Sie die Eier hinein, dann das Öl und einen Teelöffel Salz.*

3 TEIG MISCHEN *Traditionell arbeitet man die Zutaten mit den Fingerspitzen in das Mehl ein. In diesem Stadium laufen Eier und Öl allerdings leicht auf den Tisch aus.*

4 KNETEN *Nudelteig darf fester als Brotteig sein. Arbeiten Sie ihn mit Fingern und Händen gründlich durch. Er ist fertig, wenn er sich elastisch anfühlt; lassen Sie ihn eine Stunde stehen.*

5 AUSROLLEN *Stäuben Sie alles mit Mehl ein, damit der Teig nicht klebt. Wenden Sie den Teig mehrmals um, damit er gleichmäßig dick wird. Drücken Sie die Rolle gleichmäßig auf.*

6 IN STREIFEN SCHNEIDEN *Eine Möglichkeit besteht darin, den ausgerollten Teig zu einer Rolle zu formen und in Scheiben zu schneiden. Die Streifen heißen Fettucine.*

7 TROCKNEN *Hier wird ein Besenstiel benutzt. Die Nudeln bleiben 5–10 Minuten hängen, bis sie ledrig werden. Für festere Nudeln werden die Streifen auf einem Handtuch bis zu zwei Stunden getrocknet.*

EIN NUDELGERICHT

Milch verarbeiten

Butter, Joghurt und Milcheis lassen sich sehr leicht herstellen und werden häufig für den Eigenbedarf verwendet. Für solche Molkereiarbeiten reicht die Küche aus. Verfolgen Sie größere Pläne, brauchen Sie einen speziellen Raum (gesetzliche Bestimmungen beachten). Denken Sie immer daran, daß Rohmilch ein perfekter Nährboden für Bakterien ist. Selbst in der Küche müssen alle Geräte und Oberflächen peinlich sauber sein, sonst bekommen Sie keine Butter, sondern Bauchschmerzen.

Hygiene

Alte Gerätschaften sehen zwar attraktiv aus, Edelstahl läßt sich jedoch weitaus besser reinigen. Einfaches Spülen reicht nicht aus. Sterilisieren Sie alle Geräte in kochendem Wasser (hier) oder tauchen Sie sie in Hypochloridlösung ein. Sie werden es riechen, wenn die Geräte nicht völlig steril sind.

5 Minuten in kochendem Wasser reicht aus

Butter

1 **REIFEN** *Schöpfen Sie den Rahm von der Milch ab – nur daraus wird Butter hergestellt. Der Rahm muß zunächst „reifen" – dabei wird er durch bakterielle Aktivität angesäuert. Fügen Sie Starter zu. In Buttermilch sind die richtigen Bakterien enthalten; sie wird hier verwendet.*

2 **BUTTERN** *Dabei wird der Rahm geschlagen, bis sich das Fett verbindet. Zunächst bilden sich kleine Klümpchen. Wenn die Butter fertig ist, bilden sich auf den Rührpaddeln weiße Klumpen.*

3 **ENTWÄSSERN** *Manchmal „kommt" die Butter schnell, dann wieder scheint das Schlagen ewig zu dauern, bis sich Butter bildet. Gießen Sie die wässrige Buttermilch ab.*

4 **WASCHEN** *Geben Sie kaltes Wasser in das Gefäß und drehen Sie die Kurbel. Geben sie mehrmals frisches Wasser zu. Wenn Sie nicht gründlich alle Reste der Buttermilch entfernen, wird die Butter sauer.*

5 **KNETEN** *Geben Sie die Butter auf ein Brett und arbeiten Sie sie mit zwei Holzbrettchen gründlich durch. Drücken Sie die Butter flach, streifen Sie Flüssigkeit ab und wiederholen Sie den Vorgang.*

6 **FORMEN** *Benutzen Sie die Brettchen, um die Butter zu formen, entweder frei zu Blöcken oder in mit traditionellen Mustern verzierten Buttermodeln. Dabei können Sie die letzten Reste von Feuchtigkeit entfernen.*

JOGHURT

1 **TEMPERATUR PRÜFEN** *Joghurt ist von Bakterien angesäuerte Milch. Damit diese Organismen ihre Arbeit tun können, brauchen sie Körpertemperatur.*

2 **MILCH ZUR KULTUR GEBEN** *Geben Sie warme Milch zu der richtigen Bakterienkultur, um zu beginnen. Kulturen gewinnt man aus den Resten des letzten Joghurts. Achten Sie beim Kauf von Joghurt darauf, daß er lebende Kulturen enthält.*

3 **ZAUBEREI ÜBER NACHT** *Damit Bakterien die Milch in Joghurt verwandeln können, brauchen Sie eine konstante Temperatur. Füllen Sie die warme Milch mit der Kultur entweder (wie hier) in eine Thermoskanne, oder stellen Sie den Topf, umwickelt mit Tüchern, in einen warmen Raum. Innerhalb einer Nacht entsteht Joghurt wie durch Zauberei.*

4 **DAS ERGEBNIS** *Schmecken Sie den Joghurt mit allen Früchten ab, die gerade vorhanden sind. Sie können ihn frisch – mit Honig – essen, einfrieren oder in der Küche verwenden.*

MILCHEIS

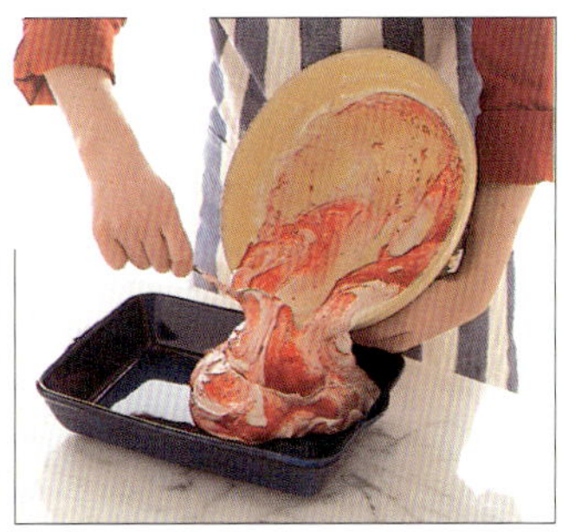

1 **PUDDING** *Nehmen Sie 570 ml Milch, zwei Eier, 100 g Zucker und 280 ml Crême double. Bringen Sie die Milch zum Kochen und gießen Sie sie zu den Eigelben und Zucker; erwärmen, bis der Pudding am Löffel haftet.*

2 **SCHLAGSAHNE** *Lassen Sie den Pudding abkühlen. Schlagen Sie Eiweiß und Creme; vorsichtig unter den Pudding heben. Das Ergebnis ist eine Eisgrundmischung. Sie können sie entweder gleich einfrieren oder vorher aromatisieren.*

3 **AROMATISIEREN** *Nehmen Sie die Früchte der Jahreszeit. Hier wurden Himbeeren durch ein Sieb gestrichen und das Püree zugegeben. Sie können auch Schokolade, Kaffee, Ahornsirup oder Vanille zugeben.*

4 **EINFRIEREN** *Schaben Sie die Mischung in eine flache Schale und stellen sie diese in den Gefrierschrank. Sobald sie leicht angefroren ist , wird sie mit dem Schneebesen geschlagen und endgültig eingefroren.*

Käse herstellen

Kleinbauern waren schon immer bemüht, ihre Ernte zu konservieren. Auf diese Tradition geht auch die Kunst der Käseherstellung zurück. Indem man Milch in Käse verwandelt, wird aus einem nur wenige Tage haltbaren Nahrungsmittel eines, das sich über Monate lagern läßt. Das Prinzip ist ganz einfach: Man trennt die erwünschten Proteine vom Rest der Milch. Die Zusatzstoffe – Starter und Lab – verwandeln die Proteine in Quark, den Ausgangspunkt aller Käsesorten. Nun erst beginnt der interessante Teil der Käseherstellung. Es ist ziemlich unwahrscheinlich, daß zwei Menschen aus derselben Milch denselben Käse herstellen. Dazu gibt es zu viele Variationen.

Eine Auswahl von Weichkäsen

Weichkäse sind leichter herzustellen als Hartkäse, daher sollten Sie zunächst mit ihnen beginnen. Die Milch von Kühen, Schafen oder Ziegen läßt sich zu hervorragenden Weichkäsen verarbeiten, die durch Zusatz von Kräutern und Gewürzen unterschiedliche Geschmacksrichtungen annehmen. Experimentieren Sie damit, wenn Sie die Grundlagen beherrschen.

Hartkäse

1 **TEMPERATUR PRÜFEN** *Erwärmen Sie die Kuhmilch auf 32 °C, Ziegenmilch auf 29 °C. Nehmen Sie 4,5 l Milch.*

2 **STARTER** *Rühren Sie den Starter (Bakterienkulturen, die die notwendige Säure erzeugen) ein. Sie können ihn kaufen oder herstellen: lassen Sie unpasteurisierte Milch zu Quark gerinnen.*

3 **LAB** *Lassen Sie alles 45 Minuten stehen und rühren Sie mit abgekochtem Wasser verdünnten Lab ein. Er sorgt für die Quarkbildung (Lab stammt von Tieren oder Mikroorganismen).*

4 **QUARK HERSTELLEN** *Rühren Sie die Oberfläche mindestens 10 Minuten leicht durch, bis Sie Widerstand spüren – den entstehenden Quark. Decken Sie den Topf ab; 45 min in einem warmen Raum stellen, bis der Quark fest wird.*

5 **QUARK SCHNEIDEN** *Schneiden Sie den Quark mit einem Edelstahlmesser in kleine Stücke und rühren Sie Quark und Molke durch. Erwärmen Sie alles vorsichtig auf 38 °C (Kuhmilch) bzw. 35 °C (Ziegenmilch).*

6 **SEIHEN** *Prüfen Sie den Quark durch Reiben zwischen den Fingern – er sollte sich leicht trennen. Füllen Sie ihn in ein sterilisiertes Käsetuch. Binden Sie die Tuchenden zusammen und hängen Sie ihn auf.*

WEICHKÄSE

1 **SEIHEN** *Gehen Sie bei der Herstellung von Weichkäse vor wie beim Hartkäse. Nach Zugabe von Lab braucht der Quark 24 Stunden, bis er gänzlich geronnen ist. Läßt er sich mit dem Finger leicht zerteilen, wird er durch ein sterilisiertes Käsetuch geseiht.*

Das Tuch muß sterilisiert werden, sonst verdirbt der Käse

2 **AUFHÄNGEN** *Binden Sie die Tuchenden zusammen und hängen Sie den Quark über Nacht auf. Am Morgen ist der Quark entwässert. Nun kommen etwas Salz, Kräuter und die Gewürze zu der Masse. Versuchen Sie ruhig einmal Früchte, beispielsweise Aprikosen, als Zusatz zum Quark.*

3 **FORMEN** *Formen Sie den Käse. Am einfachsten geht dies mit den Händen oder mit Holzbrettchen (siehe S. 172), wenn Sie Blöcke formen wollen. Sie können aber auch Formen benutzen. Rollen Sie den geformten Käse in Kräutern, Nüssen oder schlagen Sie ihn in Blätter ein.*

7 **QUARK ZERBRÖSELN** *Lassen Sie das Tuch eine Stunde lang hängen, bis die Molke ausgetreten ist. Stülpen Sie den Quark in eine große Schüssel und zerbröseln Sie ihn in kleine Stücke. Nun können Sie Salz zufügen (je 4,5 l Milch etwa 10 g Salz).*

8 **KÄSEPRESSE FÜLLEN** *Schlagen Sie eine Käsepresse mit einem sterilisierten Käsetuch aus. Füllen Sie den Quark ein, bis er dicht gepackt ist. Legen Sie die Deckplatte auf und stampfen Sie den Quark gegebenenfalls mit einem Stößel fest.*

9 **PRESSEN** *Belassen Sie den Quark 8 Stunden in der Presse. Dann wird er herausgenommen, in sauberes Tuch eingeschlagen und unter größerem Druck 24 Stunden gepreßt. Lassen Sie den Käse sechs Wochen lang reifen – wenn Sie so lange warten können.*

Die Molke fließt unten aus der Presse aus.

EINE KRÄFTIGE ZWISCHENMAHLZEIT

Schinken und Speck

Seit alters hat man jedes Stück Schweinefleisch auf die eine oder andere Weise konserviert. Zwar leisten wir uns heute den Luxus von Gefriergeräten, es lohnt sich aber noch immer, diese alten Konservierungsmethoden selbst auszuprobieren. Schweinefleisch in Form von Schinken oder Speck bleibt bei richtiger Lagerung jahrelang haltbar. Kein anderes Fleisch ist so lange konservierbar. Allerdings ist kaum ein anderes Lebensmittel von der modernen Nahrungsmittelindustrie so sehr abgewertet worden wie Schinken und Speck. So wird in viele Schinken Salzlake gepumpt, damit sie schneller haltbar werden, und sie enthalten mehr Wasser. Alles führt zu einem schlechten Produkt. Wenn Sie Schweine halten, sollten Sie auch eigenen Schinken und Speck herstellen. Bewahren Sie alte Traditionen und mit ihnen das verlorene Aroma von Schinken und Speck.

FLEISCHHYGIENE

Nicht ohne Grund begann das Konservieren von Fleisch traditionell im Spätherbst und dauerte bis zum Winterende. Sowohl im wie am Fleisch gibt es viele Feinde, die den Konservierungsprozeß gefährden. Der Prozeß dauert lange, daher entwickeln sich leicht Bakterien. Arbeiten Sie unbedingt mit sterilen Geräten (Sterilisierungstechniken auf S. 172) und stets im kühlen Schatten. Der beste Platz ist eine kalte Speisekammer, wo der Reifeprozeß nicht behindert wird.

SCHWEINHÄLFTE

Nach einer Bauernregel wird das Fleisch um so besser, je näher man dem Ende des Schweins kommt. Daher stammen die besten Schinken aus den hinteren Oberschenkeln. Auch die Vorderbeine (Bug) können in Schinken verwandelt werden, das Fleisch wird jedoch gröber. Schinken aus der Schulter werden häufig gepreßt, um das spätere Schneiden zu erleichtern.

Aus dem Rumpf des Schweins stellt man Speck her. Dabei ist der Rückenspeck besonders mager und reich an Fleisch. Der Bauchspeck ist fetter und nur von Fleischstreifen durchzogen.

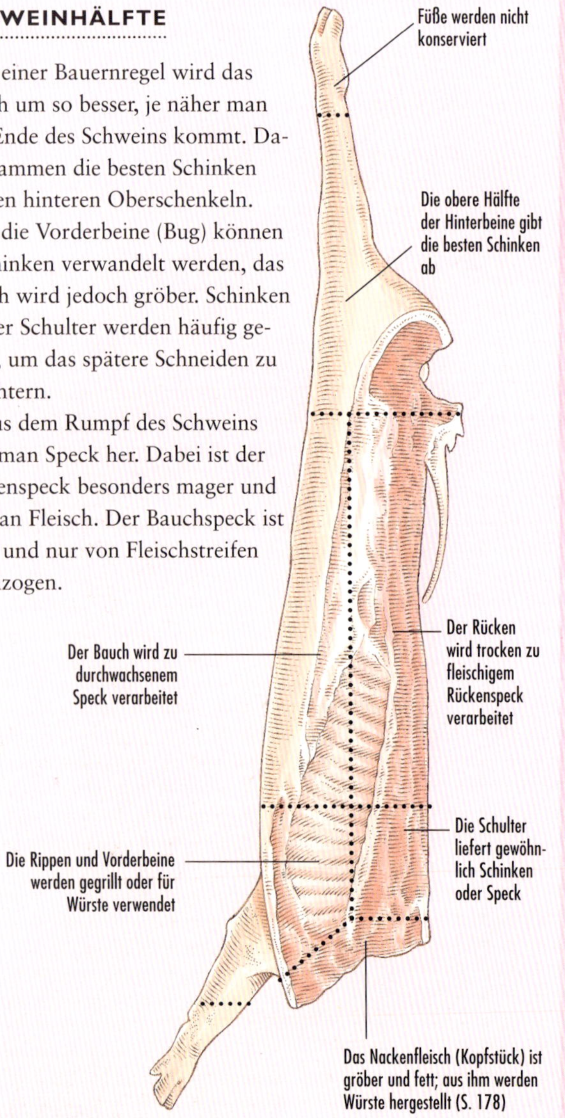

TROCKENKONSERVIERUNG

1 **SALZEN** *Reiben Sie die Oberfläche mit Salz ein. Es entzieht dem Fleisch die Feuchtigkeit, konserviert es und tötet Bakterien.*

2 **ROHZUCKER** *Sie können auch andere aromatische Zutaten, wie Rohzucker, in den Speck reiben. Wird das Salz vom austretenden Wasser feucht, bürsten Sie es ab, spülen die Schüssel und reiben neues Salz ein.*

3 **SAUBER WASCHEN** *Nach etwa zwei Wochen ist der Speck fertig. Waschen Sie das Salz ab. Schlagen Sie das Fleisch in ein Musselintuch ein und lassen Sie es an einem kühlen Platz trocknen (Schutz vor Fliegen).*

KONSERVIEREN IN LAKE

1 **SEIHEN** *Seihen Sie die Reste von Kräutern und Gewürzen (siehe Kasten rechts) in eine Schüssel.*

2 **EINTAUCHEN** *Reinigen Sie den Schinken und legen Sie ihn in die Lake. Die Schüssel sollte groß genug sein, damit der Schinken vollständig von der Lake bedeckt ist.*

HERSTELLUNG DER LAKE

Geben Sie so viel Salz in einen Topf mit Wasser, bis ein frisches Ei darin schwimmt, dann ist die Lake stark genug. Fügen Sie Kräuter, Gewürze, Melasse, Starkbier oder Cidre als interessante Würzmischung zu. Lassen Sie alles fünf Minuten simmern.

3 **BESCHWEREN** *Der Schinken neigt dazu, an die Oberfläche zu steigen und ist dann der Luft – und den Bakterien – ausgesetzt. Legen Sie ein sauberes Holzbrettchen auf und beschweren Sie es mit einem Gewicht. Der Schinken muß völlig untergetaucht bleiben, und das Gewicht darf nicht in die Lake fallen.*

Verdickt sich die Lake oder wird sie trübe, muß sie ausgetauscht werden.

4 **KONSERVIERUNG** *Drehen Sie den Schinken regelmäßig um, damit er gleichmäßig konserviert wird. Prüfen Sie am Geruch, ob der Schinken verdirbt: Er sollte stets frisch und salzig riechen. Ein kleiner Schinken braucht etwa eine Woche bis zur völligen Konservierung (Faustregel).*

5 **AUFHÄNGEN**
Holen Sie den Schinken aus der Lake, waschen und schlagen Sie ihn in ein Musselintuch ein. Hängen Sie ihn an einen kühlen, luftigen Platz. Je länger er trocknet, desto stärker wird sein Aroma. Luftgetrocknete Schinken können ein Jahr lang hängen bleiben, wenn Sie es so lange aushalten.

Wursten und Räuchern

In fast allen Kulturen gehören Würste zu den nationalen oder regionalen Spezialitäten. Dafür gibt es einen guten Grund. In Würsten werden die Teile eines Tieres verwendet, die zu körnig oder zu fett für sonstigen Gebrauch sind, und sie nehmen die Fleischreste auf, die nach dem Zerteilen eines Tieres an den Knochen verbleiben. Außerdem lassen sich die Geschmäcker unterschiedlicher Fleischsorten in Würsten kombinieren.

Auch geräuchertes und getrocknetes Fleisch kennt man in der ganzen Welt. Durch Räuchern wird Fleisch aromatischer und gleichzeitig konserviert, und seit Jahrhunderten trockneten die Menschen Fleisch über dem Feuer oder in der Sonne.

TROCKENFLEISCH

Beim Trocknen wird dem Fleisch das Wasser entzogen; ohne Wasser können sich die Bakterien nicht vermehren. In Südafrika stellt man Biltong, in Nordamerika Pökelfleisch her. Hier wird die Herstellung von Biltong gezeigt. In beiden Fällen trocknet man das Fleisch in der Sonne oder einem Ofen, Pökelfleisch wird vorher gesalzen. Auch Würste lassen sich trocknen.

WÜRSTE HERSTELLEN

1 **FLEISCHWOLF** *Drehen Sie das Fleisch durch einen Hand- oder elektrischen Fleischwolf. Man darf durchaus Reste verwerten, allerdings keinen Abfall. Das Fett in den Würsten sorgt für das Aroma. Etwa die Hälfte der Wurstfüllung kann aus Rückenfett bestehen.*

2 **FÜLLUNG** *Salz und Pfeffer ist in jedem Fall erforderlich, fügen Sie aber ruhig Kräuter oder andere Geschmacksgeber zu – etwa Zwiebeln. Mit Brotkrumen stellen Sie eine fleischärmere Wurst her.*

3 **DÄRME WASCHEN** *Naturdärme geben gute Wurstpellen ab. Sie werden gründlich gewaschen, um die Salzlösung zu entfernen, in der sie lagerten. Heute gibt es auch Kunstdärme.*

4 **INNENSEITEN WASCHEN** *Die Innen- werden ebenso gründlich gewaschen wie die Außenseiten. Lassen Sie frisches Wasser durchlaufen, bis sie gänzlich frei von Salz sind.*

5 **FÜLLEN** *Sie können eine Wurstmaschine verwenden, aber ein Trichter tut es auch. Stülpen Sie die Pelle über das Trichterende und stopfen Sie die Masse gleichmäßig hinein.*

6 **VERSCHLIEẞEN** *Drehen Sie die Würste ab und zu in der gewünschten Länge ab. Die Enden werden mit Knoten verschlossen.*

GETROCKNETE WÜRSTE

Trocknen Sie die Würste an einem kühlen, dunklen, trockenen und luftigen Platz. Prüfen Sie alle paar Tage den Geruch; schlecht riechende Würste werden entfernt. Nach 5 oder 6 Wochen haben sie 50–60% ihres Gewichtes verloren und können roh gegessen werden.

RÄUCHERN

Normalerweise räuchert man Würste wegen des Aromas, dabei geht auch die Feuchtigkeit verloren und das Fleisch wird konserviert. Räucheröfen brauchen einen Deckel, um den Rauch einzuschließen, einen Rost für das Fleisch und eine Pfanne für das Feuer. Der Ofen muß hoch genug sein, damit das Fleisch nicht gart. Kaufen Sie einen Räucherofen oder bauen Sie sich einen aus einem metallenen Abfalleimer. Verbrennen Sie Hartholz, um Rauch zu erzeugen, kein Weichholz.

ÜBERPRÜFEN
Prüfen Sie nicht zu oft, denn jedes Öffnen verlängert die Räucherzeit.

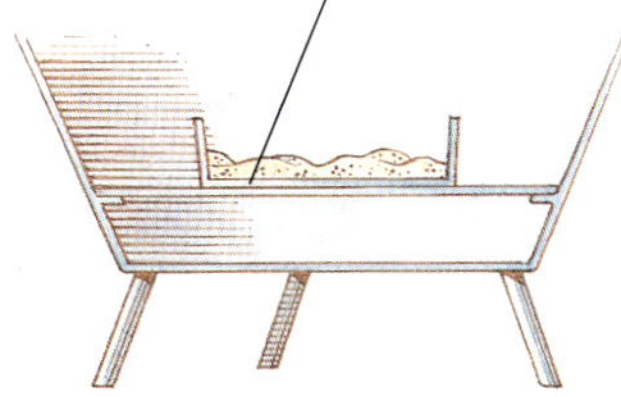

1 **FRISCHES SÄGEMEHL** *Öffnen Sie den Räucherofen und füllen Sie die Pfanne mit Sägemehl aus Hartholz. Sprenkeln Sie etwas Wasser darüber – das Sägemehl soll glimmen, nicht brennen.*

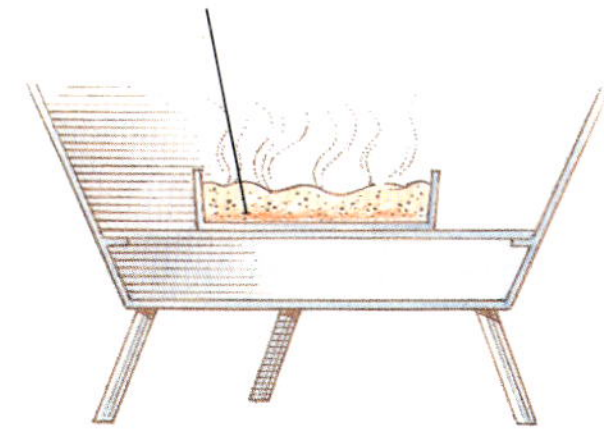

2 **GLIMMENDES SÄGEMEHL** *Erhitzen Sie in einer Schale etwas Sägemehl bis zum Glimmen. Breiten Sie es über dem frischen Sägemehl aus, bis auch dieses zu glimmen beginnt.*

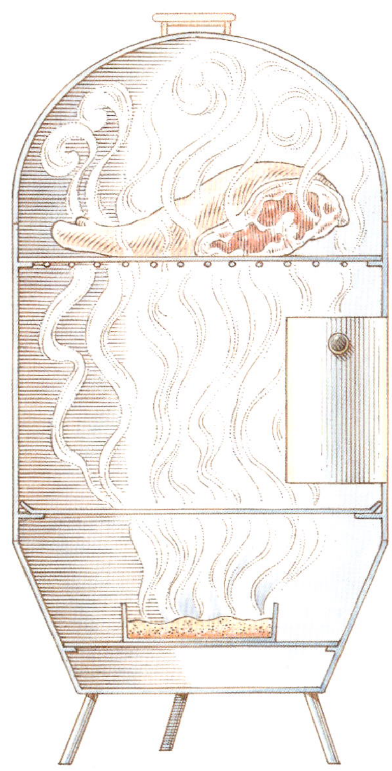

3 **RÄUCHERN** *Legen Sie das Fleisch auf den Grill und setzen Sie den Deckel auf. Sie können alle möglichen Fleischsorten räuchern, z.B. Würste, Speck und Schinken. Drehen Sie das Fleisch ab und zu um, damit es gleichmäßig räuchert, und rühren Sie das Sägemehl regelmäßig um.*

Marmelade und Eingekochtes

Frisches Obst ist leider nur kurz haltbar. Natürlich lassen sich einige Obstsorten auch in der Sonne trocknen. Bevor es Tiefkühlgeräte gab, konnte man Früchte nur entweder mit Zucker zu Marmeladen und Gelees einkochen oder einwecken. Bei der Herstellung von Marmeladen wird die Frucht grundsätzlich verändert, während eingewecktes Obst seinen ursprünglichen Geschmack und seine Form weitgehend behält. Selbstverständlich kann man auch Gemüse einwecken, da Früchte jedoch mehr Säure enthalten, eignen sie sich besser. Eingewecktes Gemüse sieht „traurig" aus, während der Anblick von eingeweckten Früchten in der Speisekammer einen erfreulichen Anblick bietet.

GELIERPROBE MACHEN

(1) Marmelade geliert meist bei 105 °C. (2) Geben Sie einen Löffel Marmelade auf eine kalte Untertasse: Sie sollte eine Haut bilden und sich auf Fingerdruck kräuseln. (3) Kühlen Sie die Marmelade auf einem Löffel: Sie sollte in dicken Tropfen, nicht als Flüssigkeit abfließen.

Die Masse wird auf 105 °C erhitzt.

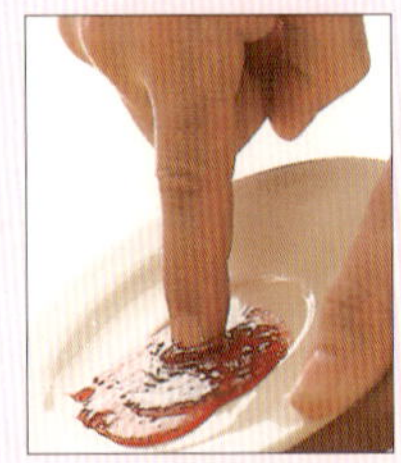

Die Marmelade sollte sich kräuseln.

Sie sollte dicke Tropfen bilden.

MARMELADE KOCHEN

1 **FRÜCHTE VORBEREITEN** *Feste Früchte eignen sich besser als überreife. Entfernen Sie alle Blätter von den Beeren. Waschen Sie die Früchte mehrmals in kaltem Wasser.*

2 **FRÜCHTE KOCHEN** *Erhitzen Sie die Früchte (ggf. etwas Wasser zugeben) in einem großen Topf; simmern lassen, bis sich ein Mus bildet.*

3 **ZUCKER ZUFÜGEN** *Geben Sie Zucker zu, die Menge richtet sich nach den verwendeten Früchten. Bei Himbeeren nimmt man die gleiche Menge Früchte und Zucker.*

4 **ABSCHÄUMEN** *Kochen Sie weiter, bis die Marmelade geliert (siehe oben). Schöpfen Sie entstehenden Schaum an der Oberfläche ab.*

5 GLÄSER FÜLLEN *Am Gelierpunkt wird der Topf vom Ofen genommen; 15 Minuten stehen lassen. Füllen Sie die Marmelade in warme, sterilisierte Gläser.*

6 VERSCHLIESSEN *Verschließen Sie die Gläser luftdicht, solange die Marmelade noch heiß ist. Legen Sie ein Wachspapier auf und drücken Sie es leicht an, um die Luftblasen zu verdrängen. Ziehen Sie Zellophan darüber und befestigen Sie es mit Gummiband.*

EIN LECKERER BISSEN
Halten Sie sich bis zum Winter mit dem Genuß zurück. Lagern Sie die Marmelade sorgfältig, dann hält sie, bis es wieder neue Früchte gibt.

FRÜCHTE EINWECKEN

1 FRÜCHTE VORBEREITEN
Verwerfen Sie beschädigte oder leicht verfaulte Früchte. Eine einzige ruiniert das ganze Glas. Säubern und zerkleinern Sie die Früchte. Diese Feigen werden nur halbiert.

3 ZUCKERSIRUP HERSTELLEN
Sirup sorgt für zusätzliches Aroma. Kochen Sie 225 g Zucker in 600 ml Wasser auf. Geben Sie bei säurearmen Früchten, wie Feigen, etwas Zitronensaft hinzu.

3 GLÄSER FÜLLEN *Füllen Sie die Früchte möglichst dicht und unbeschädigt in feuchte, sterilisierte Gläser. Gießen Sie abgeseihten, heißen oder kalten Zuckersirup über die Früchte.*

4 LUFT ENTFERNEN *Fahren Sie mit einem sterilisierten Messer am Glasrand entlang, um die Luftblasen zu verdrängen, oder stoßen Sie es auf den Tisch. Geben Sie ggf. noch etwas Sirup zu.*

5 STERILISIEREN *Dafür brauchen Sie heißen Zuckersirup. Stellen Sie die Gläser in einen hohen Topf auf einen Dämpfeinsatz oder ein Küchenhandtuch. Umwickeln Sie sie mit Handtüchern. Gießen Sie warmes Wasser ein; zum Kochen bringen. Durch das Simmern werden die Früchte sterilisiert. Die Dauer richtet sich nach den Früchten und der Größe der Gläser.*

Sauergemüse und Chutney

Konserviert man Gemüse und Früchte in Essig, sorgt die Säure für das Absterben der Bakterien. Auf diese Weise sauer eingelegtes Gemüse bleibt sehr lange haltbar. Die Methode ist sehr effektiv, obwohl – anders als beim Einwecken – der Geschmack des Gemüses durch den Essig bestimmt wird. In klarem Essig eingelegtes Gemüse sieht besonders gut aus, während dunkle Essigsorten kräftigeres Aroma geben. Auch Zimt, Gewürznelken oder Pfefferkörner sorgen für interessante Nuancen.

Chutneys sind eine weitere Art, Gemüse oder Früchte für später zu konservieren – zudem schmecken sie köstlich. Neben Essig gibt man hier Zucker zu, als Teil des Konservierungsprozesses und als Geschmacksgeber. Chutneys nehmen daher eine Mittelstellung zwischen Marmelade und Sauergemüse ein und sind in der Küche vielseitig verwendbar.

ROHGEMÜSE, SAUER EINGELEGT

Nicht alle Gemüse müssen gekocht werden. Zwiebeln bleiben einfach eine Zeitlang in Essig liegen. Auch Kohl und Blumenkohl brauchen vorher nicht gekocht zu werden. Unreife, grüne Walnüsse eignen sich gleichfalls für diese Methode.

EINGELEGTE GEMÜSE-PICKLES

1 **ZUTATEN** *Sie brauchen einwandfreies, gewaschenes Gemüse (oder Früchte), Essig und beliebige Gewürze. Die meisten Gemüse werden vorher gesalzen und gespült, bei Rote Beeten ist dies nicht erforderlich.*

2 **ESSIG ZUBEREITEN** *Bereiten Sie zunächst den Gewürzessig – er sollte ein bis zwei Monate reifen. Binden Sie die Gewürze in ein Mullsäckchen. Kochen Sie alles auf oder lassen Sie die Gewürze für längere Zeit im kalten Essig.*

3 **GEMÜSE** *Kochen Sie die Gemüse ab (je nach Rezept) und schneiden Sie es gegebenenfalls klein. Rote Beete wird 90 Minuten gekocht, dann ist sie weich und kann geschält und geschnitten werden.*

4 **EINFÜLLEN** *Packen Sie das Gemüse möglichst dicht in die Gläser (aber nicht ganz füllen). Geben Sie Essig zu, bis alles bedeckt ist, und dann noch einen Schuß. Nehmen Sie Deckel aus Glas oder säurefestem Metall.*

CHUTNEY

1 **SCHNEIDEN** *Waschen, schälen und zerschneiden Sie das Gemüse je nach Rezept. Die Kürbissorten für dieses Chutney werden geschält, entkernt und zerschnitten.*

2 **GEWÜRZE ZUFÜGEN** *Gewürze gehören in jedes Chutney; hier fein zerkleinerte Ingwerwurzeln, rote Chilischoten und schwarze und weiße Senfkörner. Geben Sie Gemüse und Gewürze in einen Topf.*

Neben Kürbis und Gewürzen kommen hier noch Äpfel dazu

3 **ESSIG ZUGEBEN** *Gießen Sie den Essig in den Topf. Obwohl jede Form von Essig geeignet ist, gibt Apfelessig einen besonders fruchtigen Geschmack. Bringen Sie alles zum Kochen; 25 Minuten simmern lassen, bis das Gemüse weich, aber nicht matschig ist.*

4 **ZUCKER ZUGEBEN** *Geben Sie Zucker in die heiße Mischung und rühren Sie, bis er sich auflöst. Bringen Sie das Chutney wieder zum Kochen und lassen Sie es eine weitere Stunde simmern, bis eine dicke Masse entsteht.*

5 **GLÄSER FÜLLEN** *Sterilisieren Sie die leeren Gläser, indem Sie sie 10 Minuten in Wasser kochen oder für 10 Minuten in den auf 160 °C vorgeheizten Backofen stellen. Füllen Sie das heiße Chutney sofort in die heißen Gläser ein und verschließen Sie die Gläser. Chutneys werden mit der Zeit immer besser – die vom Ende des Winters schmecken besser als jene, die Sie schon vorher probiert haben.*

Dieser Chutney paßt gut zu einem einfachen Essen mit Brot und Käse

Wein und Met

Den Duft und das Aroma von Früchten, Blüten, sogar Gemüse in Wein zu verwandeln, hat eine lange Tradition. Nachdem Zucker in größeren Mengen zur Verfügung stand, nahm die Weinherstellung sogar noch zu; vorher machten Bauern Bier oder Met (Honigwein). Zwar können Sie Wein durchaus nach wissenschaftlichen Methoden machen – dann dürfte Ihre Ausrüstung die Ausstattung eines chemischen Labors in den Schatten stellen – das Prinzip ist jedoch recht einfach. Sie brauchen Hefe, die den Zucker (als Zusatz oder natürlicherweise in den Rohstoffen enthalten) durch Gärung in Alkohol verwandelt. Unter den richtigen Bedingungen erledigt die Hefe ihre Arbeit mit Freude.

Nicht nur Trauben

Aus fast allen Früchten oder Gemüsen kann man Wein herstellen. Versuchen Sie es mit Möhren, Pastinaken, Holunderblüten oder Rüben. Warten Sie jedoch ab: viele der zarten Aromen entwickeln sich erst mit der Zeit.

Wein

1 **DIE PRESSE FÜLLEN** *Füllen Sie die Trauben in eine geeignete Presse (hier eine Apfelpresse). Als Alternative bietet sich ein Musselintuch an: Schlagen Sie die Trauben ein und zerdrücken Sie sie mit den Händen.*

Der Preßsaft läuft zwischen den Holzstäben aus

2 **PRESSEN** *Nur unter starkem Druck werden die Trauben vollständig entsaftet. Fangen Sie den Saft in einer sterilisierten Schüssel auf. Die Reinigung der Geräte ist absolut notwendig, sonst machen Sie Essig!*

3 **STERILISIEREN** *Gießen Sie den Saft in einen Glasballon. Fügen Sie eine Sterilisierungstablette und einen Teelöffel Pektinase hinzu. Bei süßen Trauben brauchen Sie keinen Extra-Zucker. Warten Sie einige Stunden.*

4 **HEFE** *Geben Sie dann Weinhefe in einen Krug mit gesüßtem Traubensaft. Sobald die Hefe darin schäumt, wird alles zu dem Weinansatz gegossen. Halten Sie den Saft bei 24 °C.*

Gärverschlüsse schließen Bakterien und wilde Hefen aus, während Kohlendioxid entweichen kann

5 **GÄRUNG** *Setzen Sie einen Gärverschluß auf den Ballon. Nach einem bis zwei Tagen beginnt die Gärung. Sie dauert etwa eine Woche, dann kommt sie zur Ruhe. Halten Sie den Wein bei 21–26 °C.*

6 **KLÄREN** *Sobald keine Blasen mehr aufsteigen, ist die Gärung beendet. Je nach Bedingungen und Zutaten dauert dies 2–3 Wochen. Füllen Sie den Überstand in einen neuen Ballon (Sediment verwerfen). Warten Sie ab, bis sich neues Sediment gebildet hat und wiederholen Sie den Vorgang, bis der Wein klar bleibt.*

Ein Plastikschlauch kann sterilisiert werden (siehe S. 172)

7 **ABFÜLLEN** *Sterilisieren Sie Flaschen und einen Plastikschlauch (siehe S. 172). Stellen Sie den Ballon erhöht auf, saugen Sie den Wein an (Schlauch abdrücken); er läuft von allem in die Flaschen.*

8 **VERKORKEN** *Dies geht zwar auch mit brutaler Gewalt, ein Korkgerät erleichtert die Arbeit jedoch sehr. Heben Sie die Flaschen liegend auf, damit die Korken feucht bleiben und keine Luft eindringt. Luft verdirbt den Wein. Weine reifen übrigens langsam, manche schmecken erst nach einem Jahr.*

MET

Met ist ein süßer, aus Honig bereiteter Wein. Er gehört zu den ältesten alkoholischen Getränken. Heute stellt man neben Wein auch Likör aus Honig her. Die Met-Herstellung geht auf eine sehr alte Tradition zurück. Halten Sie etwas Honig zurück, wenn Sie Bienenstöcke besitzen. Man schreibt Met viele gesundheitsfördernde Eigenschaften zu – er soll sogar ein Aphrodisiakum sein.

1 **HONIGWEIN-LÖSUNG** *Für 4 l Wasser brauchen Sie 1,4 kg Honig. Kochen Sie das Wasser ab und lösen Sie den Honig darin auf. Gießen Sie alles in eine Ballonflasche.*

2 **HEFE UND ZITRONEN** *Geben Sie Hefe (Nebenseite) und etwas Zitronensaft bzw. pulverförmige Zitronensäure zu. Für die Gärung wird Säure gebraucht, die im Honig nicht enthalten ist.*

HONIGWEIN

Gärung, Klären und Abfüllen wie beim Wein; Met erreicht erst nach drei Jahren seine volle Reife.

Apfelwein

Wenn Ihr Obstgarten genügend Äpfel liefert, dann sollten Sie in den ersten kalten Herbsttagen daran denken, Apfelwein (Cidre) herzustellen. Es gibt zwar spezielle Sorten – in manchen Regionen werden sie sogar gezielt angebaut – Cidre läßt sich jedoch aus allen Äpfeln herstellen. Es macht nichts aus, wenn die Äpfel überreif oder angestoßen sind, um so leichter lassen sie sich pressen. Nehmen Sie keine unreifen Früchte. Das folgende Rezept gilt für einen milden Cidre; wenn Sie den Saft einfach in saubere Fässer füllen und stehen lassen, entstehen herbere Sorten.

Apfelsaft

Statt alle Äpfel in Cidre zu verwandeln, können Sie auch Saft herstellen. Er schmeckt viel besser als gekaufter. Wird er jedoch nicht eingefroren oder pasteurisiert, hält er sich nicht lange, sondern beginnt zu gären. Abseihen macht ihn klarer.

Cidre

1 **ZERKLEINERN** *Zerkleinern Sie die Äpfel grob, am besten, wie hier, in einem speziellen Gerät. Darin werden sie in Mus verwandelt, das sich optimal auspressen läßt. Früher habe ich – mit viel Aufwand und geringem Erfolg – Äpfel in einem Kübel mit einem hölzernen Stößel zerstampft.*

2 **PRESSE** *Nur mit einer solchen Presse ist der Haushalt komplett, denn damit erzeugen Sie bei vertretbarem Arbeitsaufwand genügend Saft. Etwa 9 kg Äpfel ergeben 4,5 l Saft.*

3 **PRESSEN** *Unter Druck fließt der Saft aus. Steigern Sie ihn nach und nach. Läßt der Saftfluß nach, warten Sie etwas. Beginnen Sie erneut, bis weiterer Saft ausfließt.*

4 **DER REST** *Nachdem der ganze Saft aus den Äpfeln ausgepreßt ist, bleibt ein Rest trockenes Apfelmus übrig. Schweine fressen es sehr gern. Ansonsten kommt es auf den Komposthaufen.*

5 **SENKWAAGE** *Die Stärke des Cidres richtet sich nach dem Zuckergehalt. Messen Sie das spezifische Gewicht (Maß für den Zuckergehalt) mit einer Senkwaage. Geben Sie Zucker zu, wenn der Wert unter 1,04 liegt.*

6 **HEFE ZUGEBEN** *Gießen Sie den Saft in eine Ballonflasche und geben Sie eine zerstoßene Sterilisierungstablette zu. Normalerweise reichen die Hefen im Saft für die Gärung aus. Weinhefen sorgen für sanftere Gärung.*

7 **GÄRUNG** *Setzen Sie einen Gärverschluß auf. Idealerweise ist der Ballon nur zu 3/4 gefüllt. Der Cidre gärt nun etwa zwei Wochen. Die Temperatur von Raum und Cidre sollte 15 °C betragen.*

8 **KLÄREN** *Füllen Sie den Überstand so oft wie nötig in ein sauberes Gefäß. Vermeiden Sie Luftzutritt: lassen Sie die Gefäße nicht halb gefüllt oder offen stehen!*

9 **PROSIT** *Der klare Cidre wird auf Flaschen gefüllt (siehe S. 185). Cidre wird mit dem Alter besser; erst nach drei Jahren erreicht er seine volle Reife. Sie können ihn unmittelbar vor dem Genuß mit Zucker süßen. Füllen Sie niemals gezuckerten Cidre auf Flaschen – er könnte explodieren.*

Register

G

H

I

J

K

L

T

U

V

W

Z

DANKSAGUNGEN

Autor und Verlag bedanken sich herzlich bei den unten genannten Personen und Institutionen, die maßgeblich zur Entstehung des Buches beigetragen haben.

Vale Farm: Rose und Nicholas Heiney, Derek Filby, Robert White, Alan Hubbard, Michael Spink, Martin Harvey, Richard Jones, Juliet Hawkins, Beth Wilson.

Peak Hill Farm: Richard und Margaret White, Robert White, Donald Mitchel und Sarah Sacharczuk.

Ashurst Farm: Peter Haynes und Collette Pavledis, Alex White, Topsy Jewell, Michi Mathias, Rebecca Doy, Camille Gry Smenge, Paul Andrews, Jordan Haynes, Jacob Frizell.

Union Farm und Norfolk Rural Life Museum: Andrew Mackay, Richard Dalton, Chris Queen, Matthew Perkins, Martin Cooper, Helen Whiteleg, June Hill, June Ross, Mick Massey, Mike Crisp und Leslie Rose, Joe Godderidge.

SPR Poultry Centre: David Bland, Denise Betsworth.

Alexandra Bastedo Animal Sanctuary: Alexandra Bastedo.

Sheila Berrett, Vana Hagerty, Lynn und Christopher Beadle, Julie Whitelaw, Michael Devenish, Vigo Vineyard Supplies, Ian Wilkinson, Debbie Pain, Peter Jackson, Brian Marson, Paul Bates, Anna Malos, Liz Wright, Katie Thear, Joshua Nelson, Ray Fordham, Poppy Body, Anna Pavord, Geoff Hamilton und Julie Rimmington.

FOTOGRAFEN

o = oben, l = links, r = rechts, m = Mitte, u = unten
J. Allan Cash Ltd: 53ol. Cephas Picture Library: E. Burt 117mru; F.B. Higham 2ol; L.-O. Nilsson 92um; M. Rock 20ur, 130ol. Bruce Coleman Ltd.: J Jurka 80ml; G. McCarthy 126o; J. McDonald 92ul; H. Reinhard 84o, 116ol; Dr. E. Pott 85ml (ii), 122ur; K. Taylor 92ur. Ecoscene: 10ml; F. Blackburn 18 uml; A. Brown 124u; A. Cooper 80ul; C. Gryniewicz 151ul; A. Hampton 66o, 69m, 151ur, 156o; A. Towse 131 um; D. Walker 116umr. Jeremy Evans: 83mlu. EyeUbiquitous: G. Redmayne 53or. FLPA: 119o; J.C. Allen 132o; R. Austing 124or; L. Batten 124ol; R.F. Bird 40mr; T. Davidson 82l; E. & D. Hoskin 143u; 167ur; I. Rose 85mr (i); M. Rose 59ul; Silvestris 161ml; R. Tidman 161mr; T. Whittaker 87ur; R. Wilmshurst 154u. Robert Harding Picuture Library: 42ul, 73, 80o., 83or, 111mra, 145u; W.H. Black 136mr; N.Blythe 143m, 150mr; F. Friberg 160o; /Odyssey/Chicago: R. Frerck 151or. Heritage and Natural History Photography: Dr. J.B. Free 83mlu, 83ul. Holt Studios International: J. Adams 184ol; N. Cattlin 1m, 131l, 20um, 43mr, 54u, 58or, 63, 69ur, 70o, 72u, 74mr, 60ur, 86o, 86u, 87o, 87ml, 87mr, 102o, 137ul, 155, 162o, 163u, 170ol; W. Harinck 167ul; P. Mitchell 42ur; A. Morant 70u; P. Peacock 68ur, 90, 166ur; G. Roberts 59ml, 59ur; D. Smith 118ur; I. Spence 2m, 12l, 106or; P. Wilson 137ur. David Lamb: 174 ur. NHPA: 68mr, 85ml (i); G.I. Bernard 80umr, 162umr; V.G. Canesco 20ul; M. Garwood 85mr (ii); S. Kraseman 14umr; M. Leach 71m; E. Soder 87ul; R. Tidman 68or; D. Woodfall 14ur, 16umr, 88. Museum of English Rural Life: G. Brightling 8or; G. Dann 56ol. Norfolk Rural Life Museum: G. Brightling 60m, 60ul, 60ur, 60/1, 61ml, 61ul, 116ul. A. Oakford: 2mr. Oxford Scientific Films: R. Blythe 20umr, 22ur; D. Bown 10mr; M. Chillmaid 71o, 71u; T. Heathcote 14o; G.A. Maclean 129mr; R. Toms 118u.; /Animals Animals: C. Palek 140o; /Okapia: H. Reinhard 12r. Photos Horticultural: 97ol, 104or, RSPCA: C. Seddon 154o. South ot England Rare Breeds Centre: G. Brightling 66u. Tony Stone Images: P. Cade 144or; P.H. Coblentz 115or; J. & E. Forder 13r. Wild Images: M. Busselle 82 or. Wildlife Matters: 14ul. Woodfin Camp & Associates, Inc.: P. Solomon 114ol.

Weitere Fotos von G. Brightling, Dave King, David Murray, Philip Dowell, A. Einsiedel, Ian O'Leary, Roger Phillips, Jacqui Hurst, Steve Gorton, Steven Wooster, Linda Whitwam, Max Alexander und Robert Purnell.